세계를 움직이는 인맥

세계를 움직이는 인맥

지은이 | 나카타 야스히코
옮긴이 | 한승동
펴낸이 | 김성실
편집 | 박남주·천경호·조성우·손성실
마케팅 | 이준경·이용석·김남숙·이유진
디자인·편집 | (주)하람커뮤니케이션(02-322-5405)
종이 | 한림피앤피
제작 | 미르인쇄
펴낸곳 | 시대의창
출판등록 | 제10-1756호(1999. 5. 11)

초판 1쇄 인쇄 | 2009년 7월 29일
초판 1쇄 발행 | 2009년 8월 3일

주소 | 121-816 서울시 마포구 동교동 113-81 4층
전화 | 편집부 (02) 335-6125, 영업부 (02) 335-6121
팩스 | (02) 325-5607
블로그 | sidaebooks.net
이메일 | sidaebooks@hanmail.net

ISBN 978-89-5940-151-2 (03300)
책값은 뒤표지에 있습니다.

ⓒ 시대의창, 2009, Printed in Korea.

• 잘못된 책은 바꾸어 드립니다.

SEKAI WO UGOKASU JINMYAKU
ⓒYasuhiko Nakata 2008
All right reserved.
Original Japanese edition published by KODANSHA LTD.
Korean publishing rights arranged with KODANSHA LTD. through BC Agency
Korean translation Copyright ⓒ 2009 by 시대의창

이 책의 한국어판 저작권은 BC Agency를 통한 저작권자와의 독점계약으로 시대의창에 있습니다.
저작권법에 의해 한국 내에서 보호를 받는 저작물이므로 무단 전재와 무단 복제를 금합니다.

세계를
움직이는
인맥

나카타 야스히코 지음
한승동 옮김

세계를 움직이는
시스템 뒤에 그들이 있다!

시대의창

CONTENTS

프롤로그 세계를 움직이는 사람들은 누구인가 7

세계를 움직이는 기준-부 8 / 세계를 움직이는 기준-네트워크력 11 / 비밀클럽이란 무엇인가 15 / 스몰 월드란 무엇인가 23 / 이 책을 관통하는 기본적인 생각과 방법론 25

1장 유럽 중심부에서는 지금 무슨 일이 벌어지고 있나 30

패션업계를 움직이는 2대 거두가 유럽 경제도 움직인다 30 / 견원지간인 두 제왕 31 / 아르노와 사르코지 대통령 33 / 아르노를 떠받쳐온 사람들 34 / 에너지회사를 둘러싸고 터져나온 대결 36 / EU의 심장부 브뤼셀 38 / 매우 복잡한 GBL의 구조 39 / '로스차일드'가 된 프레르 남작 42

2장 캐나다의 거대 금융산업을 지배하는 '파워 브로커' 48

존재감을 키워가는 자원대국 48 / 캐나다의 화려한 가문, 데스마레 50 / 배릭 골드와 로스차일드, 부시 전 대통령의 관계 54

3장 유럽 에너지공동체와 빌더버그회의 62

프랑스와 벨기에를 아우른 거대 에너지기업의 탄생 62 / 프랑스와 네덜란드를 묶어주는 '벨기에 종합상사' 64 / EU의 탄생을 촉진한 비밀회의 67 / 유럽통합운동의 '통합자'는 첩보원 69 / 미국 재계의 적극적 관여를 이끌어내다 71 / 초대 의장 베른하르트와 빌더버그 74 / 벨기에, 그리고 지금 유럽의 막후인물들 76 / 유럽의 에너지 재편 78

4장 '신 러시아 왕조'의 수립과 그 공신이 된 새 정상배正商輩들 84

에너지 대국 러시아의 출현 84 / 리트비넨코 사건과 반푸틴 세력 88 / 올리가르히와 실로비키의 혈투 91 / 푸틴에 의해 차례로 추방당한 올리가르히들 92 / 배경에는 마피아 전쟁이 있다 95 / 구미 재계인과 러시아 유대계 재계인 간의 관계 96 / 러시아의 록펠러 99 / 올리가르히에서 실로바르히로 103

5장 진화를 계속하는 21세기의 로스차일드 가문 110

《포브스》 리스트에 등장하지 않는 로스차일드 110 / 파리 가문-기에서 데이비드로 114 / 런던 가문-뉴코트의 NM로스차일드은행 116 / 에드먼드와 캐나다 재계의 관계 118 / 이블린과 제이콥의 불화 119 / 제이콥의 RIT와 이블린의 패밀리 비즈니스 121 / 영국-프랑스를 통합하고 스위스로 본거지를 옮기다 124 / 로스차일드 관계자가 다수 관여하고 있는 ABN암로 매수극 126

6장 세계를 하나로 통합하려 한 록펠러 가문 138

록펠러 가문의 출신 138 / 초대 록펠러 형제의 새로운 석유 비즈니스와 규벌 만들기 140 / 국제화 지향을 강화한 2세 143 / 5형제 시대 144 / 뉴욕을 무대로, 석유왕에서 금융왕으로 147 / 록펠러 가문과 외교문제평의회 149 / 맨해튼 섬의 발전과 록펠러 151 / 석유 위기와 빌더버그 153 / 3자위원회 설립으로 공세를 시작하다 156 / 카터 정권을 탄생시킨 3자위원회 159 / 카터 이후의 정권과 록펠러 161 / 국제주의자임을 자랑으로 여기다 162

7장 월스트리트 지배자들의 흥망 172

어떤 '대관식' 172 / '우리 편'을 덮친 재편극 176 / 리먼 브라더스의 권력투쟁 179 / 스컬 앤드 본즈 182 / 리먼 브라더스를 기점으로 전개된 권력 드라마 185 / '기업매수의 천재' 웨일 186 / 워커 재벌과 부시 패밀리의 권력기반이었던 투자은행 BBH 188 / 웨일 금융제국의 클라이맥스와 그 종언 189

8장 글로벌리제이션에 참여하는 아시아·중동 자본가들과 구미자본 196

미국 단독패권의 동요 196 / 붉은 자본가의 선구자, 룽이런 부자父子 198 / 영국과 관계 깊었던 홍콩의 지배자들 200 / 머독과 중국공산당 202 / 민주국가 인도의 재계인들 204 / 시티그룹을 구한 아랍의 왕자 206 / 이슬람 금융을 '발견'한 구미은행 208 / 구미에 진출한 SWF 209 / 중국의 국부펀드는 아직 준비단계? 213

에필로그 스몰 월드는 어디로? 218

구미와의 융합? 아니면 도전? 218 / 낙관주의, 이대로 좋은가 221

맺음말 224
옮긴이의 글 227
부록 2000~07년 빌더버그회의 주요 참가자들 235
찾아보기 246

일러두기

1. 이 책의 원서는 2008년 2월에 초판 발행되어 2007년 12월까지의 내용을 담고 있습니다. 출간 이후 크게 달라진 내용 가운데 일부는 옮긴이와 편집자가 보충했습니다.
2. 본문에 괄호나 주석으로 보충된 내용 가운데 저자가 보충하지 않은 것에는 옮긴이, 편집자 표시를 했습니다.
3. 고유명사의 원어표기는 옮긴이와 편집자가 했으며 원어가 한자(한국식, 일본식, 중국식)가 아닌 경우에는 주로 영어식으로 표기했습니다.
4. 주요 인물들의 출생연도, 사망연도는 원서에 표기된 것만 실었습니다.

• 프롤로그

세계를 움직이는 사람들은 누구인가

　이 책은 세계의 정치, 경제, 금융에 큰 영향을 끼치고 있는, 실로 세계를 움직이는 사람들의 최근 동향에 대해 소개하고 해설한 책이다. 그런데 '세계를 움직이는 사람들' 하면 독자 여러분은 어떤 사람들을 떠올리는가.
　어떤 사람들은 국민의 투표로 선출된 정치가들의 이름을 떠올릴 것이다. 세계 패권국인 미국의 최고지도자 조지 W. 부시, 아니면 부통령으로 군림하면서 군수·석유기업과 단단한 커넥션을 구축하고 있다는 딕 체니일까?[1] 그렇지 않으면 무섭게 일어서고 있는 중국의 최고지도자 후진타오 국가주석, 또는 다른 인물을 거명하는 사람도 있을지 모르겠다.
　또 어떤 사람들은 '포춘 500Fortune 500' 등에 올라 있는 '글로벌 기업' 경영자들(기업이사)의 이름을 거론할지도 모르겠다. 예컨대 마이크로소프트의 회장 빌 게이츠, 또는 도요타 자동차의 도요타 쇼이치로豊田章一郎 명예회장, 아니면 세계적인 슈퍼마켓 월마트의 경영자 월턴 가문의 이름을 입에 올리는 사람도 있을 것이다.
　그 밖에 군인, 관료, 인텔리 계급을 떠올릴 사람도 있을지 모르겠다. 지금도 군인이 지배하는 나라가 있고, 미국의 파워는 군사력이 뒷받침되고 있다. 예전부터 일본을 지배하는 것은 '가스미가세키霞ヶ關'[2]라는 안팎의

비판이 있어왔고, 매스컴에 등장하는 지식인들이 여론을 조성한다는 소리도 있다.

이 모두를 뭉뚱그려서 미국의 사회학자 C. W. 밀즈Charles Wright Mills(1916~62)는 '파워 엘리트power elite'라고 불렀다. 이를 확장한 개념으로, 이 책에서는 이런 사람들을 '글로벌 엘리트global elite'라 부르기로 했다. 이 책은 이런 계층을 구성하고 있는 사람들에 대해 자세히 알아가는 단초, 실체를 드러내기 위한 방법론을 제시한다. 바로 이것이 이 책이 겨냥하는 바다.

세계를 움직이는 기준-부

세계를 움직이려면 부富와 권력이 필요하다. 예컨대 부라는 것을 구체적으로 자산 규모로 계산할 수 있다고 해보자. 국가라면 GDP(국내총생산), 기업이라면 주식 시가총액이나 매출액이 이에 해당한다. 개인이라면 자산 규모가 그 기준이 될 것이다. 개인 자산에 대해 알 수 있는 최적의 자료는 미국 잡지 《포브스Forbes》가 매년 봄에 발표하는 '세계의 억만장자The World's Billionaires'와 그것을 지역별로 집계한 '미국의 부호 400인' '아시아 40인의 부호' 리스트 등이다. 이 잡지가 세계의 대부호 리스트를 처음 발표한 것은 1987년이다(미국인 리스트는 그보다 앞서 1982년에 등장했다).

1987년 리스트에서 1위, 즉 세계 제일의 억만장자가 된 사람은 전 고쿠도國土[3] 총수로 일본 세이부西武그룹을 오랫동안 지배한 쓰쓰미 요시아키堤

---

1   2008년 11월 대통령선거에서 민주당의 버락 오바마가 승리했다. 오바마는 2009년 1월 20일 제44대 미국 대통령에 취임했다. 부통령은 조지프 바이든이다_옮긴이
2   국회의사당과 관청들이 밀집되어 있는 도쿄 중심가를 말한다_옮긴이
3   일본 세이부철도그룹의 부동산 개발업체 '주식회사 고쿠도'를 가리킨다. 고쿠도란 '國土計劃'의 줄임말인데, '國土'의 일본식 발음이다. 고쿠도는 세이부철도의 모회사였다_옮긴이

義明(자산가치 200억 달러)였다. 2007년 3월에 발표된 리스트에는 946명의 억만장자(자산액 10억 달러 이상)가 집계됐는데, 그 자산총액은 3조 5000억 달러였다. 1987년의 1차 조사에서는 세계의 억만장자가 136명이었으니 20년간

[표 1] 《포브스》의 세계 부호 리스트에서[4]

1 **빌 게이츠**William Henry Gates(560억 달러) 13년 연속 세계 1위
2 **워렌 버핏**Warren Edward Buffett(520억 달러)
3 카를로스 슬림 헬루Carlos Slim Helú(490억 달러)
4 잉그바르 캄프라드Ingvar Kamprad(330억 달러)
5 라크슈미 미탈Lakshmi Niwas Mittal(320억 달러)
6 셸던 아델슨Sheldon G. Adelson(265억 달러)
7 **베르나르 아르노**Bernard Arnault(260억 달러)
8 아만시오 오르테가Amancio Ortega(240억 달러)
9 리카싱李嘉誠(혹은 리자청, 230억 달러)
10 데이비드 톰슨 일가David Thompsons(220억 달러)
11 래리 엘리슨Lawrence Joseph Ellison(215억 달러)
12 릴리안 베탕쿠르Liliane Betencourt(207억 달러)
13 **알왈리드 빈 탈랄 왕자**Alwaleed Bin Talal Alsaud(203억 달러)
14 무케슈 암바니Mukesh Ambani(201억 달러)
15 칼 알브레히트Karl Abrecht(200억 달러)
16 **로만 아브라모비치**Roman Abramovich(187억 달러)
17 스테판 퍼슨Stefan Persson(184억 달러)
18 아닐 암바니Anil Ambani(182억 달러)
19 폴 앨런Paul Allen(180억 달러)
20 테오 알브레히트Theo Albrecht(175억 달러)

※ 굵은 글자로 표시된 사람은 이 책에서 자세히 다루는 인물이다.
※ 《포브스》 2007년 3월 26일, 104쪽

800명 이상 늘어난 셈이다. 최신자료인 2007년의 세계 부호를 1위부터 20위까지 살펴보면 [표 1]과 같다.

명단에는 다른 926명의 억만장자들도 있다. 그중에서 빌 게이츠William Henry Gates, 워렌 버핏Warren Edward Buffett, 라크슈미 미탈Lakshmi Niwas Mittal은 잘 알려져 있다. 버핏은 게이츠가 설립한 필랜스로피 (자선)사업재단에 기부하고 있다. 그 자금은 에이즈나 감염증 대책에 사용되고 있다고 한다. 그러나 이 세 사람 외의 이름을 알고 있는 사람은 거의 없을 것이다. 예컨대 4위인 잉그바르 캄프라드Ingvar Kamprad는 저가 가구로 인기를 끌고 있는 이케아IKEA의 창업자인데, 우리는 회사 이름은 알고 있어도 그의 가문에 대해서는 잘 모른다. 2007년 명단에는 인도, 홍콩, 중동, 러시아의 부호도 다수 포함되어 있다. 이 명단을 보면 세계 부호들의 활동에 대해 어느 정도 알 수 있을 것이다.

하지만 이 명단이 그대로 세계를 움직인다는 의미에서의 '글로벌 엘리트' 명단과 일치하느냐 하면 결코 그렇지는 않다. 이것은 그리 간단치 않다. 이 조사는 어디까지나 자산 규모를 기준으로 삼은 것으로, 리스트 중에는 상속재산만으로 억만장자가 된 사람도 있기 때문이다. 예를 들면 명단 발표 당시 스물세 살의 알베르트 폰 튜른 탁시스Albert von Thurn Taxis라는 독일인은 자산총액 20억 달러(세계 488위)인데, 예전에 유럽 대륙의 우편왕이었던 가문의 자산을 상속받아 최연소 부호 중 한 사람으로 등장했다. 그는 손가락 하나 까딱하지 않고도 평생 우아한 생활을 영위할 수 있을 만큼의 자산을 갖고 있다. 하지만 그가 세계경제를 움직이고 있는 엘리트 대열에

---

4 2008년 《포브스》 부호 리스트에는 워렌 버핏이 1위, 카를로스 슬림 헬루와 그 가문이 2위, 빌 게이츠가 3위, 그리고 라크슈미 미탈과 무케슈 암바니, 아닐 암바니 등 인도 부자들이 4~6위를 나란히 차지하는 등 순위 변동이 있었다_옮긴이

포함되어 있는 것은 아니다.

따라서 자산 규모가 곧 세계를 움직이는 파워로 직결되는 것은 아니다. 확실히 《포브스》 리스트에 등장하는 인물 가운데 일부는 세계경제를 실제로 움직이고 있는 중심인물keyman로 등장하는 인물들이다. 따라서 이 명단은 하나의 판단기준은 되지만 전부는 아니다.

세계를 움직이는 기준-네트워크력

따라서 그 다음에 주목해야 할 것은 네트워크력, 즉 인맥력人脈力이다. 세계를 움직이는 능력을 지닌 사람이란 세계의 키퍼슨keyperson(주요인물)과의 풍부한 인맥을 자랑하며 전화 한 통화로 다른 키퍼슨과 연락할 수 있는 인물을 말한다. 세계를 움직이려면 돈을 갖고 있는 것만으로는 충분하지 않고 동시에 강력한 인맥을 갖고 있어야 한다.

'세계를 움직인다'고 할 때 필요한 조건은 다음과 같다. 즉 현재의 글로벌 자본주의 경제 시대에서는 다국적자본의 기업 활동을 리드할 수 있고 때로는 정치가나 국가 지도자와도 연락을 취할 수 있으며, 의사결정을 완전히 좌우하는 것은 아니라 하더라도 영향을 끼칠 수 있는 인물이다.

미국에서는 '회전문revolving door 인사'라고 하여 기업 경영자 클래스의 인물이 각료로서 행정권을 쥐다가, 정권이 교체되면 다시 민간요직에 낙하산 인사로 내려가는 것이 지극히 당연한 일로 되어 있다. 예컨대 부시 정권에서도, 전 빌 클린턴Bill Clinton 정권에서도 경제정책을 결정하는 재무장관직을 맡은 사람은 골드먼삭스GS, Goldman Sachs라는 거대 투자은행의 경영자로 있던 헨리 폴슨Henry Merrit Paulson, 로버트 루빈Robert Edward Rubin과 같은 비즈니스맨들이었다.

미국과 대극적일 것 같은 프랑스에서도 비즈니스와 정치가의 관계는 밀접하다. 2007년에 탄생한 니콜라 사르코지Nicolas Sarkozy 대통령은 취임하자마자 지중해의 몰타섬에서 요트를 즐겼는데, 그 요트의 주인은 프랑스의 유력 광고회사 오너였다. 현대사회에서 기업가는 정치가와의 유착을 추구한다. 대기업에 유리한 세제나 경제정책을 끌어내려 하기 때문이다. 그러면 그들은 어디서 서로를 알게 되고 어떻게 네트워크를 넓혀갈까.

그 대답의 하나가 '클럽'이다. 클럽 멤버는 조상 대대로 패밀리로서 상속되기도 하지만 비즈니스계에서 새롭게 성공을 거둔 자가 그 그룹에 수용되는 경우도 있다. 일본에서는 클럽이라 하면 긴자에서 비싼 술을 마시는 곳, 또는 롯폰기의 디스코클럽 같은 장소를 연상하게 마련이지만, 구미에서의 '클럽'은 초대형 부자, 유력 정치가, 재계인, 문화인들이 모여 정책이나 비즈니스를 화제로 하여 서로 의견을 교환하는 밀실 회원제 클럽이다. 구미에서 간행되는 《신사록Who's Who(인명사전)》에는 인물 소개 마지막에 대개 소속 클럽명이 기록되어 있다. 이런 클럽은 많은 경우 기존 회원(대개는 큰 부자들)의 소개 없이는 입회할 수 없다.

이런 클럽의 원형이 프리메이슨 등의 회원제 교류 조직이다. 대히트한 영화 〈다빈치 코드〉에 등장하는 템플기사단이나 그것과 유사한 기사단 조직은 은행조직의 원형인데, 동시에 현대 클럽 조직의 원형이기도 하다. 그 중에서 특히 비밀성이 강한 것을 '결사society'라고 한다. 일본에서도 각 도시에 라이온스클럽이나 로터리클럽과 같은 '이종업종 교류회' 소사이어티가 있다. 마찬가지 조직이 전 세계에 존재하고 있다. 각각의 레벨에서 네트워킹(인맥 만들기)이 이뤄지고 있는 것이다.

또 구미에서는 '동창회'도 여전히 유력하다. 그 사례로는 미국 동부의 일류대학(아이비리그)이 잘 알려져 있다. 예를 들면 '스컬 앤드 본즈Skull and Bones'라는 예일대학 학생클럽이 있다. 본즈는 매년 15명밖에 신규 가입을 허용하지 않는 매우 특수한 클럽으로, 그 멤버 중에는 나중에 정치가나 재계인으로 대성하게 되는 인물이 많다. 마찬가지로 대학 간에 형성된 우수학생들 조직인 '파이 베타 카파 소사이어티The Phi Beta Kappa Society'의 존재를 들 수 있다.

학생클럽 중에서 차례차례 매년 그런 유력자 후보생이 배출되면 수십 년이 지난 뒤에는 누적된 인맥 네트워크가 엄청나게 된다. 좀더 자세한 내용은, 본즈 멤버였던 재계인 스티븐 슈워츠만Stephen A. Schwarzman(《포브스》세계 249위, 35억 달러)을 소개하는 7장에서 살펴보기로 하자. 이들 정치가, 재계인의 성공은 본인들한테 자질이 없다면 불가능하겠지만 실제로는 출발 시점에서 갖고 있는 '네트워크 자산'의 유무에 크게 좌우된다. 이런 네트워크를 구미 미디어에서는 '올드 보이즈 네트워크old boys network'라 부르기도 한다. 젊은 시절부터의 인맥이 중요하다는 이야기다.

또 '다국적 기업 이사회 네트워크'도 중요한 네트워크 자산이다. 이 분야에 대한 연구는 일본에도 몇 개 나와 있다(참고문헌 참조). 미국에서는 캘리포니아대학의 윌리엄 돔호프William Domhoff 교수(경영학)가 선구적인 업적을 남겼다. 그의 저서 《Who Rules America?》는, 미국에서는 기업이사회 산하의 겸임이사(사외이사라고도 한다) 네트워크가 권력 원천의 하나라고 밝히고 있다.

구미의 대기업에는 일상의 업무집행권은 갖고 있지 않지만 이사회에 참가해서 경영 상황을 감시하는 임무를 맡은 사람들이 있다. 이들을 겸임이사나 사외이사로 부르는데, 이들 이사회 멤버(보드 멤버)는 자기 자신이 다른 대기업 집행권을 지닌 이사거나 CEO(최고경영책임자)인 경우가 많다. 이 이사회의 리더십을 쥐고 있는 것이 '이사회 의장chairman of board'(이하 회장)이라는 존재인데 CEO를 겸임하는 경우와 그렇지 않은 경우가 있다.

사외이사 중에는 몇 개의 회사에 동시 취임하고 있는 경우도 많다. 이 겸임이사의 실태에 대해서는 경영학 분야에서 통계적인 연구가 이뤄지고 있는데, 이것이 하나의 네트워킹이나 인맥 만들기의 장으로 기능하고 있다는 것을 알아두는 게 중요하다. 이 네트워크를 '이너 서클'이라 부르는 경우도 있다(Michael Useem, 《The Inner Circle》). 예를 들면 A사의 이사와 C사의 이사가 B사의 사외이사로 동석하고 있는 경우에는 양쪽이 B사의 이사회에서 이야기하고 그 외의 장소에서 교류를 심화시켜감으로써 A사와 C사 사이에 정보유통 네트워크가 만들어지는 수도 있다.

그리고 이 이사회의 상부조직으로서 미국의 '비즈니스 라운드테이블'이나 유럽연합EU, 역내 기업들로 구성되는 '유럽산업 라운드테이블ERT'과 같은, 일본의 '게이단렌經團連'5에 해당하는 조직이 있다. 또 사람에 따라서는 국경을 넘는 다국적 기업의 사외이사로 참가하는 경우도 있다. 전 세계의 기업 홈페이지 등에서 보드 멤버 리스트를 조사해보면 국경을 넘어 어느 기업에든 신출귀몰하게 참가하고 있는 인물이 여럿 있다는 것을 알 수 있다.

네트워킹의 중요성을 일찍부터 인식한, 미국에 본부를 둔 거대은행 그룹에서는 '경영자문위원회superadvisory board'나 '국제자문위원회international advisory council'라는 이름으로 세계의 금융 재계인, 산업 재계인, 전직 정치가 등 저명인들을 모아 정보수집의 장을 설치했다. 이 '국제자문위원회' 시스템도 이 책의 중요한 부분을 구성하는 테마다(이사회 네트워크에 대해 시각적으로 정보를 제공하고 있는 웹사이트로는 미국 잡지 《비즈니스 위크Business Week》 공식 웹사이트(http://www.businessweek.com)가 있다).

---

5   한국의 전경련과 비슷하다_옮긴이

이사회나 국제자문위원회의 결과로 겸임이사들은 하나의 재계공동체(이익공동체)와 같은 컨센서스를 지닌 커뮤니티를 형성해간다. 이것은 많은 경우 글로벌리즘이나 인터내셔널리즘이라는 이데올로기적인 치장을 하고 있다. 외국적 기업의 활동에서 국가 단위의 규제를 뛰어넘는 차원에서 활동하는 일이 중요성을 더해가고 있는 현실이 그 배경에 있다.

요컨대 '클럽' '동창회' '이사회 네트워크' '국제자문위원회'와 같은 인맥 네트워크가 짜올리는 그물망이, 거기에 소속되어 있는 자와 소속되어 있지 않은 자의 '정보격차'를 낳는 것이다. 이런 종류의 네트워크로 공유되는 정보야말로 진짜 인텔리전스(가치 있는 정보)다. 이것이 권력의 원천이 되는 것이다.

비밀클럽이란 무엇인가

그런 네트워킹 그룹의 한 정점에 존재하는 것이 구미의 재계인, 정치가, 매스컴 관계자들 120명 정도가 매년 5월부터 6월 무렵 세계 유수의 리조트 지역에 모여 일반 매스컴의 접근을 차단한 채 열고 있는 사적 회합그룹인 '빌더버그회의The Bilderberg Conference'(이하 빌더버그)다.

빌더버그는 1954년에 창설됐다. 그 이후 거의 매년 연차총회를 세계 어디에선가 열고 있다. 빌더버그를 창시한 것은 2004년에 타계한 네덜란드의 베른하르트 공Prince Bernhard of the Netherlands(1911~2004)이다. 그는 현 네덜란드 여왕 베아트릭스Beatrix Wilhelmina Armgard van Oranje-Nassau의 아버지로서 WWF(세계자연(야생)보호기금World Wildlife Fund)의 총재를 오랫동안 맡은 것으로도 잘 알려져 있다. 그는 록히드Lockheed (뇌물)사건으로 실각하는 1976년까지 빌더버그회의 의장을 맡고 있었다. 그의 딸인 베아트릭스 여왕은 최근 10년 동안 해마다 이 회의에 참석했다. 그밖에도 벨기에 황태자나 스페인 왕녀 등 유럽 왕족이 정기적으로 참석하고 있다.

이 회의의 특징은 그 다채로운 상류 신분의 참가자들에서 찾을 수 있을 것이다. 유럽 주요기업의 회장·CEO급이나 각국의 현직 각료와 정치가, 그리고 구미의 주요 매스컴 칼럼니스트, 그리고 일부이긴 하지만 군인과 지식인들이 한자리에 모여 매년 정치와 경제 등 다양한 문제들에 관해 세미나와 디스커션discussion(토론), 만찬회를 진행하고 있다. 2007년 5월 말에도 터키 이스탄불의 리츠칼튼 호텔에서 연차총회가 열렸다. 그 전해에는 캐나다 오타와의 브룩스트리트 호텔에서 열렸는데 취재하려던 저널리스트가 한때 공항에 구금당한 사실이 보도됐다. 회의가 열리는 나흘간은 호텔 전체를 빌리는 통에 일반객의 예약이 불가능하고 호텔 종업원들에게는 엄한 함구령이 내려진다. 이 클럽의 기밀 중시 정도를 알아보자.

매스컴 쪽에서도 매년 열 개 가까운 회사의 관계자들이 초청받고 있으나 기사화하는 것은 허용되지 않기 때문에 개최 장소나 참석자 명단을 입수하는 일은 소속사 없는 자유 저널리스트들이 하고 있다. 다만 명단 자체는 매년 보도자료로 발표되기 때문에 현지에 가면 손에 넣을 수 있는 모양이다. 이 회합을 취재해온 짐 터커라는 저널리스트에 따르면 참석 멤버(빌더버거Bilderberger로 불린다)는 회의 내용을 일절 입 밖으로 발설하지 않겠다는 '채텀하우스 룰Chatham House Rule(기밀보호서약)'을 미리 요구받는다고 한다.

이 책 말미에 자료로, 최근 수년간의 주요 참석자들 명부를 첨부해놓았다. 거기에는 마이크로소프트, 다임러 크라이슬러, 티센크룹Thyssenkrupp 외에 《워싱턴포스트》나 《디차이트》 등의 매스컴, NATO(북대서양조약기구) 사령관과 유럽연방은행 총재 등의 이름이 들어 있다. 참고로 이 회의에 일본인이 참석한 적은 없다. 또 [표 2]에 나타나 있듯이 같은 종류의 조직도 몇 개 존재한다. 우선은 일본에서도 기사화된 '세계경제포럼The World

[표 2] 주요 네트워킹 조직

【 빌더버그회의 】

- 1954년 설립
- 공식 웹사이트 없음
- 본부 : 네덜란드, 뉴욕 등
- 현 명예의장 : 에티엔 다비뇽(수에즈, 길리아드 사이언시즈 등의 이사)

【 세계경제포럼(다보스회의) 】

- 1971년 설립
- http://www.weforum.org
- 본부 : 제네바, 다롄(여름의 중국 개최는 2007년부터)
- 창설자 : 클라우스 슈왑(제네바대학 교수)

【 3자위원회 】

- 1973년 설립
- http://www.trilateral.org
- 본부 : 뉴욕, 브뤼셀, 도쿄
- 창설 멤버 : 데이비드 록펠러, 미야자와 기이치(전 일본 총리) 등
- 현 북미의장 : 토머스 폴리(전 주일 미국대사)
- 유럽의장 : 피터 서덜랜드(BP 회장)
- 태평양의장 : 고바야시 요타로(후지 제록스 회장)

【 외교문제평의회CFR 】

- 1921년 설립
- http://www.cfr.org
- 본부 : 뉴욕
- 공동이사장 : 로버트 루빈(전 미국 재무장관), 칼라 힐스(전 미국 통상대표)
- 회장 : 리처드 하스(전 미국 국무부 정책기획국장)

【 유럽산업 라운드테이블 】

- 1983년 설립
- http://www.ert.be
- 본부 : 브뤼셀
- 창설 멤버 : 페르 질렌함마Pher Gyllenhammar(볼보 사장, 현 로이터 발기인회사 회장), 움베르토 아넬리Umberto Agnelli(피아트 회장), 에티엔 다비뇽(유럽위원)

【 바젤 클럽(국제결제은행) 】

- 1930년 설립
- http://www.bis.org
- 본부 : 바젤
- 초대 총재 : 게이츠 맥개러Gates McGarrah(뉴욕연방은행 총재)
- 현 총재 : 장 피에르 로트Jean-Pierre Roth(스위스 중앙은행 총재)

【 보헤미안 클럽 】

- 1872년 설립
- 공식 웹사이트 없음
- 본부 : 캘리포니아 주, 보헤미안 글로브
- 주요 멤버는 고정되어 있지 않으나 권력자, 재계인이 격식 없이 자유롭게 참여하는 회원제 클럽

【 국제 필그림협회 】

- 1902년 설립
- 공식 웹사이트 없음
- 본부 : 런던, 뉴욕
- 현 회장 : 로버트 워세스터Robert Worcester 경
- 참고사이트

> http://www.pehi.eu/organisations/Pilgrims_Society.htm
>
> 【 르 서클 Le Cercle 】
> - 1950년대 설립
> - 공식 웹사이트 없음
> - 본부 : 프랑스, 독일 등
> - 창설자 : 앙트완느 피네 Antoine Pinay(전 프랑스 총리), 콘라트 아데나워 Conrad Adenauer(전 독일 총리)
> - 현 회장 : 노먼 라몬트 Norman Lamont 경(전 영국 보수당 재무장관)
> - 참고사이트
>   http://business.timesonline.co.uk/tol/business/article478505.ece
>
> ※ 필자가 작성했다.

Economic Forum'(통칭 다보스회의)이 있다. 이 회의는 정보도 오픈되어 있고 방송으로 생중계도 하고 있다. 또 다보스회의의 창시자인 스위스 재계인 클라우스 M. 슈왑 Klaus M. Schwab은 2007년 말고도 여러 차례 빌더버그에 참석한 적이 있다.

다보스회의도 빌더버그도 일반에 대한 정보 공개 수준을 빼고는 '구미를 중심으로 한 재계인과 정치가들이 글로벌 경제가 안고 있는 문제를 비교적 장기적 시점에서 논의하고 그 해결책을 모색한다'는 성격은 같다. 현재 빌더버그 의장인 에티엔 다비뇽 Etienne Davignon(1932~)(3장 참조)이라는 벨기에 재계인은 BBC와의 인터뷰에서 "영향력 있는 사람들이 흉금을 털어놓고 이야기하는 것일 뿐 최종적으로 무슨 결의가 이뤄지는 건 아니"라고 설명했다. 다만 이들 회의는 참가자들의 의견 차이를 조정하는 장으로서의 기능이 있다.

또는 중요한 정치가를 불러 국제적으로 '데뷔'시키는 장이기도 하다. 예컨대 3장에서 다룰 유럽의 에너지기업 수에즈Suez와 프랑스 가스공사의 합병을 둘러싼 문제를 놓고 빌더버그회의에서 EU의 담당자와 해당 기업 중역들이 논의해서 의견을 조정했다. 또 독일 총리가 된 앙겔라 메르켈Angela Dorothea Merkel이나 미국 대통령이 된 빌 클린턴은 모두 주목을 받기 전 빌더버그에 초청됐고, 2004년 회의에서는 미국 부통령 후보가 돼 민주당에서 선거전을 치른 존 에드워즈 상원의원도 금융재계인의 요청으로 이 회의에 참석했다.

미국의 좌파학자 홀리 스클러Holly Sklar가 1980년에 낸 책 《Trilateralism》에선 빌더버그에 대해 '엘리트에 의한 세계 경영world management'의 일단을 담당하는 조직이라고 정의하고 있다. 멤버는 기업의 이익을 최우선으로 생각하는 신자유주의적인 사상이라는 컨센서스로 묶여 있고 그 신자유주의 틀 내에서 어떻게 세계가 안고 있는 문제를 '해결'할지를 논의하기 위한 조직이라는 것이다. 이 책에서는, 빌더버그는 원래 2차 세계대전 뒤에 구미제국이 다시는 전쟁을 하지 않도록 의견 차이를 극복하고 대서양을 사이에 둔 북미, 영국, 유럽 각국의 엘리트와 재계인들이 매년 얘기를 나눌 기회를 마련해준 조직이라는 해설이 나와 있다. 1975년부터 열리고 있는 '선진국 정상회의summit'나 일본, 미국, 유럽 엘리트들로 구성된 민간클럽조직인 '3자위원회TC, The Trilateral Commission'도 거기서 생겨났다.

또 그 비밀성 때문에 빌더버그나 3자위원회에 대해서, "엘리트가 세계정부world government를 만들기 위해 사전 준비를 하고 있는 조직이다. 선거세례를 받지 않은 그런 재계인들에게 결정권이 있는가"라고 비판하기도 한다. 예컨대 이들 클럽에는 공직에 있는 인물도 매년 참가하고 있고 이것이 미국 국내법에 위반된다는 지적도 있다. 미국의 로건법Logan Act은 국민의 손으로 선출돼 공직에 취임한 자가 외국의 대부호나 정부고관과 개인적으로 만나 정책에 대해 논의하는 것을 금지하고 있다.

필자로서는 이들 클럽이 비판자가 이야기하듯 눈에 띄는 형태의 세계정부 수립의 목적을 갖고 있는지 여부는 알지 못한다. 다만 미국에 망명한 정치학자 한나 아렌트Hannah Arendt는《전체주의의 기원》에서, 독일 전 외무장관 라테나우Walther Rathenau가 "유럽 세계는 서로 얼굴을 알고 있는 300명 정도의 귀족들에 의해 통치되고 있다"고 발언한 것을 소개하고 있다. 또 프랑스에서는 나폴레옹 이후 프랑스은행의 대주주가 200명이 있었던 사실과 관련해 "프랑스는 그때까지 200개 가문이 지배해왔다"는 얘기도 있다(장 보미에《프랑스 재벌 이야기》등). 이 책 말미에 실은 명단을 보면 알 수 있듯이, 빌더버그 참가자는 온통 세계에서 벌어지고 있는 일들의 최전선에 서 있는 사람들이다. 거기서 어지럽게 오가는 정보 중에는 매스컴에 보도되지 않는 기밀정보도 포함되어 있을 것이다. 클럽에서 함께한 인연으로 비즈니스 흥정으로 발전하는 경우도 있을 것이다. 따라서 어떤 정보 공유가 이뤄지거나 네트워킹 효과가 있는 것까지 부정할 수는 없을 것이다.

유감스럽게도 거기서 어떤 이야기가 오고가는지 참가자 말고는 알 도리가 없다. 그러나 그들이 평소 미디어에 한 발언들에서 그 편린을 엿볼 수 있는 경우도 많다. 따라서 필자는 이 책을 쓸 때 앞서 얘기한 '부와 네트워킹'이라는 시각으로 영미 신문이나 잡지를 연구했다. 그 결과《포브스》리스트의 등장인물이나 빌더버거들의 일상 행동이 세계의 움직임 가운데 큰 부분을 좌우하고 있는 게 아닐까 하는 가설에 도달하게 됐다. 그리하여 이들 명단에 등장하는 사람들이 어떻게 세계 정세에 관여하고 있는지, 그것을 밝혀냄으로써 지금까지 기존 미디어들이 묘사해온 것과는 다른 시점의 세계상을 그려보려 한다.

우리는 이 '세계 지배자'들의 실상을 너무 모른다. 그들이 어떤 경력을 갖고 있는지에 대해서만 모르는 게 아니라 그들끼리 어떻게 연결되어 있는지도 모른다. 필자는 전작인《재팬 핸들러즈ジャパン・ハンドラーズ》(일본문예사)를 쓰면서 일본에서 미국의 정치가나 재계인의 대리인 역할을 하는, '재팬 핸들러즈'라 불리는 연구자나 정치가, 관료들에 대해 조사했다. 그들이 일본 고유의 경제구조를 글로벌 경제에 편입시키기 위해 일본의 제도나 시스템을 열심히 연구한 결과, '금융 빅뱅' '우정郵政(우편업무) 민영화' '3각 합병'과 같은 아젠다(정책과제)를 실행케 함으로써 일본 시장을 글로벌화할 때 이용했다. 이런 일본 연구자들을 키워온 것은 미국 글로벌 기업의 세계 진출 전략이었다.

생각해보면, 일본이 글로벌 금융자본과 접한 것은 1999년 일본장기신용은행이 외국자본에 매수당할 때였다. 일본장기신용은행을 매수해 신생은행으로 개조하기 위해 '내습來襲'한 것은 리플우드 홀딩스Ripplewood Holdings였다. 리플우드의 최고경영자는 티모시 콜린스Timothy Collins라는 인물인데, 그 역시 빌더버거다. 따라서 만일 일본이 정말 살아남으려면 사태가 발생했을 때 즉흥적으로 대처할 것이 아니라 세계를 움직이고 있는 근본구조를 이해하고 그 핵심을 파고들 필요가 있다. 구미의 엘리트 재계인들의 생태를 아는 것은 우리들에게도 반드시 필요하다.

이미 얘기했듯이 빌더버그에는 GS 등의 거대 투자은행, 세계 각국의 중앙은행 총재들도 매년 참가하고 있다. 중앙은행이 찍어내고 거대은행, 투자은행, 투자 펀드 등에 모여드는 자금이 자본주의 경제의 원동력이다. 돈을 지배하면서 그 지배구조를 만들어온 것이 이런 글로벌 엘리트들이다. 따라서 내가 지금 쓰고 있는 것은 이른바 '음모론conspiracy theory'이 아니다.

[표 3] 빌더버그회의의 역대 의장과 지위

- 초대 의장(1954~76) : 베른하르트 공(네덜란드)
- 2대 의장(1977~80) : 더글러스 홈Douglas-Home(전 영국 수상)
- 3대 의장(1980~86) : 월터 쉴Walter Scheel(전 서독 수상)
- 4대 의장(1986~89) : 에릭 롤 경(SG Warburg 회장, 영국)
- 5대 의장(1989~98) : 피터 캐링턴 경(전 NATO 사무총장, 영국)
- 현 명예의장(1999~) : 에티엔 다비뇽(벨기에)

스몰 월드란 무엇인가

네트워킹을 연구하는 사람들 사이에서는 사회학의 한 분야로 '소셜 네트워크social network'에 대해 연구하는 학문이 1998년 이래 각광을 받고 있다. 던컨 워츠Duncan Watts라는 하버드대학 학자가 주창한 '스몰 월드Small World'라는 개념도 그 가운데 하나로, 일견 복잡한 듯 보이는 구조도 소수의 요소들이 얽혀 있다는 걸 밝힘으로써 해명될 수 있다는 것이다.

워츠는 '세상 어떤 사람도 여섯 명만 거치면 서로 연결될 수 있다'는 사실을 편지를 이용한 실험을 통해 입증했다. 그 이론은 감염증 파급경로 분석이나 생물학 연구에 응용되고 있지만, 인맥이라는 네트워크의 중요성을 이론적으로 연구하는 데도 응용되고 있다. 이 네트워킹의 중요성을 비즈니스에 활용한 것이 우리도 잘 알고 있는 '믹시mixi'와 같은 SNSsocial networking service다.

이 스몰 월드 이론으로 '왜 부자는 더욱 더 부자가 되고, 가난한 자는 더욱 더 가난해지는지' 그 이유를 설명할 수 있다. 이 이론에 따르면 네트워크에서 가장 중요한 것은 '허브hub(중핵)'가 되는 인물이다. 이 허브가 되는 인물은, 더 많은 사람들과 인맥을 만들어내는, 말하자면 '키맨'이 되는 사람이다. 이 키맨과 연결되는 것이 네트워킹에서는 대단히 중요하다. 키맨이 아닌 사람과는 아무리 연결돼봤자 강력한 인맥을 만들 수 없다. 일단 키맨이라는 평판을 얻은 사람에게는 벌이 여왕벌 주변에 모여들 듯 자연스레 무리지어 사람들이 몰려든다.

필자가 이 책에서 얘기하는 수많은 재계인들은 모두 이 '허브' 자리에 위치하는 주요인물들이다. 예전에는 미국의 지배층이라면 WASP(백인 앵글로색슨 프로테스탄트White Anglo-Saxon Protestant)라는 이미지가 있었지만 1970년대 무렵부터는 다양한 민족이 포함된다. 이들 키맨은 뛰어난 인재들을 불러 모음으로써 엘리트층 계급의 폭을 나날이 넓혀가고 있다. 그런 부호 패밀리와 같은 '올드 머니Old Money'와 신흥 IT기업 경영자인 '뉴 머니New Money'가 만들어내는 네트워킹, 그것이 바로 파워(권력)의 원천이다. 그리고 네트워킹의 허브가 되기 위한 조건 가운데 하나가 '자산 규모'이고, 또 한 가지는 중요한 클럽이나 동창회에 소속되는 '스테이터스status(지위)'를 갖는 것이다.

특히 중요한 네트워크의 허브가 될 수 있는 건 앞서 얘기한 '클럽' '동창회' '이사회 네트워크' '비밀클럽'과 같은 여러 조직에 소속되어 있는 유력자, 신규 가입자를 발탁해 올리는 알선자, 중재자 역할을 하는 소수의 사람들일 것이다. 그런 사람들에게 매달려 일정하게 좁은 지역에서(국내, 주내) 알선자, 중재자 역할을 해야 할 사람들이 존재한다(일본에서는 다보스회의의 알선, 중재 역할을 맡는 다케나카 헤이조竹中平蔵 전 총무상 등이 있다).

중동이나 아시아 등 비구미제국에도 독자적인 네트워크가 존재할 것이다. 이 책의 중심은 구미계 네트워킹이기 때문에 상세하게 언급하지는 않았으나 《포브스》의 부호 리스트에 실려 있는 아랍 재계인이나 아시아 부호들이 구미의 클럽사회 키퍼슨들과 함께 비즈니스 파트너가 되어 있는 예도 찾아볼 수 있다. 그런 느슨한 네트워크가 세월이 가면서 강고한 네트워크가 될 수 있다면 진정한 의미에서 '세계경제의 단일시장화'라는 것도 실현될 수 있을지 모르겠다.

이 책을 관통하는 기본적인 생각과 방법론

일반적으로 국제정치나 금융경제를 다룬 책은 국가를 그 주요 분석 팩터로 하는 경우가 많다. 하지만 이 책에서 소개하는 것은 어디까지나 '세계를 지배하고 있다'고 해도 위화감을 느끼지 않을 재계인들이다. 그런 인물들을 금융업계, 에너지업계와 관련 있는 부분을 중심으로 다뤘다.

인물을 중심으로 한 이유를 간단하게 말하면, '어떤 국가, 기업이나 단체도 그것을 움직이는 것은 사람'이라는 생각에 토대를 두고 있기 때문이다. 이런 분야에 관해서는 과거에도 많은 연구가 이뤄졌으나 최고지배층의 최신 동향을 명확하게 논한 책은 별로 없었다. 필자가 이 책을 통해 수행한 것은 국제문제나 경제문제에서 개인의 결정력과 인맥이 커다란 영향을 끼치고 있다는 전제 위에 선 연구이며, 미국 역사학계에서는 이를 '방법론적 개인주의'라고 부른다.

이것과는 정반대의 입장에 서 있는 것이 지정학과 같은, 국가를 단위로 하여 그 관계나 전략을 연구하는 학문이다. 일반적인 국제 분석에서 다뤄지고 있는 것은 나라 대 나라의 관계, 이른바 근대 이후의 국민국가 nation state들 간의 관계다. 그다음으로 국내의 압력단체나 정치조직의 동향에 주목하고, 최소 단위로 개개 인간 차원의 관계에 주목하는 방식이다. 그러나 국가 차원의 분석도 중요하지만 다국적 기업이나 엘리트 네트워크 자체가 국가를 넘어서는 존재가 되어 있는 현실을 무시할 수 없다. 이런 네트워크 연구는 지금은 '세계 시스템론'이라는 접근을 매개로 수행되고 있다.

미리 양해를 구하지만, 이 책에서는 근대 경제학이 상정하는 '합리적 인간(이익 극대화를 꾀하는 인간)'이라는 전제를 채용하고 있고, 개인의 행동을 해설할 때는 이른바 '합리적 선택론' 모델을 채용하고 있다. 이것은 갖가지 사건들은 모두 행위자actor(인물)의 합리적인 판단(이 경우 금전적 이익의 극대화를 겨냥한 판단)에 따른 결과라는 전제 위에 서 있는 사고방식이다. 각 장에서는 개인, 국내 조직, 다국적 조직, 국가라는 네 가지 요소를 복합적으로 논하는데, 분석 대상은 구체적인 사회적 영향력이 있는 인물들이며 실제로 존재하는 조직이다.

최근 인맥을 주제로 한 샐러리맨 대상의 '자기계발서'가 출간되거나 각계 인맥을 주제로 한 연재기사를 신문 칼럼에서 다루고 있다.《니혼게이자이日本経済》에서는 매주 월요일에 '인맥 추적'이라는 칼럼을 싣고 있다. 이는 "비즈니스 세계에서 성공하기 위해서는 실력에 덧붙여 강력한 인맥이 필요하다"는 의견이 서서히 시민권을 얻어가고 있음을 보여주는 것이 아니겠는가. 이 책에서는 글로벌화에 따라 '원 월드One World'로 되어가는 지구가 실은 한정된 유력자들의 '스몰 월드 네트워크'에 따라 움직이고 있다는 사실을 해명하고자 한다. 따라서 이 책은 이른바 '세계 최고의 인맥술'을 깊이 체득한 사람들의 카탈로그이기도 하다.

그러면 이제부터 '세계를 움직이는 인맥'에 대한 이야기를 시작해보자. 이 책에서 다룰 사람들 대다수는 역사책이나 과거의 인명록에 기록된, 이미 세상을 떠난 부호들이 아니다. 필자가 이 글을 쓰고 있는 순간에도 새로운 기업 매수나 경제활동을 하고 있을 살아 있는 사람들이다. 또 이 책은 과거와 현재를 이어보려는 시도이기도 하다(일단 2007년 12월까지의 최신정보로 한정하며, '현재'라고 할 경우 그것은 2007년 말을 가리킨다).

■ 프롤로그 _ 참고문헌

※ 표기형식을 변경한 것 말고는 원서에 있는 참고문헌을 그대로 옮겼음을 밝힙니다_
  편집자

- 《구미 클럽사회欧米クラブ社会》(木下玲子 지음, 新潮社)
- 《복잡한 세계, 단순한 법칙―네트워크 과학의 최전선複雑な世界, 単純な法則―ネットワーク科学の最前線》(마크 부캐넌 지음, 阪本芳久 옮김, 草思社)
- 《우리는 어떻게 연결되어 있을까―네트워크 과학을 응용한다 私たちはどうつながっているのか―ネットワークの科学を応用する》(増田直紀 지음, 中公新書)
- 《이너서클インナー・サークル》(마이클 유심 지음, 岩城博司・松井和夫 감수・옮김, 東洋経済新報社)
- 《기업 간 네트워크와 이사겸임제企業間ネットワークと取締役兼任制》(B. 민츠・M. 슈워츠 지음, 陸井三郎 옮김, 毎日新聞社)
- 《현대 미국을 지배하는 것現代アメリカを支配するもの(Who Rules America?)》(윌리엄 돔호프 지음, 陸井三郎 옮김, 毎日新聞社)
- 《빌더버그 클럽ビルダーバーグ倶樂部》(대니얼 에스튜린 지음, 山田郁夫 옮김, バジリコ)(이 책은 신뢰할 수 없는 정보도 포함)
- 《고급 인맥술上級人脈術》(加藤幸弘 지음, 明日香出版社)
- 《전체주의의 기원 1 全体主義の起源 1》(한나 아렌트 지음, みすず書房)
- 《Bilderberg Diary》(Jim Tucker, American Free Press)
- 《A History of Money and Banking in the United States》(Murray N. Rothbard, Mises Institute)
- 《Transnational Corporate Ties: A Synopsis of Theories and Empirical Finding》(Michael Nollert, *Journal of World-Systems Research*, xi, 2, November 2005)
- 《The Pilgrims of the United States》(Anne Pimlott Baker, Profile Books, 2003)
- 《Tragedy & Hope》(Carroll Quigely, Macmillan, 1966(p. 61))

※ 미국 잡지 《비즈니스위크Business Week》 홈페이지(http://www.businessweek.com)에서는 '이사 겸임'에 대한 검색이 가능하다. 꼭 찾아가보기 바란다.

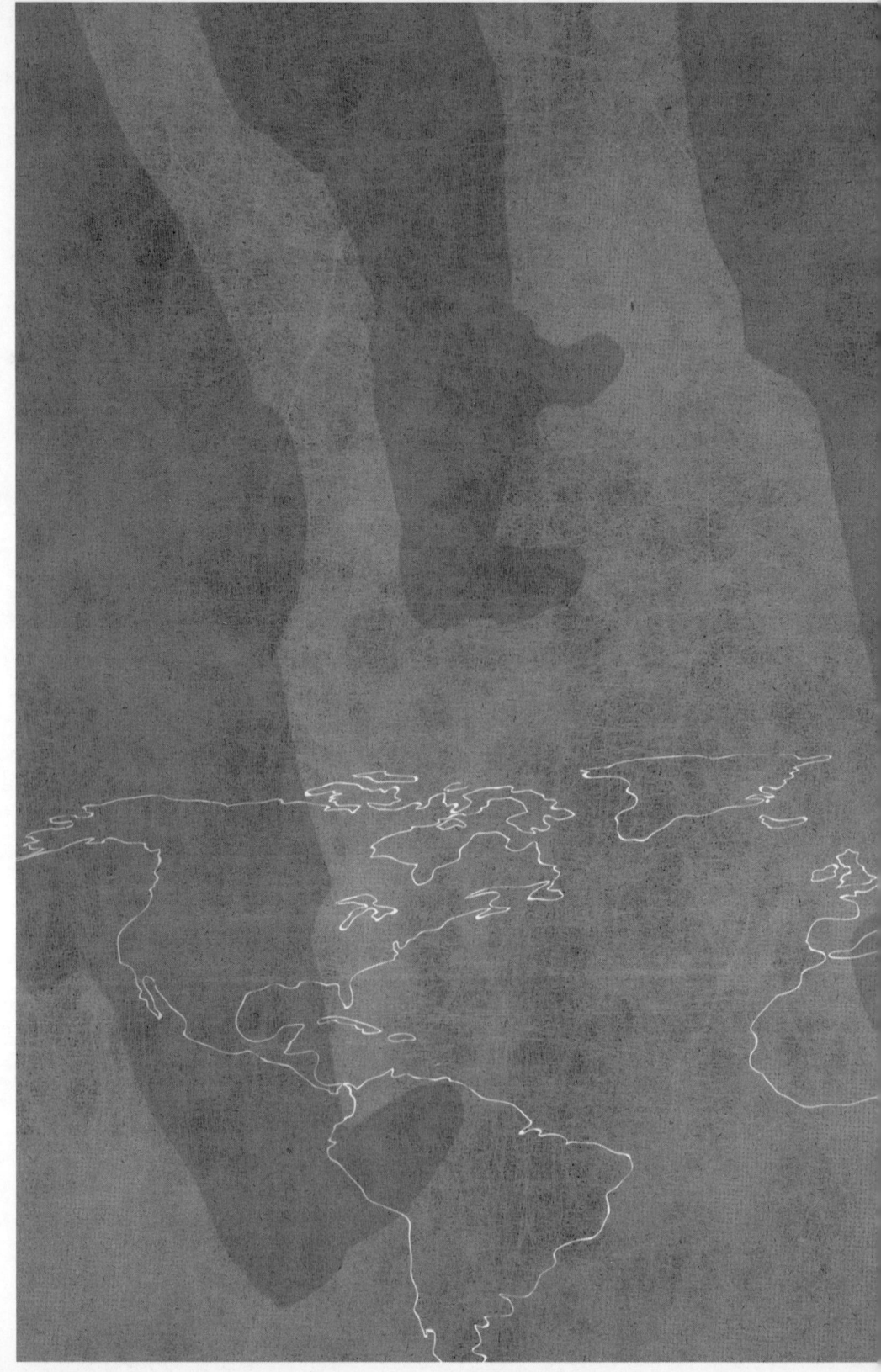

1장

유럽 중심부에서는 지금 무슨 일이 벌어지고 있나

유럽 중심부에서는
지금 무슨 일이 벌어지고 있나

패션업계를 움직이는 2대 거두가
유럽 경제도 움직인다

프롤로그에서 얘기했듯이 이 책은 '글로벌 엘리트'에 대해 쓴 것이다. 글로벌 경제의 지배자라면 아무래도 미국 월스트리트Wall Street로 눈이 쏠리겠지만 이 책을 시작하는 첫 무대는 프랑스다. 그 이유는 '글로벌 엘리트'들이 모두 네트워크로 묶여 있다는 것을 확실히 보여주기 위해서다. 그 때문에 구미 중에서도 월스트리트와 가장 먼 문화를 지닌 프랑스에서 시작하고자 한다. 머니를 과시하는 파워만이 자본주의인 것은 아니다.

자본주의가 성립되려면 세 가지가 있어야 한다. 이런 얘기를 한 사람은 20세기 초에 활약한 독일 경제학자 베르너 좀바르트Werner Sombart다. 그는 《고도 자본주의》 등의 책을 쓴 막스 베버Max Weber에 버금가는 독일 경제학자다. 그는 '유대인의 재능' '전쟁' 그리고 '연애와 사치'가 자본주의를 발달시켰다고 논했다.

세 가지 중에서 '전쟁'에 대해서는 지면의 한계도 있어 이 책에서는 다루지 않겠다. 유대계 자본주의 사회의 활약에 대해서는 수시로 논하겠지만 이른바 유대 음모사관 입장을 취하지는 않는다. 좀바르트가 얘기한 것은 유대인이 자본주의 시스템을 만들어낸 하나의 주요한 요인이라는 것인데, 누구도 거기에 이론을 제기하지 않을 것이다. 이것과는 달리 막스 베버처럼 프로테스탄트 윤리를 요인으로 드는 사람도 많다.

현대 자본주의 사회의 사제들을 묘사한 1장에 등장하는 것은 세 번째 '연애와 사치'에 얽힌 빅 비즈니스의 지배자들이다. 즉 현대 패션업계의 주인공들이다. 등장하는 사람은 베르나르 아르노Bernard Arnault(1949~)와 프랑수아 피노François Pinault(1936~)라는 두 프랑스인이다. 일찍이 유럽 왕실의 사치가 자본주의의 원동력이 됐다고 좀바르트는 얘기했지만, 아르노와 피노 두 사람은 결국 현대 패션업계를 움직이는 왕후귀족의 양대 거두다. 《포브스》 리스트에서 아르노는 260억 달러로 세계 7위(가장 부유한 프랑스인), 피노는 세계 34위(145억 달러)다. 그리고 이 두 사람은 견원지간으로 라이벌이다.

견원지간인 두 제왕

아르노와 피노 이 두 사람은 세계 패션업계의 주요한 고급 브랜드 대부분을 지배하고 있다. 물론 모든 브랜드를 그들이 처음부터 키운 것은 아니다. 끝없는 매수를 통해 규모를 확대한 것이다. 따라서 이 두 사람은 패션계 제왕인 동시에 투자자이기도 하다.

아르노는 LVMH(루이뷔통 모에 헤네시)의 회장이다. 이 회사는 LVMH라는 이름에서 드러나듯이 고급 가방 브랜드인 루이뷔통과 고급 술(돈페리뇽)을 브랜드로 가진 모에 헤네시를 산하에 두고 있다. 그뿐이 아니다. LVMH는 향수로 유명한 고급 브랜드 크리스찬 디올과 고급 손목시계 브랜드인 태그호이어 등 고급 손목시계로부터 경제전문지들(2007년에 매각한 《라 트리뷴La Tribune》, 새로 매수한 《레 제코Les Echos》)까지 산하에 거느리고 있다. 그는 LVMH와는 별도로 그룹 아르노라는 개인 투자회사도 경영하고 있고, 대형마트 까르푸Carrefour의 주식에도 투자하고 있다. 그러나 그의 본령은 패션이다. LVMH사의 웹사이트에 즐비한 수많은 '브랜드'들은 패션업종 그 자체라는 느낌을 주기도 한다(http://www.lvmh.com).

하지만 그가 갖고 있지 못한 브랜드도 있다. 이탈리아의 구찌다. 구찌를 지배하고 있는 곳은 피노 패밀리가 투자회사 역할을 하고 있는 PPR(옛 피노 쁘렝땅 르두트Pinault Printemps Redoute)과 그 모회사인 지주회사 아르테미스Artemis(PPR 지분의 40퍼센트 지배)다. 이 회사의 회장 겸 CEO가 피노의 아들 프랑수아 앙리 피노François Henri Pinault(1962~)다. 피노는 자신의 투자회사 이름의 유래가 된 쁘렝땅이라는 백화점 그룹을 2006년에 매각했지만 그룹 이름은 PPR을 그대로 쓰고 있다.

이 PPR이 2001년에 아르노의 LVMH와 구찌를 놓고 쟁탈전을 벌였다. 결국 LVMH는 갖고 있던 주식을 PPR에 매각하여, 구찌 브랜드는 피노의 손에 넘어가게 됐다. 그때의 일을 회상하며 아르노는 자서전에서 "설마 프랑수아 피노가 구찌 건으로 우리를 공격해올 줄이야"라고 실토했다. 아르노는 피노가 주식 공개매수TOB를 하지 않고 구찌의 경영권을 취득하려 한 수법을 강력하게 비판했다. 그때까지 그와 피노는 친구였다는데……. 그렇지만 피노의 투자 비즈니스 모델은 아르노의 수법을 모방했다는 것이 자명한 사실이다.

아르노와 사르코지 대통령

양쪽의 승부는 프랑스 재계 파고들기라는 관점에서 보면 아르노의 승리라고 할 수 있다. 물론 피노도 시라크Jacques Rene Chirac 전 대통령과 관계를 맺고 있었고 현재 그룹을 이끌고 있는 아들은 프랑스 유수의 건설회사 부이그Bouygues의 이사회에도 참석하고 있다. 하지만 아르노가 자신의 자서전에서 과시하고 있는 것과 같은 네트워크의 위력에는 미치지 못한다. 아르노는 사르코지 대통령과도 친밀한 관계라고 한다.

자크 시라크 뒤를 이어 2007년 프랑스 대통령에 취임한 니콜라 사르코지는 고의적으로 자신과 대부호 간의 관계를 선전하고 있는 듯한 느낌마저 준다. 그것은 특히 언론계 인맥에서 잘 드러난다. 정부가 언론에 영향력을 행사할 수 있는 구실을 제공해주는 것이 프랑스 정부가 신문 미디어에 주고 있는 보조금이다. 그 액수는 2억 7000만 유로에 이른다고 한다(《인터내셔널 헤럴드 트리뷴IHT, International Herald Tribune》 2007년 6월 25일).

아르노는 사르코지와 그의 전 부인 세실리아가 결혼했을 때 그 결혼식에 참석했었다. 사르코지는 아르노 말고도 미디어 투자가 뱅상 볼로르Vincent Bollore와 교류하고 있으며 텔레비전 방송국 TF1의 모회사인 부이그사의 회장 마르탱 부이그Martin Bouygues와 친밀한 사이로 알려져 있다. 사르코지는 자신을 비판하는 《르 몽드Le Monde》 사장의 재임을 부결시키도록 사내에 압력을 가하는 한편 TF1에는 부이그를 통해 자신의 측근을 부사장 자리에 들여보냈다는 얘기가 나돌고 있다.

그밖에 군수기업 EADS(민간항공기 제조 에어버스의 모회사)의 주요 주주인 아르노 라가르데르Arnaud Lagardere는 《주르날 뒤 디망슈Journal du Dimanche》

와 《파리마치Paris-Match》 등 복수의 매체들도 보유하고 있는데, 반사르코지 기사를 '검열'했다는 보도도 나왔다.

사르코지는 경제산업장관 재직 때 드빌팽Dominique de Villepin 전 총리와 마찬가지로 '내셔널 챔피언'이란 슬로건 아래 주요기업을 외자에 매각하지 못하도록 막으려 했다. '프랑스 주식회사'라는 말을 들을 정도로 애국적인 경제정책은 자유경쟁을 원칙으로 삼고 있는 규제당국인 EU 관료들의 눈살을 찌푸리게 하고 있다(3장 참조).

아르노를 떠받쳐온 사람들

아르노는 원래 패션업계와는 인연이 없는 사람이었다. 그는 프랑스의 이과대학을 졸업한 뒤 가업인 건설회사의 중역으로 일하고 있었다. 그런데 1980년대 전반, 당시 프랑스 섬유업계의 큰손으로 경영이 악화되기 시작한 부사크Boussac라는 회사를 매수했다. 부사크는 전시 중에는 군복 주문 등으로 큰돈을 번 회사다. 이 회사는 당시에도 고급 브랜드로 알려져 있던 크리스챤 디올을 산하에 두고 있었다.

당시 아르노를 밀고 있던 사람이 금융자본가 앙투안 베른하임Antoine Bernheim(1924~)이라는 거물 금융재계인으로, 그는 프랑스의 관록 있는 금융기관 라자르 프레르Lazard Freres(이하 라자르)에 소속되어 있었다. "지명도가 높은 사람이 융자를 약속해주면 다른 사람들과의 교섭도 순조로워집니다"라고 아르노는 당시를 회상했다. 그는 다음과 같은 말도 했다. "미국 체류 중(미테랑 정권의 기업국유화 정책에 따른 프랑스 재계인의 국외탈출을 가리킨다)에 나는 프랑수아 드 콩브레와 친교를 맺게 됐습니다. 그는 엘리제궁의 지

스카르 데스탱Valery Giscard d'Estaing 대통령 보좌관직을 그만두고 라자르은
행 뉴욕지점으로 복귀해 있었습니다. 두 사람 모두 록펠러센터의 같은 건
물에 사무소가 있어서 종종 점심 식사를 함께했습니다. 그러다가 관계서
류를 조사하고 있을 때 그에게 그 얘기를 했습니다. 그의 조언으로 미셸 데
이비드 웨일Michael David-Weill(1932~)을 만나러 갔더니 이번엔 앙투안 베른
하임을 소개해주었습니다."(《베르나르 아르노, 입을 열다ヘルナール・アルノ-, 語る》,
닛케이BP, 75쪽)

여기에 등장하는 미셸 데이비드 웨일이라는 사람은 역사적으로 라자르
를 지배해온 데이비드 웨일 가문의 일원이고 이 회사 창업자 가문의 사촌
집안인 은행가다. 그는, 2005년 쿠데타를 일으켜 라자르에 들어온 브루스
와서스타인Bruce Wasserstein(1947~)이라는 현재 회장 겸 CEO에 의해 이사회
에서 쫓겨났다. 아르노는 이 웨일을 통해 베른하임을 소개받은 것이다. 이
들 사이에 끼어 있는 사람은 세 명이다. 이것이 프롤로그에서 간단하게 소
개한 진짜 인맥, '스몰 월드 네트워크'라는 것이다.

베른하임은 지금도 LVMH의 부회장 자리에 앉아 있을 뿐 아니라 이탈
리아 최대의 보험회사인 제네랄리Generali 회장도 맡고 있다. 이 제네랄리
는 이탈리아 총리 베를루스코니Silvio Berlusconi의 영향 아래에 있는 이탈리
아의 은행 메디오방카Mediobanca의 대주주로 되어 있으며, 따라서 베른하
임이라는 원로 금융인의 영향력은 이탈리아, 프랑스 등 남부 유럽 전체에
미치고 있다.

아르노의 자서전에는 그의 다채로운 교우관계도 기록되어 있다. 이 책
은 자서전이라기보다는 지금 프랑스 재계의 '신사록(인명록)'이라는 느낌
을 준다. 여기에 등장하는 사람은 프랑스에서뿐 아니라 일본에서도 자동
차보험회사로 유명한 악사AXA에서 현재 자문위원회advisory board 회장을

맡고 있는 창업자 클로드 베베아르Claude Bebear와 같은 유명인이나 미디어(잡지 《파리마치》)에서 군수업에까지 손대고 있는 복합기업 라가르데르의 전 총수 장 뤽 라가르데르Jean-Luc Lagardere 등 다채롭다.

에너지회사를 둘러싸고 터져나온 대결

구찌 매수로 아르노와 피노가 맞붙은 얘기는 앞서 언급했지만 그들의 비즈니스 대결이 다시 표면화한 것이 유럽을 대표하는 에너지기업 수에즈를 무대로 한 매수극이었다. 피노가 2006년 가을에 에넬Enel이라는 이탈리아 전력회사와 공동으로 수에즈에 대해 매수 제안을 했다는 뉴스가 화제가 됐다. 아무리 그렇지만 어떻게 이탈리아 패션제왕이 에너지회사 매수 제안에 참가하게 된 걸까?

이 매수 제안 보도의 '의미'는 아르노가 수에즈의 부회장으로 있던 벨기에인 알베르 프레르Albert Frere(1926~) 남작과 친구 사이라는 사실을 모르고는 알 수 없다. 피노는 패션 실업가이기 때문에 전력회사를 매수하는 것은 의미가 없다. 즉 밉살스러운 아르노의 벗을 건드림으로써 라이벌을 괴롭힌 것이다. 결국 피노는 허세로 시작한 그 제안을 거두어들였다. 하지만 그런 사실만 두고보더라도 두 사람의 라이벌 의식이 상당하다는 것을 알 수 있다.

아르노 쪽도 지고 있을 리 없다. 그는 2007년 적자인 《라 트리뷴》을 매각하고 영국 피어슨이 내놓은 흑자 경영 중인 경제신문 《레 제코》를 수중에 넣었다. 아르노가 오너였던 《라 트리뷴》은 사르코지 정권에 불리한 뉴스를 검열하거나 LVMH의 라이벌인 피노의 투자회사 PPR의 재무 상황에

의문을 제기하는 기사를 연재하는 등 모회사의 '의향'을 따르고 있다는 비판도 받고 있었다. 그 때문에 아르노 아래에서 편집권의 독립성을 지킬 수 있겠냐는 의문이 매수당한 《레 제코》 기자들로부터 쏟아져 나와 항의 시위 등 반대 운동도 일어났다.

거리낌 없는 프레르 남작은 아르노를 친한 벗으로 두어선지 '유럽의 워렌 버핏'이란 별명을 갖고 있다. 그는 아르노와 '와인을 향한 정열'로 엮인 벗인데, 공동으로 '샤토 슈발 블랑Chateau Cheval Balnc'이라는 보르도 와인 샤토를 매수했다. 또 그는 아르노의 LVMH 이사회의 일원이기도 하다(표 1-1).

프레르는 자신이 지배하는 벨기에 최대의 투자회사를 통해 유럽 재계 유수의 실력자로 군림해왔다. 이 투자회사의 이름은 GBLGroupe Bruxelles Lambert이다. 이 회사는 필자가 보기에 유럽 재계의 흑막黑幕(막후 인물이나 조직) 가운데 하나다.

[표 1-1] LVMH 이사회의 주요인물들(2007년 현재)

- 회장 겸 CEO : 베르나르 아르노
- 부회장 : 앙투안 베른하임*
- 알베르 프레르 남작(벨기에 투자회사 GBL 회장)
- 찰스 파월 경(미국 캐터필러와 롤스로이스 이사 겸임, 영국)
- 팰릭스 로하틴(전 라자르 프레르, 전 주 프랑스 미국 대사, 현 리먼 브라더스 국제자문위원회 회장)
- 유베르 베드리누(전 프랑스 외무장관)*

※ *는 사외이사를 가리킨다.

EU의 심장부 브뤼셀

국제결제은행BIS 등 여러 국제기관들이 자리 잡은 스위스 제네바가 유럽의 심장부라면, EU라는 '관료기구Eurocrat'의 심장부는 벨기에 브뤼셀이다. 벨기에 하면 무엇이 떠오르는가. 오줌 누는 소년인가, 아니면 벨기에 와플인가.

벨기에는 남부의 프랑스어(왈롱어)계 주민과 북부의 네덜란드어(플라망어)계 간의 대립이 심각해서 벨기에라는 국가가 독립국으로서의 실체를 유지하고 있는 것이 이상할 정도라는 얘기를 수없이 들어왔다. 이 나라가 현재의 모습으로 탄생한 것은 1830년으로, 그전에는 네덜란드(네덜란드 왕국)의 영토였으나 플라망Flamans과 왈롱Wallone은 신성로마제국시대(10세기 무렵)부터 공존해왔다는 얘기도 있다.

벨기에의 지리를 잘 보면 이 나라가 매우 중요한 위치에 자리 잡고 있다는 것을 금방 알 수 있다. 동쪽에는 네덜란드와 독일, 남쪽에는 프랑스, 북쪽에는 북해, 서쪽에는 영국이 자리 잡고 있다. EU의 심장으로서 지리적으로 이상적이다. 또 위치 때문에 바다로 나가는 관문으로 알려져 중세 때부터 간, 브뤼제 등의 도시들이 섬유무역의 거점이 됐다.

벨기에의 수도 브뤼셀은 19세기에 로스차일드Rothschild 가문 등의 프랑스 부호가 철도를 놓은 곳인데, 네덜란드어권의 플라망이면서도 프랑스어를 사용하는 엘리트들이 많았다. 벨기에에서는 19세기 이래 오랜 세월 왈롱 쪽이 사회의 주도권을 장악해왔다. 1차 세계대전 때의 장교는 대부분 왈롱 출신자로, 참호전에서는 병사 비율이 높은 플라망 출신자들의 희생이 이어졌다고 한다. 2차 세계대전 뒤 플라망 쪽의 경제성장이 빨라지자

이번엔 왈롱 쪽에서 비판이 쏟아지고 있다. 벨기에 국왕은 그 사이에서 분열을 막는 역할을 하며, 이 나라 엘리트층은 프랑스어, 네덜란드어, 영어 등 세 개 언어를 상황에 맞춰 자연스럽게 구사한다.

프랑스 패션계의 거두 아르노와 벨기에의 프레르 간의 관계에서 보듯 프랑스-벨기에의 재계인들은 서로 깊숙이 얽혀 있다. 프레르는《포브스》부호 리스트에서 세계 279위(31억 달러)다. 그의 이름은 일본 미디어에서는 전혀 주목받지 못하고 있으나 구미 미디어에는 빈번하게 등장하는 이름이다. 이제 그의 지주회사(홀딩 컴퍼니, 투자회사)에 대해 살펴보자.

매우 복잡한 GBL의 구조

프레르가 지배하는 투자회사의 구조에 대해 자세히 알고 싶다면 [그림 1-1]을 봐주기 바란다. CNP와 GBL이라는 투자회사가 그가 지배하는 지주회사다. CNP란 Compagnie Nationale à Portefeuille의 약칭이며, GBL은 이미 얘기한 대로 Groupe Bruxelles Lambert(그룹 브뤼셀 랑베르)의 약칭이다. [그림 1-1]을 보면 알 수 있듯 GBL에는 캐나다의 파워 코퍼레이션Power Corporation이라는 금융·에너지회사도 출자하고 있다.

유럽의 기업만 그런 것이 아니라 금융투자자들의 자본구성은 어디든 매우 특수하고 복잡하다. [그림 1-1]을 보면 GBL이라는 지주회사 위에 다시 CNP라는 회사가 버티고 있고, 이 회사 위에 프레르의 패밀리기업인 프레르 부르주아Freres-Bourgeois가 올라타고 있다. 다만 신문에 나올 때는 주로 GBL이 프레르의 주요 투자회사라는 설명이 붙는다. 즉 이것이 세계 대부호들의 교묘한 기업 지배라는 걸 이해해두기 바란다.

[그림 1-1] GBL의 자본구조(2007년 9월 말 현재)

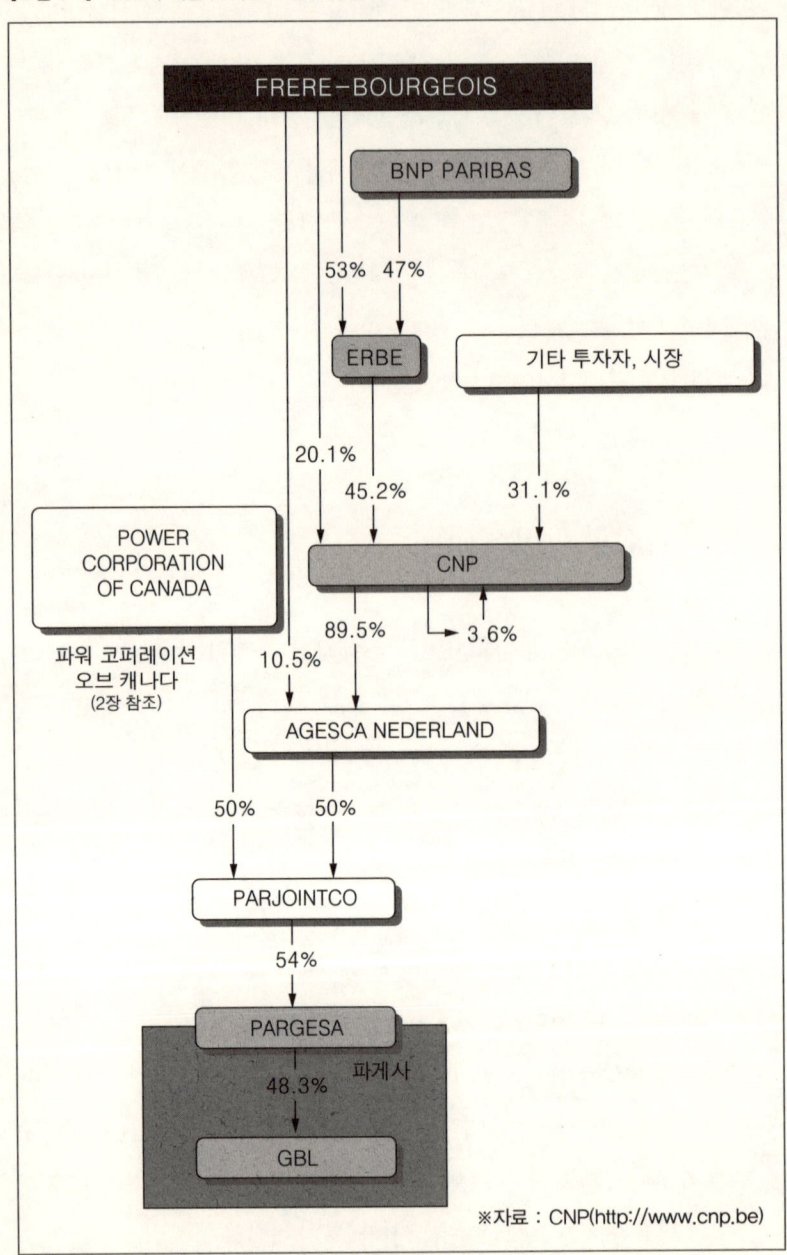

※자료 : CNP(http://www.cnp.be)

그런데 프레르가 특별히 거론되어야 할 인물인 이유는 그가 지배하는 GBL 지주회사가 유럽의 주요기업 중에서 특히 중요한 기업들의 대주주이기 때문이다. 프롤로그에서도 설명했듯이 GBL의 회사 지배도 실질적으로는 이사 파견이라는 형태를 취한다. [그림 1-2]를 보라. GBL이 출자한 곳들이 드러나 있다.

[그림 1-2] GBL의 투자 포트폴리오(2007년)

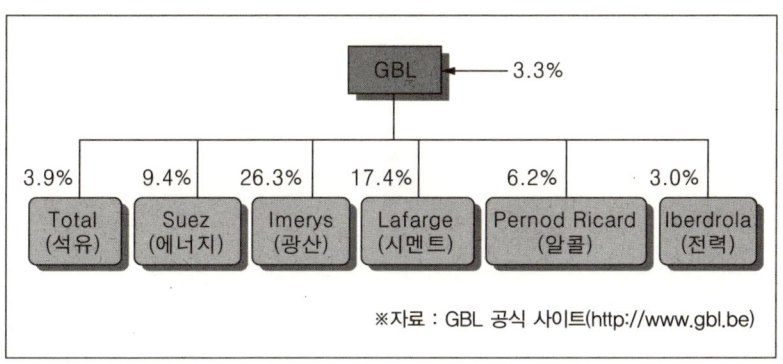

※자료: GBL 공식 사이트(http://www.gbl.be)

프랑스의 거대 석유기업인 토탈(주식 비율 3.9퍼센트)과, 거대 에너지기업인 수에즈(9.4퍼센트), 파리 로스차일드계 광산회사 이메리스(26.3퍼센트), 프랑스의 시멘트회사 라파쥬(17.4퍼센트) 등 즐비하다. 라파쥬는 세계에서 세 손가락 안에 들어가는 시멘트기업이다. 2006년까지는 독일의 거대 미디어기업 베텔스만Bertelsmann(레코드회사인 BMG와 랜덤하우스와의 관계로 유명해졌다)도 GBL의 투자처였다. 그중에서도 수에즈는 유럽 최대의 에너지기업이자 환경·수자원기업이다. 필자는 수에즈를 구석구석 연구하면 유럽 재계의 내실이 어느 정도 드러나지 않을까 생각하고 있다.

'로스차일드'가 된 프레르 남작

앞서 얘기했듯이, 프레르가 지배하는 GBL의 정식 명칭은 '그룹 브뤼셀 랑베르'다. 유럽 재계 역사에 다소 밝은 사람이라면 이 '랑베르'라는 이름을 들으면 브뤼셀 랑베르 은행 또는 1980년대에 정크본드 제왕으로 세상을 시끄럽게 한 마이클 밀켄Michael Milken이 소속되어 있던 드렉셀 번햄 램버트Drexel Burnham Lambert라는 이름을 떠올릴 것이다. 이들 랑베르(램버트)라는 이름은 1840년에 설립된 랑베르은행Banque Bruxeller-Lambert에서 유래한다.

그 당시 프랑스 철도왕 제임스 마이어 로스차일드(파리 로스차일드가의 1세대)는 사뮈엘 랑베르라는 대리인을 통해 벨기에의 국내 정세나 비즈니스 찬스를 조사하고 있었는데 그 사뮈엘이 랑베르은행의 창립자다. 사뮈엘의 아들 레옹은 파리 로스차일드 가문의 루시 로스차일드와 결혼한다. 그와 같은 이름의 손자로 드렉셀의 주주였던 은행가 레옹 랑베르 남작Leon Lambert(1929~87)은 철도왕의 현손에 해당한다. 그 랑베르 남작을 대신해서 '벼락 출세자'로 1980년대 말에 벨기에 재계의 톱 서클 정상에 오른 이가 프레르다.

《인터내셔널 헤럴드 트리뷴》의 2006년 10월 2일자 기사에 따르면, 그의 생가는 벨기에 남부의 가난한 못 행상 일가였다. 그는 고등학교도 나오지 못했다. 일찍이 아버지를 여의었기 때문에 어머니가 못사업을 물려받아 프레르를 비롯해 세 명의 아이들을 키웠다. 프레르는 헝그리 정신이 있다는 평을 들었는데, 그것은 어머니 등에 업혀 자란 결과일 것이다. 그는 어머니한테서 절약정신을 배웠다. "전등을 잊지 말고 꺼라. 우리 집은 로스차일드 가문과 달리 가난하니까"라는 말을 들었다고 한다. 그런 그도 지금은 로스차일드에 필적하는 벨기에 재계의 거물이 됐다.

프레르의 출발점은 못 행상으로 번 자금으로 구입한 철공소였다. 이것이 1950년에 발발한 한국전쟁 특수를 만나면서 비즈니스가 급속히 발전했다. 프레르는 기회를 포착하는 데 민첩했다. 유럽 철공업이 쇠퇴 조짐을 보이자 1979년 벨기에가 철강산업 국유화를 선언할 때 발빠르게 철공소를 팔아넘겼다. 다음에 그의 눈이 향한 곳은 미디어업계였다. 《뉴욕타임스》 (1982년 3월 1일, 1986년 3월 26일)에 따르면, 그는 1982년에 당시 벨기에 재계의 흑막의 존재였던 랑베르 남작이 지배하고 있던 GBL 주식을 사서 경영권을 확보했다. 1980년대는 이처럼 패밀리기업 쟁탈전이 왕성했던 시기였다. 이렇게 해서 비즈니스계에 입문한 '벼락 출세자'가 1994년에는 벨기에 국왕에게서 남작이라는 작위를 하사받았다. 벼락 출세자라도 귀족 칭호를 받을 수 있는 것이 지금의 유럽 재계다.

그가 GBL을 손에 넣어 펼치려 한 야망은 유럽 대륙의 미디어업계에 군림하는 것이었다. 1986년 신문기사는 그가 CTL^{Compagnie Luxembourgeoise de Télédiffusion}(나중에 RTL로 개칭)이라 불리는 룩셈부르크 방송국의 지배권을 장악했다고 보도했다. 이후 그는 이 회사의 대주주였으나 2006년에 그 지분을 독일의 베텔스만에 매각해 40억 유로라는 거액의 자금을 손에 넣었다. 투자자들의 관심은 그가 이 거액의 자금을 이번엔 어떻게 굴릴 것인가에 쏠리고 있다고 한다.

그의 비즈니스상의 교우관계는 GBL의 중역회 리스트를 보면 잘 알 수 있다. 우리는 여기서 LVMH의 아르노 외에 두 사람의 캐나다인을 주목해야 한다(표 1-2 참조).

2006년판 GBL 연차보고서를 보면, 알베르 프레르가 회장이고 매니징

[표 1-2] GBL 이사회에서의 중요한 연줄(2007년)

- 회장겸 CEO　알베르 프레르 남작
- 부회장　　　폴 데스마레 시니어(파게사 회장)
- 집행이사　　제라르 프레르
　　　　　　　티에리 드 라달(수에즈와 토탈 이사)
- 사외이사　　모리스 리펜스(벨기에의 포르티스은행 회장)
　　　　　　　귄터 티엘렌Gunter Thielen(독일 베텔스만 회장 겸 CEO)
　　　　　　　폴 데스마레 주니어(토탈 이사)
- 명예이사　　필립 랑베르 남작(현재 프레르 가문의 주인)

　디렉터로 아들인 제라르가 가세하고 있는 것은 패밀리기업이 아니면 생각할 수 없는 것이지만 부회장과 사외이사에 데스마레Desmarais라는 이름이 올라 있다. 이 둘은 부자지간이다.

　이 데스마레 부자는 캐나다의 흑막의 존재다. 그들의 활동 실태를 알아보기 위해 유럽에서 캐나다로 눈을 돌려보자. 프랑스 패션업계는 벨기에의 미디어 투자자와 연결되고 이어 캐나다의 정재계 실력자인 데스마레 가문과 연결된다. 이것도 스몰 월드다. 데스마레 가문이 지배하는 '파워 코퍼레이션'은 어떤 회사인가. 여기서 일단 캐나다 오타와로 건너가보자. 벨기에는 캐나다 조사를 마친 뒤 다시 되돌아올 것이다.

1장 _ 참고문헌

- 각 기업의 공식 웹사이트와 신문기사 참조.

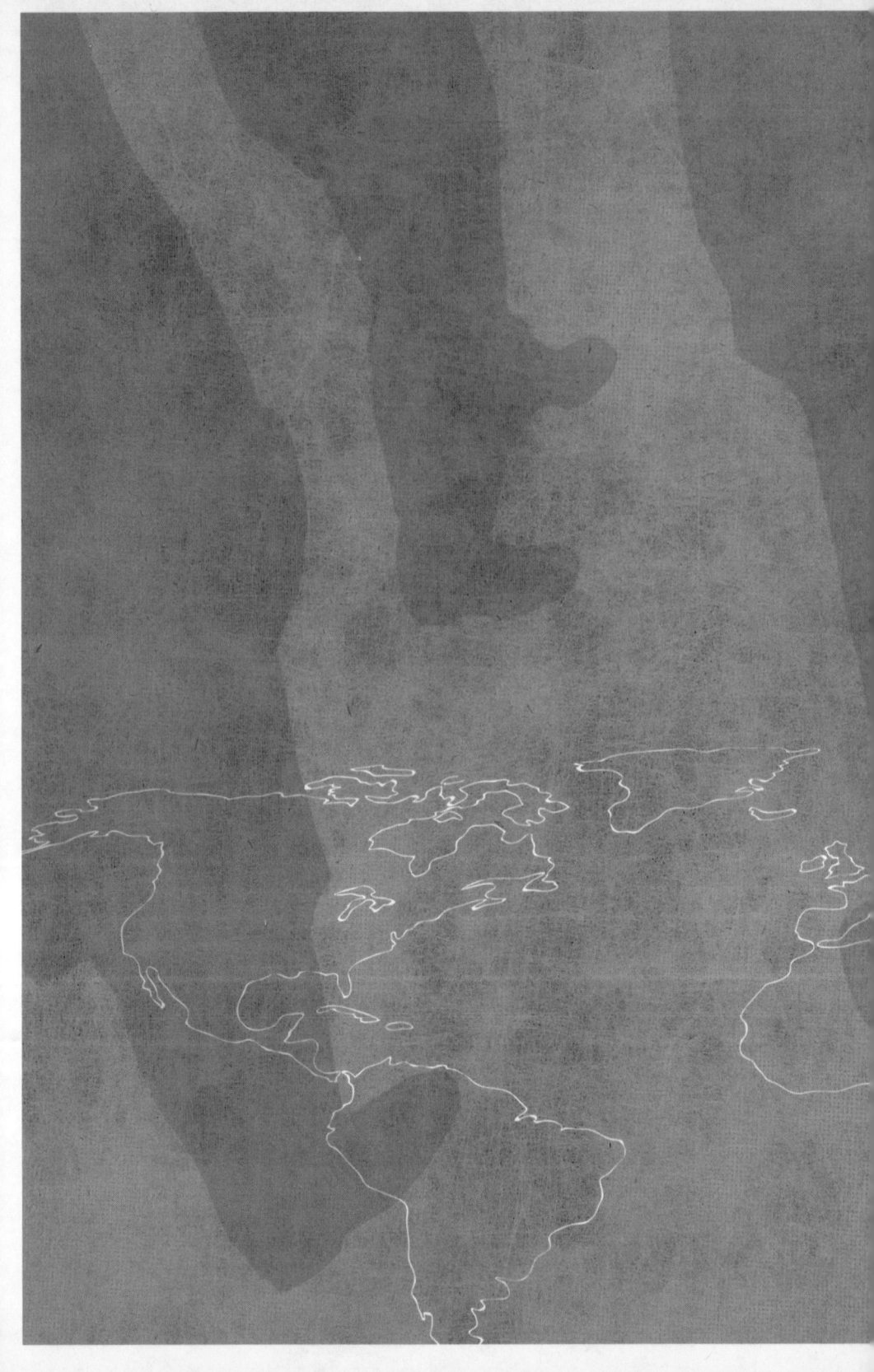

2장

캐나다의 거대 금융산업을 지배하는
'파워 브로커'

캐나다의 거대 금융산업을 지배하는 '파워 브로커'

존재감을 키워가는 자원대국

1장에 등장한 GBL의 이사 데스마레 가문의 주인(호주) 폴 데스마레 주니어Paul Desmarais Jr.(1954~)는 캐나다 유수의 재계인으로 2006년 오타와에서 빌더버그회의가 열렸을 때 현지 기업대표로 참석했다.

캐나다는 러시아연방에 이어 세계에서 두 번째로 넓은 영토를 가진 나라다. 현재 총리는 보수당의 스티븐 하퍼Stephen Joseph Harper다. 일본과의 관계는 미국만큼 깊지 않고, 아시아에서는 오히려 중국과 관계가 깊다. 최근에는 캐나다 서부의 광활한 앨버타 주에서 광대한 오일 샌드가 매장되어 있는 사실이 화제가 됐으며, 이는 중동 지역에 의존하지 않는 석유자원 공급원으로 주목받고 있다. 또 그 동쪽 인근에 있는 사스카체완Saskatchewan 주에서는 세계 최대의 우라늄 광상이 존재한다. 카메코Cameco는 이 주에 주요 우라늄 광산을 소유한 회사로, 옛 정부계 회사 엘도라도Eldorado가 민영화되면서 만들어진 회사다. 이 회사는 캐나다 원주민을 고용하는 최대의 민간기업이며, 키르기스스탄 등에 금광이권도 갖고 있다.

5장에서 이야기하겠지만 '원자력은 온난화 대책을 위한 비장의 카드'라고 구미언론들이 꽤 요란하게 선전하고 있어서 캐나다 재계는 원자력 로비와도 접점이 있다. 자원대국인 캐나다나 오스트레일리아는 앞으로 존재감을 키워갈 것이다.

캐나다의 수도는 동부 온타리오 주의 오타와이고, 이 수도에 근접해 있는 것이 퀘벡 주의 주도 몬트리올이다. 퀘벡 주는 캐나다 속의 프랑스어권인데, 공용어가 프랑스어다. 1990년대 초까지는 진지하게 분리독립을 추진한 적도 있으나 최근에는 급진적인 자치획득파가 소리를 죽이면서 폭넓은 자치권을 요구하는 방향으로 바뀌고 있다.

이 오타와 경제권과 퀘벡 경제권의 통합을 실현한 상징적인 존재가 본사를 몬트리올에 지은 파워 코퍼레이션 오브 캐나다Power Corporation of Canada(이하 파워)라는 거대 금융투자회사다. 벨기에의 부호 알베르 프레르, 제라르 프레르의 프레르 패밀리와 절반씩 파게사라는 투자회사(GBL의 상부 계열사)에 출자하고 있는 회사가 바로 이 파워다. 이 회사를 데스마레 가문이 지배하고 있다. 또 캐나다에는 철도열차나 항공기를 생산하고 있는 봄바르디아Bombardia라는 대기업이 있는데, 이 기업과 파워, 중국의 북방기차공단공사North Loric가 합작하여 중국 도시 간 여객열차 건설 비즈니스를 낙찰받았다.

캐나다의 화려한 가문, 데스마레

파워가 데스마레 가문의 손에 넘어간 것은 1968년이다. 캐나다에는 데스마레 가문 외에 유력 재계인으로, 홀린저 아거스Hollinger Argus를 지배해온 콘래드 블랙Conrad Black, 금융정보 서비스의 톰슨Thompson 가문(톰슨 파이낸셜은 2007년 영국의 로이터에 흡수됐다), 양조업계에 군림한 시그램Seagram을 지배해온 브론프먼Bronfman 가문 등이 있다.

파워라는 이름은 이 회사가 2차 세계대전 전인 1925년에 설립됐을 때 캐나다 동부에 풍부하게 존재하는 오대호 수력발전에 투자한 데서 유래하지만, 동시에 캐나다 정계의 '파워(권력)'의 원천이라는 의미도 갖고 있다. 이 회사는 원래 니스벳과 톰슨이라는 두 사람의 캐나다 실업가가 창업했다. 이 패밀리는 2대에 걸쳐 캐나다만이 아니라 프랑스 전력산업이나 석유산업 등의 공공서비스기업을 차례차례 매수해 거대화했는데 캐나다 정부가 단행한 기간산업 국유화정책 때문에 규모를 축소할 수밖에 없게 됐다.

창업 패밀리의 보좌관으로 1962년에 채용돼 나중에 사장이 된 사람이 모리스 스트롱Maurice Strong(1929~)이다. 그는 캐나다 국내에서만이 아니라 미국의 록펠러 가문, 유럽의 로스차일드 가문과도 교제하고 있다(5장 참조). 1992년 '지구정상회의Global Summit'를 주선하고, 유엔 사무차장까지 지내면서 유럽과 미국의 환경보호운동을 이끈 사람이기도 하다.

스트롱은 캐나다 국영투자회사와 유엔 요직에 전출한 뒤 파워를 지배하고 있으며, 지금도 패밀리에서 주주총회 의결권을 쥐고 있는 것은 데스마레 가문이다. 폴 데스마레 시니어Paul Desmarais Sr.(1927~)가 1968년에 파워의 중역회의에 들어간 이래 이 회사는 종래의 인프라 에너지 종합회사에서 매스미디어에도 진출해 거대한 금융자산을 운용하는 투자회사로 변모해간다.

패밀리 초대 호주가 폴 시니어인데, 그는 1996년까지 회장을 지내고 1999년 이 회사의 경영권을 자식들인 폴 주니어와 앙드레Andre에게 넘긴다. 폴 시니어는 가문이 경영하고 있던 버스회사를 출발점으로 사업을 확대하면서 기선회사, 펄프회사, 석유회사에도 투자의 손길을 뻗치는데, 최종적으로 보험회사를 중심으로 한 보험·투자신탁업무를 중핵으로 삼아 가문의 사업을 파워 파이낸셜 코퍼레이션PFC, Power Financial Corporation으로 집약해간다. 이 회사는 2007년에도 산하의 보험회사를 통해 미국의 유명한 투자신탁회사인 퍼트넘 인베스트먼츠Putnam Investments를 매수했다. 프레르 남작과 공동출자한 파게사도 이 PFC가 거느리고 있다. 데스마레는 PFC를 통해 텔레비전 방송 등 미디어업계에도 진출했다.

GBL에 아버지와 아들 폴이 이사로 참가하고 있는 것은 1장에서 이야기했지만, GBL이 대주주인 프랑스의 거대 석유회사 토탈이나 거대 에너지 회사인 수에즈에도 폴 주니어가 중역 멤버로 참여하고 있다.

왜 이 가문이 프랑스, 캐나다 양국에 걸쳐 경제적으로 존재감을 과시하고 있느냐 하면, 이 가문이 캐나다 자유당과 보수당을 권력 기반으로 삼고 세력을 확대해왔기 때문이다. 가문과 캐나다 정계의 관계를 살펴보노라면, 과연 그들의 회사 파워가 '파워(권력)' 그 자체구나 하는 것을 실감할 수 있다. 폴 시니어를 하나의 '허브'로 삼아 캐나다의 권력 네트워크가 전개되고 있다.

우선 현재의 캐나다 보수당 정권(스티븐 하퍼 총리)이 2006년에 탄생하기 전 총리직에 있던 자유당의 폴 마틴Paul Martin은 이미 얘기한 스트롱의 연줄로 1960년 파워에 취직했다. 그는 이 회사의 자회사인 기선회사 사장으로 일한 적도 있다. 폴 시니어가 1981년 이 기선회사를 마틴에게 매각하는데, 그것이 데스마레에겐 정계와 유착하는 발판이 됐다.

또 마틴의 선임 총리인 장 크레티엥Jean Cretien은 미국의 이라크 침공을 비판한 것으로도 유명한데, 자유당 당수가 되기 전인 1980년대 말에는 파워의 자회사인 펄프회사의 중역이 됐다. 또 크레티엥의 딸인 프랑스는 폴 시니어의 아들이며 지금 PFC의 공동회장인 앙드레와 결혼했다. 이처럼 가문은 정치가 가문과 두터운 파벌을 만들었다.

그밖에 1960년대 말부터 1970년대, 1980년대 초 두 번 총리를 역임한 피에르 트뤼도Pierre Trudeau나 진보보수당(현 보수당의 전신)의 브라이언 멀루니 전 총리Brian Mulroney(1939~)도 당수선거 때인 1976년에 데스마레로부터 강력한 자금 지원을 받았다. 이 회사 자료에 따르면, 트뤼도 전 총리의 측근이었던 마이클 피트펠드는 지금도 이 회사의 명예회장이다. 멀루니 전 총리는 2006년의 빌더버그회의에도 참석했는데, 나중에 언급하겠지만 수많은 세계 주요기업의 이사회와 자문위원회에 참석하고 있는, 세계의 톱 서클에 속하는 인물이다. 그리고 그 네트워크는 해외의 정재계 요인들을 불러 모은 파워의 국제자문위원회International Advisory Council가 뒷받침하고 있다.

최근에는 그 멤버를 공표하진 않지만, 2002년판 연차보고서에 나와 있는 자문위원회 멤버(표 2-1 참조)에는 전 미국 연방준비제도이사회FRB 의장인 폴 볼커Paul Volcker, 전 독일 총리 헬무트 슈미트Helmut Schmid, 프랑스의 BNP파리바BNP Paribas 부회장이었던 미셸 프랑수아-퐁세Michel François-Poncet, 미국에서 바이오연료 붐을 불러일으킨 주역 기업인 아처 대니얼스 미들랜드ADM, Archer Daniels Midland의 명예회장 드웨인 안드레아스Dwane Andreas의 이름도 들어 있다. 참고로 덧붙이면 ADM의 예전 이사진에는 넬슨 록펠러Nelson Rockefeller의 부인인 해피 록펠러도 있었다.

[표 2-1] 파워 코퍼레이션 국제자문위원회 주요 멤버(2002년 현재)

- 의장 폴 데스마레 주니어
- 드웨인 안드레아스(미 바이오기업 ADM 명예회장)
- 로스 존슨Ross Johnson(전 RJR나비스코 CEO, RJM그룹 회장)
- 찰스 브론프먼Charles Bronfman(자선활동가)
- 구스타보 시스네로스(JP모건 체이스 국제자문위원회)
- 미셸 프랑수아-퐁세(BNP파리바 부회장)
- 알베르 프레르 남작
- 브라이언 멀루니 전 캐나다 총리(블랙스톤그룹 이사 등)
- 헬무트 슈미트 전 독일총리(《차이트》 발행인)
- 폴 볼커 전 FRB 의장(미-일-유럽 3자위원회 멤버)
- 자키 야마니(전 사우디아라비아 석유장관)

※자료 : Power Corporation of Canada, 2003 Annual Report, 83쪽

또 리스트에는 베네수엘라의 우고 차베스Hugo Chavez 대통령에 대해 비판적 자세를 취하고 있는 남미의 미디어 왕 구스타보 시스네로스Gustavo Cisneros(1945~)라는 인물의 이름이 보이는데, 이 인물은 미국의 거대 싱크탱크인 외교문제평의회CFR, Council on Foreign Relations의 국제자문위원회 멤버이기도 하며, 동시에 세계 최고실력자의 한 사람인 록펠러(6장 참조)의 이름을 딴 '데이비드 록펠러 남미센터'의 이사이기도 하다.

파워의 국제자문위원회 멤버는 2004년 연차보고서에는 명기되어 있지 않다. 해산한 것인지, 단지 공개하지 않는 것인지는 알 수 없지만, 이 회사가 프레르 등과 함께 프랑스 최대의 석유기업 토탈의 대주주가 됐기 때문이라는 이야기도 있다.

토탈은 예전에는 토탈 피나 엘프Total Fina Elf라는 국영 석유기업이었는

데, 이 회사는 이라크의 사담 후세인 전 대통령과 이라크 영내의 유전개발 계약을 체결했다. 이미 말한 대로 크레티엥 전 총리는 이라크 침공을 비판했는데, 그 이유가 파워의 출자기업이 당시 후세인 정권과 유전개발 계약을 체결했기 때문이 아니냐는 비난이 제기되기도 했다. 미국 네오콘(신보수주의자)들이 강력하게 비판하는 이 문제는 '이라크 석유-식량계획 의혹'으로도 알려졌는데, 유엔 최대의 스캔들이라는 얘기도 나돌았다. 그리고 이 문제를 조사하는 위원회 멤버가 된 사람이 파워의 국제자문위원회 멤버인 폴 볼커 전 FRB 의장이었다. 그 때문에 비판이 더욱 고조됐다.

배릭 골드와 로스차일드, 부시 전 대통령의 관계

시스네로스, 멀루니 전 캐나다 총리, 폴 데스마레 시니어라는, 파워 사와 관련이 있는 이 세 명의 실력자들은 동시에 캐나다의 또 다른 빅 비즈니스, 즉 세계 최대의 산금産金회사 배릭 골드Barrick Gold의 국제자문위원회의 멤버이기도 하다.

배릭은 1983년에 합병을 통해 설립된 회사다. 현재는 오타와 근교 토론토에 본사가 있다. 금 지금地金이나 금 선물先物 가격은 2000년을 경계로 부쩍 상승하고 있고 지금도 일본 투자자들 중에 현명한 사람들은 주식이나 채권 등의 페이퍼 자산이 아니라 실물자산인 금괴를 현금으로 구입한다. 금은 희소가치 때문에 인기가 높고, 1971년 닉슨쇼크(달러와 금의 태환을 정지한다는 닉슨 미국 대통령의 선언)로 주요통화 간에 변동환율제(환율 플로트)가 도입되기 전까지는 달러 가치도 금 가격에 묶여 있었다. 2500년간 금은 화폐로 유통되어왔다. 최근 이라크 침공 실패 등에 따라 유로에 대한 달러의 가치가 떨어지면서 요 몇 년간 달러 위기가 사람들 입에 오르내렸다.

2005년 말 업계 세계 3위의 배릭이 5위인 플레이서 돔Placer Dome을 매수함으로써 1위였던 뉴마운트New Mount, 2위였던 앵글로 골드AngloGold를 제치고 세계 최대의 산금회사가 됐다. 이 회사를 설립한 사람은 피터 뭉크Peter Munch(1927~)라는 실업가인데, 배릭의 이사진에는 뭉크 회장 외에 캐나다 유수의 투자회사로 의료를 중심으로 폭넓게 투자하고 있는 오넥스 코퍼레이션Onex Corporation에서 투자 부문 매니징 디렉터 중 한 사람으로 활약하고 있는 회장의 아들 앤서니 뭉크Anthony Munch가 있다.

뭉크의 파워 원천은 세계 중요인물들을 모아 놓은 고문단의 정보 네트워크일 것이다. 이 배릭 골드 국제자문위원회에는 예전에 부시 대통령의 아버지 조지 허버트 워커 부시George Herbert Walker Bush 전 대통령이 참석하고 있었으며, 또 전 주일 미국 대사 하워드 베이커Howard Baker 전 상원의원도 일본에 부임하기 전에 참석하고 있었다(배릭과 부시의 관계에 대해서는 미국의 저널리스트 그레그 팰러스트Greg Palast의 《돈으로 살 수 있는 미국 민주주의The Best Democracy Money Can Buy》 2장에 자세히 나와 있다).

그리고 현재 뭉크가 갖고 있는 네트워크로 주목해야 할 것은 영국의 명문 금융 패밀리 로스차일드 가문(상세한 것은 5장 참조)과의 관계다. 2005년과 2006년 연차보고서에는 현재 런던 로스차일드 남작가의 주인인 제이콥 로스차일드Jacob Rothschild의 아들 나타니엘 로스차일드Nathaniel Philip Rothschild(보통 나트Nat로 불림)의 이름이 나와 있다.

로스차일드 가문과 금의 관계는 2001년에 간행되어, 2006년에 일본어 판으로도 출판돼 화제를 모았던 페르디난트 립스Ferdinand Lips의 《Gold Wars》라는 책으로 상징된다. 립스는 자신이 쓴 책에서 배릭을 비롯한 산금업자들이 1990년대 말까지 '금 헷지'나 '금 캐리 트레이드'(금 선물을 팔아 그 돈으로 미국 국채에 투자하는 수법)를 통해 큰돈을 벌었다고 비판하고 있다. 현재 금 가격 폭등현상과 배릭의 자문위원회에 로스차일드 가문 사람들이 참가하고 있는 사실은 이 회사가 '금 헷지'에 대한 종래의 자세를 명백히 철회했음을 보여주는 것인지도 모른다.

뭉크는 원래 헝가리에서 이민한 유대인인데, 마찬가지로 유대계인 나트와 함께 옛 동유럽제국, 특히 헝가리에 관광 리조트를 개발하고 있다. 최근 동유럽 지역이 매력적인 투자 대상이라는 얘기를 듣고 있는 것은 '로스차일드 브랜드'이기 때문일 것이다. 그들은 유럽부흥개발은행의 장기융자를 이용해 옛 동유럽의 인프라 개발에 정력을 쏟고 있다. [표 2-2]에 배릭의 국제자문위원회 멤버들을 정리해 놓았다.

배릭의 국제자문위원회에는 1장에서 얘기한 LVMH의 이사였던 영국인

[표 2-2] 배릭 골드 국제자문위원회의 주요인물

- 의장 : 브라이언 멀루니 전 캐나다 총리(블랙스톤그룹 이사 등)
- 구스타보 시스네로스(베네수엘라의 미디어 왕)
- 윌리엄 코언 William Cohen 전 미국 국방장관
- 폴 데스마레 시니어(파워 코퍼레이션 전 회장)
- 버넌 조던(라자르 프레르, 아메리칸 익스프레스 American Express 이사)
- 피터 뭉크(배릭, 트라이젝 회장)
- 칼 오토 푈(전 독일 연방은행 총재)
- 찰스 파월 경(LVMH 이사)
- 나타니엘 필립 로스차일드(애티커스 캐피털 공동회장)

※자료 : Barrick Gold, Financial Report 2006, 140쪽

찰스 파월Charles Powell 경도 들어 있다. 전 독일 연방은행 총재로 프랑크푸르트의 유럽중앙은행ECB 탄생을 위해 진력한 칼 오토 푈Karl Otto Pohl은 투자펀드인 칼라일 그룹Carlyle Group 자문위원회 멤버이기도 하다. 투자은행인 라자르 출신의 버넌 조던Vernon Jordan은 클린턴 전 대통령 부부와 친교가 깊고, 힐러리 상원의원[6]의 수기 《Living History》 중에 공민권운동에 가담하고 있던 흑인 변호사로 등장한다. 대통령이 되기 전의 빌 클린턴을 1991년 빌더버그회의에 초청해 국제사회에 데뷔시킨 사람이 조던이다. 그 전에는 신생은행 고문으로도 있었다.

뭉크는 또 사우디아라비아의 무기상으로 알려져 있는 아드난 카쇼기Adnan Khashoggi와도 관계가 있다고 한다. 뭉크의 평전인 《Golden Pheonix》에 따르면 그가 처음 산금회사를 설립했을 때 자금을 제공한 사람이 카쇼기였다고 한다. 카쇼기는 또 부시 정권 국방정책자문위원회 멤버로 있던 네오콘 리처드 펄Richard Perle(빌더버거)과도 친밀한 관계다.

뭉크와 미국의 관계를 살펴보려면 캐나다의 전 주미 대사로 2006년 빌더버거인 프랭크 매키넌Frank Mckinnon과의 관계도 주목해야 한다. 그는 2005년부터 2006년까지 주미 캐나다 대사를 지냈으며, 지금은 토론토 도미니옹 은행Toronto Dominion Bank 부회장이다. 캐나다 동부의 뉴브런즈윅이라는 자그마한 주에서 태어나 주정부 수장으로 1987년부터 10년간 정치활동한 경력을 지니고 있다. 그는 공직에서 물러난 뒤에 칼라일 캐나다 지사 자문위원이 되기도 해 화제를 모았다.

그리고 이 매키넌이 사외이사로 취임한, 뉴욕과 토론토에서 사업을 벌이고 있는 브룩필드 어셋매니지먼트라는 회사와 관련해서도 뭉크가 등장

---

[6] 오바마 정부의 외교사령탑인 국무장관이 되었다_옮긴이

한다. 이 회사는 주로 빌딩 등의 부동산을 투자 대상으로 삼고 있는데, 2006년에 뭉크가 경영하는 배릭과는 별도의 부동산회사인 트라이젝Tryzec으로부터 시카고에 있는 미국 최고층 빌딩인 시어즈 타워Sears Tower를 매수했다.

지금까지 캐나다 정재계 네트워크에 대해 살펴봤다. 여기서 시선을 다시 한 번 유럽의 벨기에로 돌려보자. 유럽의 강력한 네트워크의 중심에 자리 잡고 있는 것이 벨기에(그리고 프랑스)에 거점을 둔 거대 에너지기업 수에즈다. 이 회사는 몇 번이나 재편과 합병을 거치면서 지금의 모양을 갖추게 됐다. 이 회사는 2003년부터 햇수로 3년에 걸친 유럽기업 재편의 주역이었다. 이 기업에 얽힌 사람들을 살펴보면 유럽공동체의 역사가 보인다.

2장 _ 참고문헌

- 각 기업의 공식 웹사이트와 신문기사 참조.

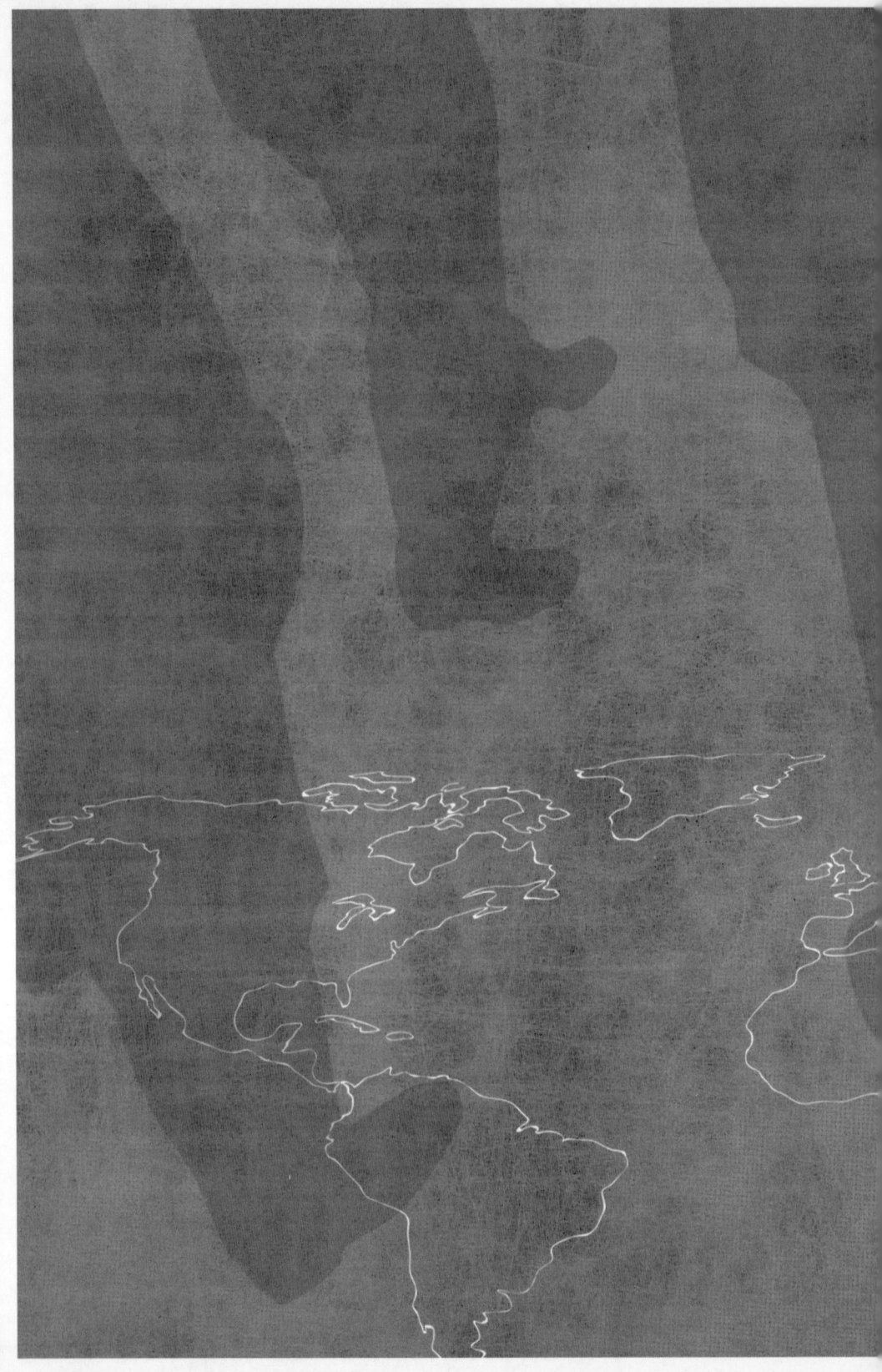

3장

유럽 에너지공동체와 빌더버그회의

유럽 에너지공동체와 빌더버그회의

프랑스와 벨기에를 아우른 거대 에너지기업의 탄생

1장과 2장에 등장한 알베르 프레르 남작과 폴 데스마레 주니어 두 사람은 각기 벨기에 금융회사 GBL과 캐나다 재벌 파워 코퍼레이션을 경영하고 있는데, 그들 모두 GBL이 출자한 프랑스·벨기에 에너지환경 복합 유틸리티기업 수에즈의 이사들이기도 하다.

2007년 9월 프랑스 정부는 수에즈와 국영기업 프랑스가스공사GDF의 대등한 합병을 승인하기로 결정했다. 이에 따라 탄생할 GDF수에즈는 프랑스 정부가 주식 35퍼센트를 보유하는 유럽 세 번째의 거대 에너지기업이 된다. 시가총액은 약 909억 유로다. 참고로 유럽 1위의 에너지기업은 러시아의 가스프롬으로 시가총액 약 1797억 유로, 2위 프랑스전력공사EDF는 1352억 유로다(시가총액 수치는 《산케이産經신문》 2007년 9월 1일 보도에서 인용).

이 GDF수에즈가 탄생하기까지는 많은 우여곡절이 있었다. 먼저 민간회사 수에즈가 공기업인 가스공사를 민영화하고 합병하는 것이 국가의 관여를 중시하는 논조가 지배적인 프랑스 국내에서 논란을 불렀다. 다른 한쪽에서는 이 합병 뒤에도 국가의 지배는 계속되는 데다 프랑스 기업끼리의 합병이어서, '자본에는 국적이 없다'는 글로벌리즘 입장을 분명히 하는 언론들은 다른 각도에서 비판했다. 수에즈 매수에 나선 이탈리아의 에넬(1장 참조)을 거부한 프랑스 정부의 자세도 비난 여론의 도마 위에 올랐다.

이 합병을 대등합병 형태로 추진하고자 했던 프랑스 정부의 요망을 받아들여 수에즈는 자사의 환경 부문 분리조건을 수락했다. 수력사업 등의 환경 부문은 GDF수에즈와 프랑스의 원자력기업 아레바Areva가 주요 주식을 장악하는 새 회사로 이관됐다. 그리고 프레르 남작을 비롯한 주요 주주들도 새 회사의 주식 일부를 계속 보유할 것이라고 한다. 따라서 지배 관계는 유지될 것이다.

수에즈는 2005년 말 현재 유럽 5위의 에너지기업이자, 유럽 6위의 가스공급회사이며, 전력발전 규모는 5만 8000메가와트이고, 발전량 가운데 13퍼센트를 재생가능자원으로 생산한다. 환경 부문의 수도사업에서는 리요네즈 데조Lyonnaise des Eaux와 온데오Ondeo(프랑스), 물처리 플랜트의 데그레몽Degremont(프랑스) 등과 함께 중국에도 진출해 중법수무中法水務, Sino French Water(法은 프랑스를 지칭하는 한자다)라는 합작사업을 전개하고 있다.

수에즈는 원자력에도 힘을 쏟고 있다. 회사 이사진에는 프랑스의 최대 원자력기업 아레바의 회장 겸 CEO인 '아토믹 안느', 즉 안느 로베르종Anne Lauvergeon이 참여한다. 또 수에즈의 벨기에 자회사인 일렉트라벨Electrabel은 베네룩스 지역(네덜란드, 벨기에, 룩셈부르크) 최대의 발전회사다. 주로 천연가스로 발전을 하는데, 프랑스에서의 발전을 포함하여 회사 발전량의 3분의 1은 원자력발전이다(일렉트라벨의 자료에서 인용). EU가 안고 있는 가장 큰 문제 가운데 하나는 에너지 문제이고, 그 상징이 GDF수에즈의 탄생이다.

프랑스와 네덜란드를 묶어주는 '벨기에 종합상사'

이제 수에즈라는 기업의 내력을 살펴보자. 이 회사의 웹사이트에는 기업의 역사가 소개되어 있다. 이 회사는 몇 번이나 합병과 재편을 거치면서 지금의 에너지기업으로 모습을 갖추게 됐다. 처음엔 종합상사였던 이 회사는 금융지주회사를 거쳐 지금의 에너지기업이 됐다. 현재의 수에즈는 프랑스와 벨기에 기업들의 결합으로 탄생했다. 프랑스 쪽의 '수에즈'는 만국수에즈운하회사의 후신이다. 이 회사도 복잡한 재편을 경험했지만 이 책에서는 자세히 다루지 않겠다.

1822년 벨기에에서 소시에테 제네랄 드 벨지크SGB, Societe Generale de Belgique라는 기업이 탄생했다. 이것이 수에즈의 전신이다. SGB는 벨기에의 식민지(처음엔 국왕 개인의 소유물이었고, 뒤에는 벨기에 정부의 식민지)가 된 콩고 자유국에서 구리광산 개발 등을 하던 회사다. 이 회사는 원래 나폴레옹전쟁 뒤인 1815년에 세워진 네덜란드(홀랜드) 왕국의 초대 국왕인 빌렘 1세(오라니에 낫소 왕가)가 당시 네덜란드령이었던 벨기에의 국토 개발을 위해서 설립한 회사다. SGB는 '벨기에 종합상사'라는 의미다.

그 뒤 벨기에는 130년 동란으로 네덜란드에서 독립했고 벨기에 국왕에는 독일 작센 코부르크 고타Sachsen-Coburg Gotha 가문에서 불러들인 레오폴드Leopold 1세가 즉위했다. 그러나 그 뒤에도 SGB는 벨기에와 그 식민지 개발에 주도적인 역할을 수행했다. 이 회사의 주요 주주는 벨기에 왕족과 바티칸, 솔베이Solvay 가문, 얀센Jansenius 가문, 리펜스Lippens 가문 등 지금도 벨기에 재계에 군림하는 재벌들이다.

2대 국왕인 레오폴드 2세는 영국과 프랑스, 독일 등의 열강과 마찬가지로 아프리카 콩고에서 식민지 개발에 나섰다. 그 주요산물은 천연고무와 구리, 금이었다. SGB는 콩고 개발을 통해 성장했고, 국내에서는 산하 은행인 제네랄은행Generale Bank을 통해 예금은행 기능 외의 산업금융으로서의 역할도 수행해왔다(이름이 비슷하지만 이 벨기에의 은행은 2008년 1월 말 주식선물 트레이더가 가공 거래로 50억 유로의 손실을 본 뒤 다른 은행으로의 매각설이 나돌았던 프랑스의 소시에테 제네랄Societe Generale과는 관계가 없다).

이탈리아의 에넬과 프랑스 재계인 피노가 소유한 투자회사가 합작해 수에즈를 매수하려고 한 움직임에 대해서는 1장에서 언급했지만, 실은 1988년에도 같은 일이 벌어졌었다. 그때는 이탈리아의 올리베티Olivetti 재벌의 총수인 카를로 드 베네디티Carlo de Benneditti(예전에는 빌더버거였다)가 SGB 매수를 시도했다. 치열한 매수공작 끝에 베네디티는 프랑스의 수에즈(당시엔 금융거래 위주의 그룹이었다)에 패해 SGB는 수에즈 산하로 들어가게 된다. 이어 1997년 수에즈는 수도사업을 하는 리요네즈 데조를 매수해 에너지·수도사업 분야의 종합기업으로 변신했다. 이 새 회사는 1996년에 자유화된 유럽 전력시장에서 키 플레이어가 됐다.

한편 수에즈의 금융 부문이었던 앵도수에즈은행Banque Indosuez(옛 인도차이나은행과 수에즈금융이 합쳐진 것)은 떨어져나가 크레디 아그리콜Credit Agricole(프랑스 농업금융은행)과 합병해서 지금의 카리용Carillon금융그룹이 됐다. 또 벨기에의 제네랄은행도 1998년 모회사인 SGB를 떠나 암로은행ABN AMRO과의 매수공작 끝에 벨기에의 금융그룹인 포르티스Fortis에 매수됐다. 포르티스는 5장에 다시 나온다.

이처럼 수에즈는 프랑스와 벨기에 재계의 결합으로 태어났다. 따라서 지금도 이 회사 이사진에는 많은 벨기에 재계인이 들어가 있다. 벨기에와 프랑스 이중 국적을 지닌 인물도 있다. 여기서 중요한 인물이 등장한다.

그 사람은 지금의 명예회장과 같은 위치에서 수에즈와 가스공사의 합병을 배후에서 조종한 것으로 보이는 빌더버그 명예의장인 벨기에인 에티엔 다비뇽 자작이다. 그는 유럽위원회 부의장까지 지낸 정치가 겸 비즈니스맨이다.

다비뇽 자작은 호텔 체인 아코Accor의 중역이기도 한데, 이 회사는 프랑스 관광회사인 지중해 클럽Club Mediterrenee의 주요 주주다. 또 유럽 바깥에서는 미국 캘리포니아 주에 있는 길리어드 사이언시즈Gilead Sciences라는 회사의 이사이기도 하다. 그리고 이탈리아의 자동차 생산업체인 피아트Fiat의 중역회의에도 참석한 적이 있다. 그는 열 개 이상의 유럽 기업 이사회에 초빙받고 있을 뿐 아니라 도요타의 국제자문위원이나 후지쓰의 중역으로도 활약했다. 2005년까지 '일본-유럽 비즈니스 다이얼로그'의 의장이었고 일본 정부로부터 훈장도 받았다.

다비뇽이 중역에 취임한 경력은 너무 많아 일일이 열거하기도 어렵지만 길리어드에 대해서만큼은 언급해두는 게 좋을 것 같다. 이 회사는 인플루엔자 치료제로 화제를 모았던 타미플루Tamiflu를 처음으로 개발해낸 기업인데 HIV(에이즈) 약도 제조하고 있다. 이 회사의 이사진에 예전에는 도널드 럼스펠드Donald Rumsfeld 전 미국 국방장관, 그리고 지금도 칼라 힐스Carla A. Hills 전 미국 무역통상대표, 인텔의 창업자이자 '무어의 법칙'으로 널리 알려진 고든 무어Gordon Moore, 미국 군수산업의 우두머리 기업격인 벡텔Bechtel의 이사를 지냈고 지금은 고문인 조지 프랫 슐츠George Pratt Shultz 전 미국 국무장관이 참여하고 있는, 많이 알려지진 않았지만 강력한 기업이다.

그러면 그 다비뇽이 왜 지금 빌더버그회의 명예회장 자리에 앉아 있을까. 그는 어떻게 EU와 유럽 에너지산업에 관여해왔을까. 그것을 밝혀내기 위해 이제부터 빌더버그회의의 탄생 배경에 대해 자세히 살펴보자.

EU의 탄생을 촉진한 비밀회의

조지 맥기George McGhee라는 미국인이 있다. 아이젠하워Dwight Eisenhower 정권과 그다음의 케네디John F. Kennedy 정권에서 국무차관을 지낸 외교관이다. 그는 2005년 타계했는데, 생전에 다음과 같은 말을 남겼다. "유럽공동시장을 현실화하는 데 바탕이 된 로마조약(1957년)은 이들 모임에서 원안이 논의됐고, 거기서 우리들 중 주류파 의견의 지지를 받아왔다고 해도 무리는 없을 것이다. 베른하르트는 중요한 촉매로 기능했던 것이다."(전기 작가 아든 해치,《베른하르트 공 : 공식 자서전ヘルンハルト殿下:公式自伝》에서 인용.)

여기서 언급된 '이들 모임'이 바로 빌더버그회의다. 맥기 외교관은 1957년 조지아 주에 있는 바캉스 휴양지 시몬즈 섬에서 열린 연차총회에 장학금으로 유명한 윌리엄 풀브라이트William Fulbright 상원의원 등과 함께 참석했다. 이 해는 1954년부터 시작된 빌더버그회의가 처음으로 미국 본토에서 열린 해였다.

영국의 추리작가 G. K. 체스터턴Gilbert Keith Chesterton의 사촌인 평론가 A. K. 체스터턴은 이 모임 참석자들에 대한 기록을 남겼다. 그의 저서 《The New Unhappy Lords》에 따르면 참석한 사람은 앞서 얘기한 풀브라이트 말고도 아이젠하워 대통령의 브레인으로 불렸던 신문기자 가브리엘 호지Gabriel Hauge, 소련 봉쇄정책을 제언한 조지 F. 케난George F. Kennan 국무부 요원, 케네디 정권에서 국가안전보장 담당 대통령 보좌관을 지낸 맥조지 번디McGeorge Bundy, 데이비드 록펠러, 타임사 사장으로 재직 중이던 첩보기관 출신 찰스 더글러스 잭슨Charles Douglas Jackson 등이었다. 유럽인도 포함하면 모두 100명이 넘었다.

1957년에 체결된 로마조약 전에도 유럽통합운동은 다양한 형태로 추진되고 있었다. EU의 모체가 됐다는 유럽석탄철강공동체ECSC가 설립된 것은 1951년으로, 이는 슈망 플랜Schuman Plan에 토대를 둔 기구다. 슈망 플랜이란 1950년 5월 런던에서 열린 영국-프랑스-미국 외무장관회의에서 로베르 슈망Robert Schuman 프랑스 외무장관이 독일과 프랑스의 석탄 및 철강의 모든 생산을 공동기관의 관리 아래 두고 다른 유럽 나라들의 참가도 인정하도록 하자고 제창한 것이다. 그 원안을 만든 것은 원래 꼬냑 상인이었던 장 모네Jean Monnet라는 유럽통합론자다. 그는 1장에서 소개한 라자르 프레르라는, 대서양을 사이에 둔 3개국에 거점을 설치한 투자은행에 근무하던 앙드레 마이어Andre Meyer와 관계가 깊었다. 마이어는 체이스 맨해튼 은행Chase Manhanttan Bank 사외이사였고, 록펠러의 보좌관이기도 했다. 즉 장 모네라는 인물은 프랑스 경제관료이면서 동시에 국제금융자본 멤버였다.

고등학교 세계사 수업에서는 이 로베르 슈망 외무장관과 장 모네가 두 번의 세계대전에서 충돌한 독일과 프랑스를 화해시키고 석탄과 철강을 평화적으로 관리해서 자원 획득을 위한 군사적 대립을 막고 유럽통합을 강력하게 추진한 이상주의자라고 가르친다. 서독, 이탈리아, 네덜란드, 벨기에, 룩셈부르크, 프랑스 6개국이 1951년 4월 ECSC를 설립하는 파리조약에 조인했다. ECSC는 오늘날 EU의 원형이다. ECSC는 공동체 전체의 이익을 위해 활동하고 프랑스나 독일과 같은 개별 국가의 지시를 받지 않으며, 독립적으로 행동한다고 조약에 규정되어 있다. 이 독립원칙은 나중에 EC위원회, 유럽위원회 등에도 계승된다. 로마조약으로부터 50년이 지난 2007년 말에는 유럽 대통령과 외교안보대표(외무장관)를 둔다고 명기한 새로운 리스본조약이 조인되고 가맹국도 27개로 늘어났다.

물론 교과서에 씌어 있는 이와 같은 내용은 사실이다. 하지만 무대의 이

면이 보이지 않는다. 필자는 그 화려한 이상의 이면에 감춰진 얘기를 끄집어내고 싶은 욕구가 있다.

맥기는 빌더버그가 유럽통합의 실질적인 첫걸음이 된 로마조약을 탄생시켰다고 말했다. 또 그 모임에는 미국의 외교정책 당국자들이 여럿 참가하고 있었다. 그것은 도대체 무슨 얘기인가.

유럽통합운동의 '통합자'는 첩보원

사실 유럽통합운동은 1차 세계대전 직후부터 수면 아래에서 몇 개의 루트를 통해 진행되고 있었다. 그 하나가 합스부르크 왕가의 정치가인 쿠덴호프 칼레르기Coudenhove Kalergi(1894~1972) 백작의 '범유럽운동THE PAN-EUROPA MOVEMENT'이다. 백작은 근대의 전쟁에는 거대한 산업의 힘이 필수적이며, 따라서 자원을 공동의 권위 아래 둔다면 대국들 간의 분쟁을 피할 수 있다고 생각했다. 즉 독일의 석탄과 프랑스의 철강이 두 나라를 아우르는, 하나의 권위가 뒷받침하는 통제 아래 놓인다면 두 나라 간의 새로운 전쟁은 피할 수 있을 것이라고 주장했다. 이것이 ECSC의 모델이 됐다고 생각한다.

그러나 나치독일의 대두로 그 통합계획은 파탄을 맞았다. 1차 세계대전에 패배한 독일(바이마르 공화국)에서 생긴 최악의 독재체제가 나치독일이다. 나치 정권에는 뉴욕 월스트리트와 런던 시티의 금융자본, 록펠러의 스탠더드Standard석유(6장 참조)와 존 F. 덜레스John Foster Dulles(나중에 국무장관이 되는 기업변호사) 등 미국의 지배층이 지원(유화정책)을 보냈다(존의 동생 앨런 덜레스Alan Dulles 는 반나치 입장을 취했다).

미국과 영국을 하나로 묶어 앵글로 아메리칸이라고 부르는데, 이 앵글로 아메리칸 자본가들은 원래 20세기 전반에는 독일제국을 견제한다는 명목으로 러시아혁명에 자금을 지원했다. 그러나 도중에 레닌이나 스탈린을 제어할 수 없게 된 탓인지 이번에는 독일을 이용해 소련 공산주의를 봉쇄하는 전략으로 바꿨다.

즉흥적인 미국과 영국의 행동이 세계대전의 비극을 낳은 하나의 원인이 됐다. 미국과 영국은 그 뒤에도 자국의 이익을 위해 몇 번이나 괴뢰 정권을 수립했다가 또 부수고는 했다. 이 나치의 대두에 대한 미국과 영국 재계의 범죄적 관여에 대해서는 미국 작가 에드윈 블랙Edwin Balck의 저작이나 스가와라 이즈루菅原出의 노작《미국은 왜 히틀러를 필요로 했는가アメリカはなぜヒトラーを必要としたのか》에 상세하게 나와 있다.

그 와중에 발생한 2차 세계대전에서 활약한 폴란드 외교관(정확하게는 첩보원) 한 명이 있었다. 그 이름은 유제프 히에로님 레팅게르Jozef Hieronim Retinger(1888~1960)다. 그야말로 수없이 많이 분립分立한 유럽통합운동을 하나로 묶었고, 죽을 때까지 빌더버그회의 종신 사무국장으로 유럽 정계의 시중을 들며 군림한 인물이다.

그는 애국자였다. 2차 세계대전 중에는 폴란드 망명 정권을 이끈 군인 시코르스키Wladystaw Sikorski 장군의 내각평의회 고문으로 정치무대 뒤에서 활약했다. 그는 인맥을 확보한 영국을 거점으로 폴란드와 소련의 외교협상에 적극적으로 관여했으나 소련군이 폴란드 장교들을 대량 학살한 '카친 숲 사건Katyn Forest Massacre' 후에는 반소련으로 기울어간다. 그는 영국군 항공기를 타고 폴란드 상공으로 날아가 낙하산으로 뛰어내린 뒤 국내 정부요인, 군인들과 전략회의를 했다. 하지만 시코르스키 장군이 비행기 사고로 사망하고 만다.

영국과 레팅게르의 관계는 깊어서, 전후 그는 폴란드에서 영국으로 정치적 망명을 한 뒤 '여황 폐하의 비밀 첩보원'으로 살아가게 된다. 전쟁 중에 영국은 미국 아이젠하워 장군, 프랑스 드골 장군, 네덜란드의 베른하르트 공과 연합국 정보장교들이 모여드는 거점이 됐다. 이들의 첩보 네트워크가 전후 CIA(미국 중앙정보국)의 탄생으로 이어졌다. 미국 아이젠하워 정권에서 심리공작담당 보좌관을 지낸, 초기의 빌더버그 주요 멤버였던 찰스 더글러스 잭슨Charles Douglas Jackson이라는 출판업계 거물은 레팅게르를 "마치 제임스 본드와 같은 남자"라 평했다고 한다.

미국 재계의 적극적 관여를 이끌어내다

레팅게르가 비밀공작원으로 있을 때 아주 가까이에서 목격한 소련 폭정에 대한 분노를 공유한 인물이 있었다. 바로 '철의 장막' 연설을 한 윈스턴 처칠 전 영국총리다. 시코르스키 장군이 사고로 사망했을 때 처칠과 레팅게르는 죽은 장군에 대해 얘기를 나눌 정도로 가까운 사이였다.

1946년 영국 왕립국제문제연구소(별칭 채텀 하우스Chatham House)에서 레팅게르는 연설을 한다. 주제는 '유럽연방 수립의 필요성'이었다. 영국인 연구자 마이크 피터스Mike Peters에 따르면 그 내용은 "유럽 각국이 주권을 포기하고 하나의 연방을 만들어야 한다"는 것이었다. 그의 머릿속에는 소련의 위협이 자리 잡고 있었던 게 틀림없다. 레팅게르는 유럽을 돌아다니며 유럽통합 협력자들을 모았다. 피터스의 연구에 따르면, 전쟁 중에 쌓아올린 이 유럽 인맥이 이른바 '베네룩스 관세동맹'(1948년 출범)으로 발전해 갔다.

그다음에 레팅게르가 접촉한 것은 미국이다. 유럽은 전쟁으로 피폐해져 있었다. 그렇다면 지원을 기대할 수 있는 곳은 세계 패권국인 미국밖에 없었다. 그리고 미국의 대소련 전략과 레팅게르의 목적은 일치했다. 채텀 하우스에서 연설한 뒤 그는 미국의 유력 재계인으로 영국 대사까지 지낸 윌리엄 에이버럴 해리먼William Averell Harriman의 지원을 받아 미국 재계와의 파이프 만들기에 성공했다. 이때 만들어진 인맥에는 JP모건 고위 파트너로 채텀 하우스 자매조직인 CFR의 이사장이었던 러셀 레핑웰Russell Leffingwell(1878~1960)과 록펠러 형제, GM 회장인 앨프리드 슬론Alfred Sloan, 쿤 로브Kuhn Loeb상회 관계자, 그리고 록펠러 가문의 변호사로 나중에 국무장관이 되는 존 F. 덜레스도 포함되어 있었다.

그런 와중에 태어난 것이 미국의 유럽부흥지원계획인 마셜 플랜Marshall Plan이다. 그 이름은 국무장관과 국방장관을 역임한 조지 마셜George Marshall이 1947년에 한 연설을 기념해 붙였다. 이 계획은 주로 군사적 지원을 목적으로 실시되어 NATO(북대서양조약기구)의 발전으로 이어졌다고 흔히 설명되지만, 그와 동시에 미국의 기업들을 지원한 측면도 있었다. 이른바 조건부 융자와 마찬가지인데, 마셜 플랜으로 GM은 1950년부터 2년간 당시 매출의 15퍼센트에 상당하는 550만 달러 가까이를 벌었고, 포드도 100만 달러를 벌었다고 하니 이것은 일종의 전쟁특수였던 것이다.

그러나 마셜 플랜은 마셜의 독창적인 작품이 아니라 공들여 다듬어낸 것이었다. 그 원류는 레팅게르가 미국을 방문하기 훨씬 전인 1939년에 앞서 얘기한 CFR이 미 국무부와 협력하여 설립한 '전쟁과 평화 연구그룹'이 작성한 보고서다(여기에는 록펠러재단이 35만 달러를 기부했다). 이 CFR 그룹이 1946년에 제안한 〈유럽의 재건〉이란 이름의 리포트가 마셜 플랜의 밑그림이다. 이 그룹에는 보고서 작성 단계에서 젊은 데이비드 록펠러도 참여했다. 그 내용은 '유럽의 주요 석탄과 철강지대를 소련 공산주의에 대항하는 방파제로 구축하라'는 것이었다. 칼레르기와 슈망과 모네가 제창한 유럽통합운동은 미국 국가전략의 일환으로 짜여갔던 것이다.

그리고 미국의 영향이 반영된 유럽 통일조직으로 '통일유럽에 관한 미국위원회ACUE'를 들 수 있다. 1949년에 결성된 ACUE는 뉴욕의 우드로윌슨 기금 사무소에 본부를 설치했다. 회장에 CIA의 전신인 OSS 고관이었던 윌리엄 도노반William Donovan, 부회장에는 덜레스 형제 중 동생인 앨런 덜레스가 임명됐다. 이 ACUE가 자금을 제공해서 만들어진 것이 유럽평의회Council of Europe인데, 미국과 같은 유럽합중국을 만드는 것을 목표로 삼고 있었다.

유럽평의회의 초대 위원장에는 벨기에 총리였던 폴 앙리 스파크Paul Henri Spaak(1899~1972)가 취임했다. 그는 나중에 ECSC 총회 의장도 지냈다. 그의 딸도 전후 벨기에 정계에서 외무장관을 지냈다. 그리고 그를 기리는 스파크재단 회장을 지금도 맡고 있는 사람이 빌더버그 명예의장 다비뇽이다.

유럽 엘리트층도 유럽에 대한 미국의 지원을 받아들일 준비가 되어 있었다. 그러나 미국과 유럽의 관계는, 물리적인 면으로는 받아들일지라도 국민의 정서적인 면에서 보자면 전후 최악이었다. 유럽의 사회주의적인 경제체제와 가혹한 '빨갱이 사냥'이 자행되던 미국의 정치 상황은 상호불신으로 이어지기 십상이었다. 게다가 나치독일을 미국 공화당 재계가 키웠다는 '검은 역사'는 뉘른베르크 재판과 함께 어둠 속에 묻혀 있었다.

그럼에도 유럽 엘리트들은 전시 중의 첩보 활동을 통해 영국, 미국과 서로 기맥을 통하고 있었다. 또 부흥을 위해 패권국 미국의 지원이 필요하다는 점도 분명했다. 레팅게르도 유럽의 반미감정을 우려해 무대 뒤에서 적극적으로 움직였다. 그런 가운데 빌더버그회의가 탄생한 것이다.

초대 의장 베른하르트와 빌더버그

빌더버그회의 초대 의장으로 1976년까지 의장석에 앉아 있었던 사람은 네덜란드의 베른하르트 공이다. 그의 일가는 원래 네덜란드 왕족이 아니라 독일 예나 지방의 귀족이었다. 형제는 강경한 나치독일 신봉자로 그 자신도 SS(나치 친위대)대원이었으며, 1935년에는 나치 발흥을 뒷받침한 화학기업 IG파르벤의 파리사무소 임원으로 근무한 적도 있다. 이 기업은 록펠러의 스탠더드석유의 지원을 받았다. 미국의 나치 지원이 구설수에 올라 있는 것은 이 때문이다.

그리고 그는 1937년에 벨기에 왕녀 율리아나Juliana와 결혼해 황태자 지위를 얻었다. 그 뒤 전쟁이 터지자 반나치로 전향했고 왕족은 영국으로 망명했다. 그는 때때로 '여황 폐하의 첩보원', 영국 왕립공군 파일럿으로도 활약했으며 전쟁이 끝나기 전에 네덜란드로 돌아가 반나치운동을 지휘함으로써 국민적 영웅이 됐다. 전후에는 네덜란드와 벨기에 재계에 깊이 관여해 KLM항공(지금의 KLM-프랑스)과 영국-네덜란드를 아우르는 석유기업 로열 더치 셸Royal Dutch Shell, 그리고 SGB의 중역이 됐다고 한다(베른하르트의 경력에 대해서는 아르멘 빅토리안Armen Victorian이라는 연구자의 조사를 참고했다).

레팅게르와 베른하르트의 미국 접근에 대해서는 앞서 얘기한 해리먼을 비롯한 재계의 수뇌들만이 아니라 2대 CIA 국장이 된 월터 베델 스미스Walther Bedell Smith나 역시 앞서 얘기한 심리작전 참모 찰스 더글러스 잭슨 등 미국 첩보조직으로부터도 반응이 있었다. 잭슨의 인맥 네트워크는 존 S. 콜먼John Coleman, 태프트 가문인 찰스 태프트Charles Taft, 카네기재단의 조지프 존슨Joseph Johnson, 록펠러재단의 딘 러스크Dean Rusk(나중에 국무장관이 됨),

데이비드 록펠러, 식품업체의 하인즈Heinz 2세로 확대되었다.

그렇게 해서 모인 사람들이 1954년에 네덜란드 아헨 근교의 오스터비크에 있는 '빌더버그 호텔'에 집결했다. 베른하르트를 의장으로, 레팅게르를 사무국장 자리에 앉힌 제1회 빌더버그회의였다. 이 회의는 레팅게르가 주장하는 유럽통합을 최종 목표로 삼았지만 당시에는 전쟁으로 분열된 대서양 지역 국가들의 신뢰관계를 회복하고 비즈니스 면에서 협력관계를 강화하는 것이 당면 목적이었다. 회의진행 룰은, 먼저 참가자들 각자가 5분간 미국-유럽 관계에 대해 자신의 주장을 얘기하면 그것을 의장인 베른하르트가 차례차례 이어주는 방식을 취했다(2004년에 베른하르트가 사망했을 때 네덜란드 방송국이 추도특집으로 비장의 음원이라며 이 제1회 모임의 녹음테이프를 방송했다). 당연히 미국과 유럽 간에 의견 대립이 있었다. 물론 의견 대립이 있었기에 이런 회의가 열렸을 것이다. 예컨대 이라크전쟁 직전인 2002년 모임(미국 버지니아 주)에서는 꽤 기탄없는 논의가 전개됐다고 일부에서는 전하고 있다.

1954년 당시 유럽이 안고 있던 불안 요인은 미국에서 벌어지고 있던 매카시즘McCarthyism이었다. 앞서 얘기한 잭슨은 매카시즘을 일시적 현상이라며, "빨갱이사냥 리더인 조지프 매카시Joseph Raymond McCarthy는 암살당하든지 정치적으로 실각하든지 둘 중 하나"라는 얘기를 그다음 해에 했다고 한다. 매카시는 실제로 그 직후에 실각했고 또 부자연스럽게 죽었다.

미국과 유럽의 화해가 이뤄진 뒤 이 회의는 유럽의 재벌과 대기업, 미국의 대기업과 정치가, 관료들이 다국적기업이 주도하는 이른바 '신세계 질서'를 형성하기 위한 정책 포럼으로 전화해갔다. 1960년에 레팅게르가 사망한 뒤 에른스트 반 데어 보이겔Ernst van der Beugel이라는 네덜란드인 이코노미스트가 사무국장 자리를 이어받았다는 것은 이 회의의 성격이 이전과는 조금 바뀌었다는 것을 보여준다.

매년 회의 참가자를 정하는 것은 운영위원회라는 소수의 단골 참가자들로 구성되는 위원회다. 최근까지 운영위원장을 맡고 있던 사람은 지금은 다국적 바이오기업 신젠타Syngenta(국제농업연구협의그룹)의 회장으로, 골드먼삭스 인터내셔널Goldman Sachs International의 국제자문위원회 멤버인 마틴 테일러Martin Taylor다.

벨기에, 그리고 지금 유럽의 막후인물

빌더버그의 역사에 대해 대강 살펴봤지만, 무엇보다 빌더버그에서 태어난 EU의 심화에 깊이 관여해온 사람은 현 명예의장인 다비뇽이다. 그의 부친은 1차 세계대전 때 벨기에 외무장관을 지냈고 베르사유회의에도 참가한 자크 다비뇽이며, 조부인 율리앙과 함께 외교관 일가였다. 그의 증조부는 벨기에 독립전쟁 때 의용병이었다고 한다. 그의 자작 작위는 세습받은 것이다. 다비뇽은 아버지 부임지인 헝가리에서 태어났다. 법학을 배웠고 루방의 가톨릭대학에서도 공부했다. 군대 생활을 조금 한 뒤 그는 아버지와 같은 외교관의 길을 택한다. 이것이 서른 살 전인 1959년이었다.

벨기에 외무부에서는 먼저 아프리카국의 아타셰attache(연락직원)로 활동했는데, 당시 벨기에령이었던 콩고에서 그 나라 독립과 관련된 외교협상에 관여했다. 그 뒤 1964년에는 사회당의 스파크Spaak 내각에서 외무장관의 제1 개인비서로 일했다. 스파크주의자로서 보스가 물러난 뒤에도 그 위광을 앞세워 벨기에 정계에 군림했고, 보수 기독교민주당 정권에도 참여했다. 벨기에 명문가문의 딸인 프랑수아 드 쿠몽과 결혼해 네트워크를 확대했다.

다비뇽은 미국의 주요 외교관인 헨리 키신저Henry Kissinger 전 국무장관과도 절친한 사이다. 그는 한때 키신저가 경영하는 컨설팅회사KA, Kissinger Associates의 파트너였던 적도 있고, 1973년에는 오일쇼크에 대처하기 위해 설립된 국제에너지기구IEA의 초대 이사장에 취임했다. 그는 벨기에 정계에서 물러난 뒤 유럽위원회의 산업전문 커미셔너로서 철강산업 합리화 작업을 했고 지금도 유럽위원(산업 담당) 고문adviser과 벨기에 왕립국제문제연구소 이사를 맡는 등 EU의 정책 형성에 영향력을 행사하고 있다.

다비뇽과 EU의 관계는 그가 1969년부터 1976년까지 벨기에 외무부 폴리티컬 디렉터(정치고문)를 역임한 데서부터 시작해 1977년 EC(유럽공동체)의 산업·조사·에너지 전문위원에 임명되면서 본격화했다. 환경문제가 불거지고 탄광 폐쇄가 잇따르는 상황 변화 속에서 철공업 합리화를 추진한 것도 이 시기로, 1장에서 언급한, 프레르 남작이 신산업인 미디어 부문에 진출한 시기와 겹친다.

유럽의 산업계 인사들이 한 자리에 모여 이해를 조정하는 장이자 EC를 떠받치는 기둥인 유럽산업 라운드테이블ERT이 1983년에 설립됐을 때는 창설자의 한 사람으로 참여했다. 유럽위원회 의장에도 1980년대에 두 번 입후보했으나 실패했다. 영국 보수당 지도자 마거릿 대처Margaret Hilda Thatcher는 그를 '개입주의자'라며 강하게 비판했다고 한다(《유로피언 보이스 European Voice》 1997년 3월 27일).

다비뇽은 정계은퇴 뒤인 1985년에는 SGB 회장에 취임해 2001년까지 회장, 2003년까지 부회장 자리에 앉아 있었다. 그는 1989년 이래 수에즈의 이사를 계속 맡아왔고 GDF수에즈의 탄생에도 진력했다. 기업합병의 법적인 문제에 대해 검토하는 EU 관료의 경쟁정책 담당 여성 커미셔너 닐리 크루스Neelie Kroes(1941~)가 수에즈 본사를 회담차 찾았을 때 수에즈의 CEO 옆자리에 앉아 있던 사람 역시 다비뇽이었다.

현재 수에즈의 CEO 겸 회장은 제라르 메스트랄레Gerard Mestrallet(1949~)라는 프랑스 재계인이다. 그와 다비뇽은 모두 벨기에 재계인과 귀족이 모이는 사적인 회원제 클럽 '로터링겐클럽Lothringen Club'(본부 브뤼셀)의 멤버이기도 하다. 이 클럽의 이름은 프랑스-독일 국경의 석탄 산출지로 철강업이 번성했던 알자스 로터링겐(알자스 로렌) 지방에서 유래했다(http://www.cerclelorraine).

유럽의 에너지 재편

GDF수에즈의 탄생은 유럽의 에너지업계 판도에 큰 영향을 줄 것이다. 이는 유럽 경제의 미래를 좌우하는 중대한 문제다. 프랑스의 사르코지 대통령은 전 정권의 경제산업 담당 장관으로 재임할 때부터 프랑스기업이 '독립 독보'로 거대화하는 정책을 지지했고 GDF수에즈의 탄생은 그의 생각과 일치했다. 앞으로 당분간 유럽에서 프랑스의 존재감은 계속 커질 것으로 보인다.

수에즈-가스공사 합병이 결정되면 스페인, 이탈리아, 독일의 유럽에너지기업도 재편을 강요받게 될 것이다. 독일의 전력 대기업 에온E.ON과의 합병 얘기가 진행되고 있던 스페인의 엔데사Endesa에 대해 수에즈 매수전에서 패배한 이탈리아 에넬이 끼어든 결과 새롭게 이탈리아-스페인 연합으로 전력 재편이 실현되고 있다. 이탈리아 에넬은 수에즈를 분할하고 벨기에 자회사인 일렉트라벨을 매수하려고 했다. 그러나 GDF수에즈 탄생을 내다보고는 도중에 전술을 바꿔 '지중해 클럽'으로 유럽 남부인 이탈리아의 에넬, 스페인의 엔데사와 그 대주주인 건설회사 악시오니아 3자 연합을 모색하기 시작했다.

에넬과 엔데사 합병에 대해서는 앞서 말한 EU의 크루스 위원도 에온의 매수를 인정하기 직전 격렬하게 반발했으나 최종적으로는 스페인과 이탈리아 정부 수뇌들이 극비리에 모여 입을 맞추었다. 2007년 10월 현재 엔데사 주식의 92퍼센트를 에넬과 악시오니아에서 보유하고 있다(에넬 홈페이지에서 인용).

실은 이 유럽 에너지업계의 재편을 매듭지은 것도 빌더버그였다. 2005~07년 이 회의의 참석자 리스트를 보면 크루스 위원이 참석했다는 것을 알 수 있다. 이 시기는 바로 마이크로소프트의 반트러스트법 심사와 수에즈 합병문제 등 EU의 독점금지 당국으로서는 큰 과제들에 직면해 있던 때였다. 수에즈 이사 다비뇽, 마이크로소프트의 크레이그 먼데이(최고기술책임자), 그리고 유럽위원회 규제문제 담당 커미셔너 크루스 3자가 이 회의에 참석했다. 지금 빌더버그는 EU의 심화와 개별 회원기업 간의 트러블·분쟁처리 역할을 담당하고 있는 것이다.

유럽 에너지업계에서는 GDF수에즈(유럽 대륙 북부), 에넬·엔데사(지중해 지역)의 재편이 이뤄졌으나 '의자 빼앗기 게임'에서 진 독일의 에너지회사 에온은 러시아와의 제휴를 시작했다. 지리적으로 독일은 러시아와도 가깝기 때문에 자연스러운 흐름이라 할 수 있다.

그 배후에는 전 독일총리 게르하르트 슈뢰더Gerhard Fritz Kurt Schröder가 러시아와 독일이 합작하여 설립한 파이프라인회사(북유럽 가스 파이프라인)의 고문으로 취임한 사실이 깔려 있다(슈뢰더는 이 파이프라인회사의 고문에 취임하는 동시에 로스차일드 그룹 고문에도 취임했다). 이 합작기업 웹사이트에는 러시아 거대 가스기업인 가스프롬Gazprom 사이트가 링크되어 있다.

 가스프롬은 세계적으로 증대되고 있는 자원 수요를 배경으로 푸틴 대통령의 권력기반 역할을 하는, 최근 수년간 규모를 확대하고 있는 회사다. 유럽의 운명을 쥐고 있는 것은 러시아다. 왜냐하면 유럽은 러시아의 천연가스에 크게 의존하고 있기 때문이다(2020년에는 그 의존도가 50퍼센트에 달할 것이라는 전망도 나오고 있다). 다음 장에서는 유라시아 대륙의 중심에 위치한 러시아 정계와 경제계의 유착을 살펴보기로 하자.

3장 _ 참고문헌

- 《The Bilderberg Group and the project of European unification》(Mike Peters, http://www.xs4all.nl/~ac/global/achtergrond/bilderberg.htm)
- 《Top-level EU trio at secret summit》(Dennis Abbott, European Voice, Vol. 7 No. 22, 31 May 2001)
- 《Belgium's driving force》(European Voice, Vol. 3 No. 12, 27 March 1997)
- 《Bilderberg Conferences, Origins of the Bilderberg meetings》(http://www.bilderberg.org/bild-hist.htm)
- 〈EU 설립과 유제프 히에로님 레팅게르EU設立とユゼフ・ヒエロニム・レティンゲル〉(梅田芳穂, 제2회 젊은 폴란드 연구자・유학생연구회, http://www.e.okayama-u.ac.jp/~taguchi/kansai/umd05.htm)
- 《A Throne, in Brussels: Britain, the Saxe-Coburgs and the Belgianisation of Europe》 (Paul Belien, Imprint-academic, 2005)
- 《Bilderberg and the West》(Peter Thompson, Trilateralism, edited by Holly Sklar, South End Press, 1980)

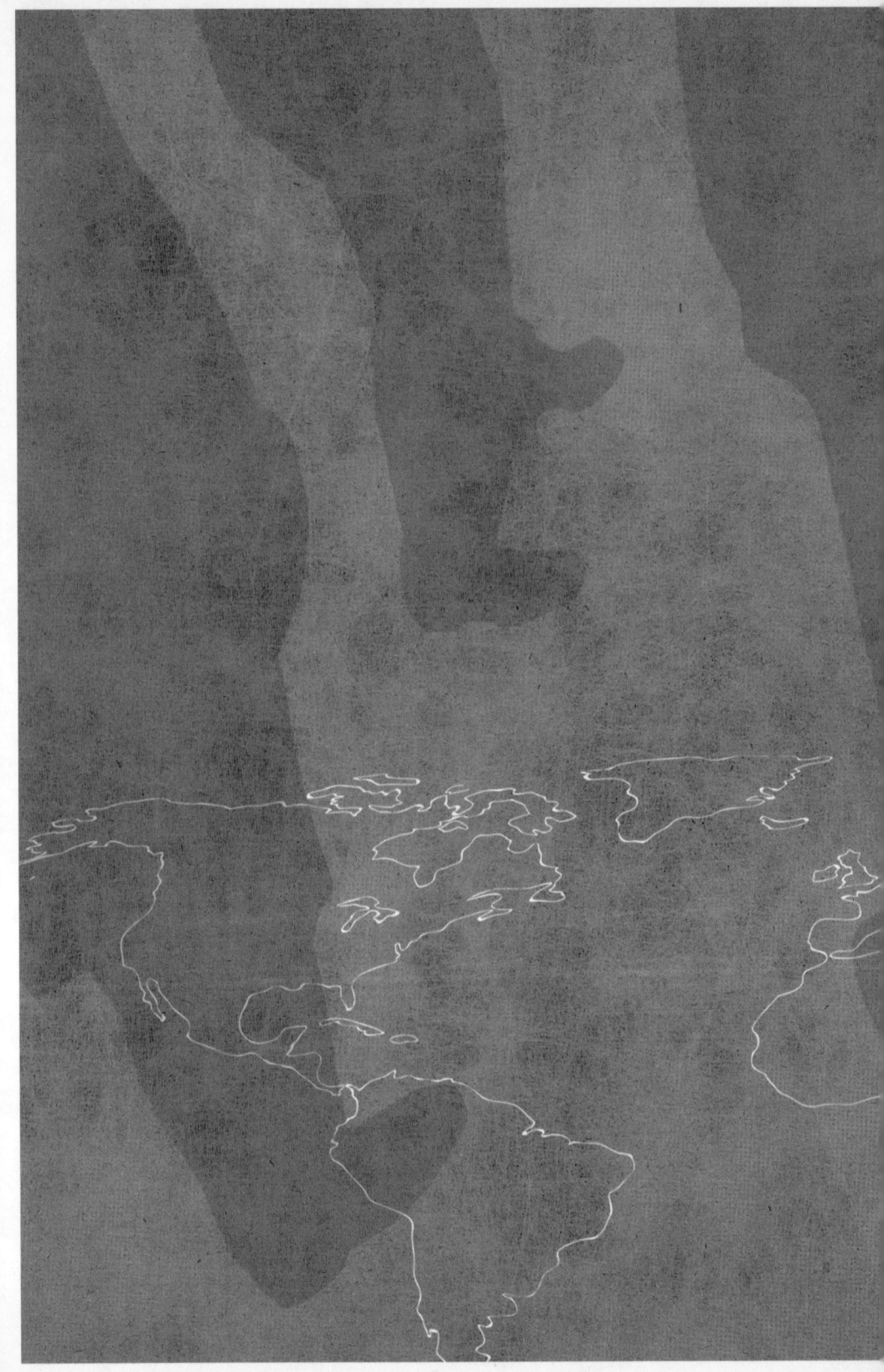

4장

'신 러시아 왕조'의 수립과
그 공신이 된 새 정상배政商輩들

'신 러시아 왕조'의 수립과
그 공신이 된 새 정상배政商輩들

에너지 대국 러시아의 출현

예전의 초대국 러시아가 부활하고 있다. 러시아는 매장된 천연자원을 배경으로 현재 구미가 주도하고 있는 국제질서에 쐐기를 박으려 하고 있다. 앞 장에서는 러시아만이 아니라 세계 최대의 에너지기업 가스프롬이 독일의 전력회사 에온과 제휴하고 있다고 설명했다.

2008년 봄 대통령직에서 물러나게 될 러시아공화국의 최고지도자인 블라디미르 푸틴Vladimir Putin(1952~) 대통령은 자신의 후계자로 가스프롬 회장과 제 1부총리를 겸직하고 있는 드미트리 메드베데프Dmitry Medvedev(1965~)를 지명했다.[7] 차기 대통령 메드베데프는 그 직후 텔레비전 연설에서 '푸틴 총리' 대망론을 입에 올렸다. 대통령에서 물러난 뒤에도 영향력을 유지

---

[7] 2008년 5월, 예정대로 메드베데프가 대통령에 선출돼 취임하고 푸틴은 총리가 됐으나 실권은 여전히 푸틴이 쥐고 있다_옮긴이

하는 게 푸틴의 노림수인데, 구미에서는 조종하기 쉬운 메드베데프를 후계자로 앉힘으로써 '섭정'을 할 것으로 보고 있다.

가스프롬은 지금도 국영기업이다. 이사진에는 현 정권의 빅토르 흐리스텐코Victor Khristenko(1957~) 산업에너지장관도 들어가 있다. 구미에서처럼 민간기업 출신의 사외이사로 참여하고 있는 사람은 베르그만 부르크하르트라는 독일인뿐이다. 그는 가스프롬과 제휴한 독일 에온의 이사이며, 그 자회사인 에온 루르가스의 경영위원회장이다.

가스프롬은 '파이프라인' 분야에서도 열심이다. 영국《파이낸셜 타임스Financial Times》(2006년 12월 21일)에 따르면 가스프롬은 유럽 각국에서 현지 에너지기업과 출자·제휴관계를 맺고 있다고 한다. 마찬가지로《포브스》부호 리스트 48위인 바기트 알렉페로프Vagit Alekperov(1950~)가 지배하는 루크오일LUKoil도 파이프라인 분야 투자로 유럽 각국에 진출하고 있다. 이미 EU 지역에 러시아의 손길이 소리 없이 다가가고 있는 것이다. 또 러시아의 파이프라인기업인 트랜스네프티Transnefti에도 흐리스텐코 산업에너지장관이 경영진으로 참여하고 있다.

가스프롬은 단순한 가스기업이 아니라 산하에 투자회사와 은행 등 165개 자회사와 출자회사를 거느린 거대기업이다. 현재 모스크바에 본사를 두고 있지만 2006년에 발표된 계획을 보면 푸틴 다음 대통령의 임기가 끝나는 2012년에 본사를 상트페테르부르크로 이전하고, 그 상징으로 거대한 새 사옥(높이 396미터, 총공사비 약 3조 원)을 짓는다고 한다. 유네스코는 이 새 사옥 건설에 대해 역사적인 건축물들이 늘어서 있는 상트페테르부르크의 경관을 해친다며 비판했다. 이 새 사옥 건설과 병행하는 재개발 계획은 가스프롬 시티 계획으로 불리고 있다.

가스프롬의 사업은 에너지만이 아니라 철강, 석유화학, 기계, 화학비료,

통신, 매스컴 등 다양한 분야에 걸쳐 있어 복합기업conglomerate이라고 하는 편이 적절한데, 파이프라인 망의 경비를 맡을 독자적 치안부대도 보유하고 있다고 한다. 러시아 우익단체 '나시'의 연수원에는 가스프롬이 취업자 모집 부스를 설치해놓고 있다. 애국적인 기업에서 애국적인 러시아 청년들을 육성하는 시스템이 출현하고 있는 것이다. 이 회사는 가스프롬 미디어라는 미디어산업도 거느리고 있다. 이 회사는 리버럴파 텔레비전 방송인 NTV, 신문 《이즈베스차》 《프라우다》까지 흡수했다.

앞 장에서도 살펴봤듯이 새로운 에너지 대국 러시아의 출현은 거대 에너지기업의 재편이라는 형태로 유럽 민간 에너지기업에 충격을 가했다. 가스프롬이나 국영 석유회사 로스네프티Rosnefti가 유럽 시장의 파이프라인회사나 전력회사에 대해 출자하도록 요청하기 시작한 데서 러시아의 자세가 드러나고 있는 것이다. 이처럼 국제적으로 기분 나쁜 존재감을 키워가고 있는 것이 푸틴 대통령이 이끄는 지금의 러시아공화국 자원외교다.

가스프롬은 2007년 현재 이미 유럽 천연가스 유통량의 25퍼센트를 차지하고 있으며, 2015년까지 33퍼센트로 늘려갈 작정이다. 유럽위원회에서는 러시아를 의식해서 전력 생산과 송전, 그리고 가스 채굴과 가스 수송을 하나의 기업에 맡길 수 없도록 하는 법안을 발표했다. 그러나 유럽 에너지산업 내의 국가의식도 있고 EU의 주요국들이 그 법안에는 반대하고 있어 유럽위원회와 손발이 맞지 않고 있다.

유럽 국가들이 러시아의 자원외교를 두려워하는 것은 자원을 러시아산 가스에 너무 의존하게 되면 러시아가 공급을 중단해버릴 경우 큰 타격을 입기 때문이다. 러시아는 이미 2006년부터 그다음 해에 걸쳐 친서방적인 우크라이나나 그루지야에 대해 징벌에 가까운 가스 가격을 매긴 뒤 그것을 받아들일 수 없다면 천연가스 수송 파이프라인을 막아버리겠다며 실력

행사를 해왔다. 러시아는 자원보유국의 이점을 살려 '세계의 중심heartland'인 유라시아 지역의 패권국을 지향하고 있다. 푸틴은 이전부터 러시아의 천연자원에 주목했으며, 1994년에는 러시아가 자원대국이 돼야 한다는 취지의 논문을 발표했다.

이제 유럽의 에너지기업들은 푸틴에게 머리를 조아리며 합작사업을 따내고 있다. 푸틴은 러시아 현지의 인프라 정비비용까지 유럽계 기업들에게 부담시킬 작정인 듯하다. 가스프롬은 '사정변경의 원칙'을 내세워 애초 계약과는 다른 조건을 요구하고 있다. 사할린의 천연가스 개발에서도 영국 BP(옛 British Petroleum)나 영국·네덜란드계 메이저 로열 더치 셸, 미쓰이 三井물산의 권익을 무리하게 되사가는 바람에 비난을 사고 있다.

또 《니혼게이자이》(2007년 9월 7일)에 따르면 푸틴은 극동시베리아 발전계획을 중시해 극동과 바이칼호 동쪽의 주요 경제 부문과 교통 인프라를 대대적으로 근대화하겠다는 뜻을 밝혔다. 러시아의 대두는 일본과도 무관한 일이 아니다. 러시아는 또 유럽 군수기업으로 알려진 에어버스의 모회사 EADSEuropean Aeronautic Defence and Space Company의 주식도 일부 취득했다. 이러한 배경에는 러시아산 티타늄이 에어버스나 보잉 기체를 제조하는 데 필수불가결하다는 사정이 깔려 있다.

러시아에서는 지금 푸틴 대통령과 가까운 전 KGB(국가보안위원회) 인맥인 '실로비키Siloviki'라는 '이너서클'이 러시아산업을 지배하고 있다. 실로비키는 자기 자식들을 실로비키 계급으로 키움으로써 세를 불려가고 있다.

리트비넨코 사건과 반푸틴 세력

러시아인 중 빌더버그에 참가하는 사람은 일부의 구미 편향 자본가들로 극히 한정된다. 그들은 옐친Boris Yeltsin 전 대통령 시절 정부자산을 불하받아 재산을 일군 '올리가르히(금융귀족)'들이다. 이는 1991년 소련 붕괴 후 러시아경제를 지배해온 재계인들이다. 올리가르히는 영어로는 '올리가키oligarchy'인데 과두적 자본가들을 의미한다.

그들은 실로비키와는 달리 구미에 융화적 자세를 취한다. 올리가르히들은 2007년 12월 의회선거에서 푸틴을 사실상의 지도자로 추대한 여당 '통일러시아'의 압승에 대해 내심 껄끄러워 하고 있을 것이다. 2000년 푸틴 정권이 수립된 뒤에 정치적 야심을 갖기 시작한 올리가르히들은 자산을 몰수당하고 재판에서 유죄판결을 받은 다음 시베리아 형무소로 보내졌다. 올리가르히 중 구미 편향의 사람들은 박해를 피해 러시아를 탈출했다.

반푸틴파 올리가르히들이 망명지로 택하는 곳이 영국 런던이다. 러시아 대기업은 런던증권거래소에 상장하는 경우가 많다. 보리스 베레조프스키Boris Berezovsky(1946~)를 비롯해 석유기업 시브네프티Sibnefti를 경영하던 부호 로만 아브라모비치Roman Abramovich(1966~) 등도 지금은 런던 고급주택가에 집을 갖고 있다.

영국 《파이낸셜 타임스》(2007년 7월 18일)에 따르면 현재 영국에는 25만 명의 러시아인들이 살고 있는데, 러시아어를 사용하는 옛 소련권 사람들은 50만 명이나 된다고 한다. 2003년을 기점으로 영국에 대한 러시아의 수출이 급증하고 있다. 런던증권거래소에는 51개 러시아기업들이 상장되어 있고, 시가총액으로 환산하면 2982억 파운드에 이른다. 그들 기업 중 톱은 역시 가스프롬이고, 그밖에 로스네프티(석유), 루크오일(석유), 세베르스탈Seberstal(철강) 등이 뒤를 잇는다. 이들 기업은 현재 푸틴의 영향 아래 있다.

2006년 가을 런던에서, 러시아 출신 유대계 대부호 베레조프스키의 사무소에 출입하면서 반푸틴 입장에 동조하는 체첸의 무장세력을 편들어주던 전 FSB(연방보안국) 공작원 알렉산데르 리트비넨코Alexander Litvinenko가 암살당하는 사건이 발생한다. 그를 암살한 사람은 르고보이라는 전 KGB 공작원으로 알려져 있는데, 그는 극우 자민당의 지리노프스키Vladimir Zhirinovsky의 지원을 받아 2007년 말 의회선거에 입후보해 당선됐다. 푸틴 정권은 그 사건에 직접 관여하지 않았다고 부인하지만, 그 싸움은 상트페테르부르크에 거점을 둔 KGB 마피아의 우두머리인 푸틴과 이에 대항하는 유대계 마피아 베레조프스키 간의 '조폭 전쟁'의 일환이라고도 볼 수 있다.

반푸틴 활동가는 구미 미디어에 빈번하게 출연해 푸틴 타도를 호소하고 있으나, 2007년 말 의회선거에서는 당국의 선거 방해로 의석도 제대로 얻지 못했다. 그중에서 가장 유명한 사람이 정상배 베레조프스키와 한편이 돼 "새로운 러시아혁명을 일으켜야 한다"고 주장하고 있는 게리 카스파로프Garry Kasparov(1963~)라는 세계적인 체스 선수다. 그는 '이젠 하나의 러시아'라는 소수파 반푸틴 야당세력의 통일후보로 2008년 대통령선거에 출마할 의사를 굳히고 있다. 그는 리트비넨코가 피로 맹세한 조직의 규율을 깨고 적대세력에게 기밀을 누설했기 때문에 살해당했다고 본다. 마치 영화 〈대부〉와 같은 세계다. '돈 푸틴'은 인정사정없다는 얘기다.

리트비넨코 사건은 공식적인 외교 루트에도 영향을 미치고 있다. 사건의 수사결과에 따라 영국이 러시아 외교관 네 명을 추방했고, 거기에 대한 보복 조처로 러시아도 같은 수의 영국 외교관들을 추방하는 사태로 발전했다. 다만 현재 이 냉각관계는 이른바 정냉경열政冷經熱[8] 차원에 머물고 있어 비즈니스 쪽에 영향을 주고 있지는 않다.

러시아의 국민들은 소련 붕괴 이후 구미 금융자본과 연계된 올리가르히가 부를 독점한 고난의 시대를 잊지 않고 있다. 푸틴이 대통령이 됐을 무렵에는 잠수함 쿠르스크 침몰 사건 등으로 러시아의 위신이 땅에 떨어져 있었다. 돈 푸틴이 몇 년 만에 이토록 존재감을 갖게 된 것은 전제국가적 수법으로 이룩할 수 있었던 업적 때문일 것이다.

다만 러시아의 자원외교가 안고 있는 최대 약점은 에너지를 개발할 때 어떻게든 외국자본의 기술협력을 받아야 하는 점이라는 얘기가 있다. 가스프롬은 구미 에너지기업과 완전히 결별할 정도의 여유는 없다. 새 정권의 대통령이 될 것으로 보이는 메드베데프는 가스프롬 회장 경력을 살려 유럽과 미국에게 '당근과 채찍' 전략을 구사할 것이다.

이 '러시아의 부활'을 어떻게 봐야 할까. 치안조직 네트워크인 실로비키의 우두머리 푸틴이 전면에 나섰으니 소련의 부활로 봐야 한다는 소리가 나오는 한편, 실제로는 오히려 로마노프 왕조의 부국강병정책에 가깝다는 시각도 있다. 러시아 연구가 스즈키 하지메鈴木肇에 따르면, "19세기 말에 보수적인 황제 알렉산드르 3세가 우수한 행정가 위테Sergei Witte(재무장관. 뒤에 총리가 됨)를 등용해 철도 건설, 외자 도입 등 자본주의를 급속히 발전시킨 사례와 비슷하다"고 한다(《산케이신문》, 2007년 9월 6일). 러시아는 '민주화'는 되어 있지 않지만 '근대화'는 진행되고 있다는 것이다.

러시아를 둘러싼 국제정세에 대한 설명은 이 정도로 하고 이제부터 러시아를 지배하는 올리가르히와 권력 중추에 있는 실로비키 등 이너서클의 실상을 파헤쳐보자.

---

8 정치 쪽은 차갑고 경제 쪽은 뜨겁다는 뜻이다_옮긴이

올리가르히와 실로비키의 혈투

푸틴의 전임자인 옐친 정권 때 러시아에서는 서방경제를 도입하기 위해 '쇼크요법'을 통한 국영기업의 민영화가 차례차례 시행됐다. 구미형 자본주의를 성급하게 도입하려는 계획이 미국 학자들에 의해 추진됐으나 그 결과 러시아 경제는 대혼란에 빠졌다. 지금 푸틴 정권의 산업정책 추진력은 기간산업 국영화다. 그 배경에는 민영화라는 이름의 '사유화'로 서방의 재계와 네트워크를 구축한 뒤 러시아 국부를 외자에 팔아넘기려 한 반정부적 올리가르히들에 대한 푸틴의 복수가 깔려 있다. 많은 국민들도 이 정책을 지지하고 있다. 풍부한 석유·천연가스 에너지자원을 토대로 국부를 축적해서 러시아제국의 옛 위신을 회복하려는 것이다.

국영기업의 중심을 이루고 있는 것이 석유, 천연가스, 알루미늄과 같은 자원산업이다. 올리가르히들은 원래 옛 소련 고르바초프 시대에 서방에서 물품을 수입하는 등 대외 비즈니스를 시작한 사람들이고, 또 당시에 일하기 시작한 정부 공무원들이었다. 그들은 국영기업 주식을 극단적인 헐값에 대량 입수하는 데 성공하여 부를 축적했다. 그들이 주식을 입수하기 위한 자금을 융자해준 것은 정부계 은행이었으므로 사실상 정부 관계자와 커넥션이 있던 실업가들만이 국유기업 지배권을 확보할 수 있었다. 재벌에 대한 정부자산 불하가 부패와 오직汚職의 온상이 된 것은 메이지시대에 근대화를 꾀한 일본과 다를 게 없다.

그 중심에 서서 민영화를 추진해온 사람들이 아나톨 추바이스Anatoly Chubais와 예고르 가이다르Yegor Gaidar라는 정치가다. 이들은 1994년 무렵부터 1997년께까지 러시아 국가산업이 소수의 산업자본가들 손에 넘어가

도록 민영화라는 이름의 사유화 정책을 실시했다. 따라서 추바이스와 가이다르에 대한 러시아 국내 우익·애국파들의 평판은 아주 나쁘다. 하지만 추바이스는 반#국영 전력회사 유나이티드 에너지 시스템 회장으로 살아남았다. 가이다르는 리트비넨코 사건 직후 스코틀랜드를 방문하던 중 돌연 몸이 아프다며 입원했다. 그도 '표적'이 된 게 아니냐는 시각도 있다.

푸틴에 의해
차례로 추방당한 올리가르히들

《파이낸셜 타임스》(2007년 2월 8일)는 올리가르히들과 러시아 대통령이 1년에 한 번 회담하는 '원탁회의'에 대한 기사 옆에 두 장의 사진을 실었다. 그것은 1997년의 원탁회의 멤버와 2007년 같은 회의의 멤버 사진이다. 그 내용은 [표 4-1]와 같다.

이 모임에 대해 보도한 러시아 신문《코메르산트》(인터넷판, 2007년 4월 7일)도 회의장인 크렘린의 에카테리나 홀에 모인 참석자가 10년 전과 다르다고 전했다. 1997년 회의에서는 정부 쪽 참석자가 옐친을 포함해 두 사람이었지만 2007년 회의에는 재무장관, 천연자원장관을 포함해 다수의 대통령 측근들이 참석했다. 2007년에 참가한 올리가르히 중에서《포브스》부호 리스트에 올라 있는 이름을 보면, 데리파스카(40위, 133억 달러), 모다쇼프Alexei Mordashov(54위, 112억 달러), 벡셀베르크(61위, 104억 달러), 프리드만Mikhail Fridman(45위, 126억 달러), 알렉페로프(48위, 124억 달러) 등 다섯 명이다.

이 참가자 리스트의 변화를 보기만 해도 러시아가 10년 사이에 얼마나 변했는지 알 수 있다. 예컨대 미하일 호도르코프스키Mikhail Khodorkovsky

[표 4-1] 1997년의 올리가르히와 2007년의 올리가르히

- 1997년 원탁회의
  미하일 호도르코프스키(메나테프은행, 유코스석유), 블라디미르 구신스키(미디어 모스트), 알렉산데르 스몰렌스키(SBS-아그로은행), 블라디미르 포타닌(오넥심 Onexim은행, 노리리스크 니켈, 시단코석유), 미하일 프리드만(알파그룹), 보리스 베레조프스키(아에로플로트, 시브네프티, ORT방송), 바기트 알렉페로프(루크오일), 렘 비야히레프(가스프롬 CEO)

- 2007년 원탁회의
  올레그 데리파스카(비철금속 대기업 루사르), 알렉세이 모다쇼프(세베르스탈철강), 빅터 벡셀베르크(비철금속 대기업 수아르), 미하일 프리드만(알파그룹, TKN-BP석유), 바기트 알렉페로프(루크오일 CEO), 알렉세이 미러(가스프롬 CEO), 세르게이 보그단치코프 Sergei Bogdanchikov(로스네프티 CEO)

※《파이낸셜 타임스》 2007년 2월 8일 기사를 토대로 작성했다.

(1963~)의 이름이 사라졌다. 그는 2007년 회의가 열린 시각에 시베리아 형무소에서 극한의 추위 속에 복역 중이었으므로 참석할 길이 없었다. 그는 전형적인 올리가르히의 한 사람으로, 국영 석유회사의 민영화정책 덕에 유코스 Yukos를 수중에 넣고 세상 부러울 것 없는 호시절을 구가했으나, 2003년 탈세와 배임(횡령) 혐의로 측근인 메나테프 Menatep은행 회장 플라톤 레베데프 Platon Lebedev와 함께 체포돼 재판을 받은 뒤 시베리아로 유형당했다. 이것이 이른바 '국책 체포'다. 호도르코프스키라는 원기 왕성한 청년 실업가를 노려 침으로써 크렘린은 일벌백계의 효과를 노렸던 것이다.

호도르코프스키는 석유·금융그룹을 지배했을 뿐 아니라 반푸틴의 자유주의적 경향이 강한 '야블로코 Yabloko'라는, 빌더버그와도 연계된 정당

을 지원하는 등 정치적 야심을 노골적으로 드러내 보였다. 또 그는 체포 직전에는 유코스와 합병 얘기가 진행되고 있던 시브네프티라는 별도의 석유회사 주식을 엑슨 모빌Exxon Mobile이나 셰브론 텍사코Chevron Texaco와 같은 미국의 국제 석유 메이저에 일부 양도하는 협상을 벌이고 있었다. 그의 행위는 슬라브 민족 내셔널리즘에 호소하는 국위선양정책을 펴는 푸틴 정권을 자극했다. 반푸틴 정치가나 정당을 지원했을 뿐 아니라 국부를 외자에 팔아넘기려 했던 것이다. 결국 유코스는 해체됐고, 자회사인 유간스크네프티 가스도 '공정'한 경매를 통해 2006년 국영 석유회사 로스티네프의 소유가 됐다.

마찬가지로 리스트에 오른 블라디미르 구신스키Vladimi Gusinsky, 알렉산데르 스몰렌스키Aexander Smolensky 두 사람도 실각했다. 구신스키는 사기혐의로 지명수배됐기 때문에 이스라엘로 망명했다. 스몰렌스키도 1998년 러시아 금융위기로 자산을 날려버리고 나머지 주식까지 매각할 수밖에 없는 처지가 됐다고 한다.

문제는 베레조프스키다. 런던에 망명해 있던 그는 리트비넨코 암살 사건을 목도하고 2007년 4월 영국신문 《가디언The Guardian》과의 인터뷰에서 "무력을 사용해서라도 푸틴 정권을 붕괴시켜야 한다"며 열을 올렸다. 정부 쪽에서 전 공작원 출신이었던 리트비넨코에게 베레조프스키를 암살하라고 요구하자 리트비넨코는 정부와의 관계를 끊고 베레조프스키의 비호를 받고 있었다. '야쿠자 말진'이 적의 비호를 받는 상황이 된 것이다. 죽기 직전(2006년 11월) 그는 영국 국적을 취득했다. 리트비넨코는 또 체첸 독립파와도 연결되어 있었다. 마찬가지로 베레조프스키의 비호를 받고 있던 체첸 독립파 지도자 자카에프Ahmed Zakayev(체첸공화국 전 부총리)의 영향으로 죽기 직전 이슬람교 수니파로 개종도 했다.

체첸인들은 러시아로부터 분리독립하기 위한 저항운동을 계속해 옛 소련 시절부터 탄압을 받았다. 러시아 치안당국은 독립파 지도자들을 테러리스트로 지목하고 차례차례 암살했다. 모스크바 극장 점거 사건(2002년)이나 북오세티아 공화국 베슬란 학교 점거 사건(2004년) 때는 수백 명의 민간인들이 인질로 잡힌 상태에서 치안당국과 체첸 무장세력이 총격전을 벌였다. 따라서 체첸 독립세력을 어떻게 봉쇄해서 체첸공화국을 러시아화할 것인가 하는 것은 푸틴 정권이 안고 있던 큰 과제였다. 2007년 푸틴은 크렘린이 밀고 있던 람잔 카디로프Ramzan Kadyrov를 체첸 대통령 자리에 앉혔다.

배경에는 마피아 전쟁이 있다

흥미로운 것은 '체첸 마피아와 러시아 마피아 간의 대립구도'다. 러시아 마피아 문제에 밝은 평론가 데라타니 히로미寺谷ひろみ는《암살국가 러시아暗殺国家 ロシア》에서 이 대립이 베레조프스키와 푸틴 간의 항쟁과 표리관계에 있다고 해설한다. 원래 베레조프스키는 모스크바의 체첸 마피아 그룹과 짜고 중고차 판매사업에 손을 대고 있었고, 이에 대적한 푸틴은, 리트비넨코에 따르면, 상트페테르부르크 부시장 시절부터 독일 기업과 짜고 사업을 벌이던 러시아 마피아와 깊은 관계를 맺고 있었다.

이 두 세력이 경제적 이권을 둘러싸고 모스크바에서 '인정사정 없는 싸움'을 시작했다. 즉 베레조프스키는 '체첸 마피아'와 이권을 공유하는 한편 러시아 옐친 대통령의 환심을 산 뒤 추바이스, 가이다르와 함께 국영기업 탈취를 획책했다. 구미언론들은 그런 생생한 부분은 별로 보도하지 않고 단순히 리트비넨코라는 반푸틴적인 '정의의 우리 편'이 KGB에게 암살당했다는 스토리만 전했으며, 러시아는 '이것은 베레조프스키의 소행'이라는 음모설만 흘려보냈다. 그러나 필자의 생각으로는 기본적으로 이 항쟁은 마피아 간의 세력 다툼이라 보는 게 이해하기 쉽다. 정치가와 조직폭력단과의 관계는 동서고금을 막론하고 다를 바가 없다. 그렇게 보면 베레조프스키가 왜 저토록 광분해서 "러시아에서 폭력혁명을 일으키겠다"고 선언했는지 알 만하다. 역시 돈 문제다.

그런데 베레조프스키와 호도르코프스키의 교우관계를 파헤쳐가다보면 매우 흥미롭게도 로스차일드에 가닿게 된다.

구미 재계인과 러시아 유대계 재계인 간의 관계

체포되어 복역 중인 호도르코프스키는 석유회사를 경영하는 한편, 2001년 런던 서머셋하우스에서 '열린러시아재단Open Russia Foundation'이라는 자선조직을 결성한다. 이 재단은 지금은 활동을 멈췄지만, 러시아의 비정부조직 지원이나 예술·과학기술 분야에 대한 공헌, 차세대 젊은 지도자 후원 등의 목적을 내걸고 설립됐는데, 눈길을 끄는 것이 이사회에 이름을 올린 멤버들이다.

이사회에는 호도르코프스키 외에 지금 국립 에르미타쥬 미술관 이사를 맡고 있는 미하일 표토로브스키 교수, 미국인 헨리 키신저 전 국무장관, 그리고 런던 로스차일드 남작 집안의 주인인 제이콥 로스차일드Jacob Rothschild 경의 이름도 올라 있다. 또 유코스 계열의 메니테프은행은 개설 당시 로스차일드로부터 융자를 받았다고 한다. 2003년 호도르코프스키가 국책수사로 체포당하리라는 사실을 알았을 때 당시 60퍼센트의 유코스 주식을 양도할 대상이라는 풍문이 나돌았던 것도 로스차일드였다(그 주식은 실제로는 호도로프스키의 또 다른 측근의 손에 넘어갔다).

호도르코프스키의 '열린러시아재단'과 비슷한 이름의 재단을 운영하고 있는 사람이 미국의 대부호 조지 소로스George Soros다. 소로스의 '열린사회Open Society'라는, 민주화를 지원하는 재단도 푸틴 정권에게는 눈엣가시 같은 조직 가운데 하나다. 직접적인 관계는 없는 것으로 되어 있지만 몇 개의 공동 프로젝트를 벌인 실적이 있다고 전하는 신문도 있다(《피츠버그 트리뷴Pittsburgh Tribune》 2003년 11월 16일). 소로스는 말할 것도 없이 퀀텀 헤지펀드Quantum Fund를 운영하면서 아시아 금융위기를 불러일으켰다는 미국의 유대계 대부호다. 그는 철학자 칼 포퍼Karl Popper로부터 사상적 영향을 받아 '열린사회'가 중요하다는 신념을 갖게 됐고, 그런 바탕 위에서 투자행동을 결정하고 있다고 한다. 소로스 역시 예전에 빌더버그였다.

로스차일드와 소로스 간에도 접점이 있다. 소로스의 퀀텀 펀드 이사회에는 리처드 커츠라는 인물이 있는데, 이 사람이 같은 시기에 로스차일드 이탈리아와 런던의 NM로스차일드 두 은행의 이사에 취임한 것이다. 로스차일드가 운영하는 헤지펀드회사 중 하나인 세인트 제임스 플레이스 캐피털St. James's Place Capital에도 소로스와 연결된 인물이 있다고 한다(참고 : http://www.larouchepub.com/other/2001/2832_soros.html).

그리고 베레조프스키와 로스차일드는 앞서 얘기한 반푸틴을 표방하며 활발하게 활동하고 있는 게리 카스파로프와 연결되어 있다. 그는 베레조프스키가 "무력을 동원해서라도 러시아에서 혁명을 일으키겠다"고 선언한 것과 거의 비슷한 시기인 2007년 4월 15일 러시아 국내에서 반정부 시위를 조직했다가 체포당했다. 베레조프스키에 대한 자금 지원에 대해 카스파로프 쪽은 부인하고 있으나, AFP통신과의 인터뷰에서 베레조프스키는 그 사실을 인정한 것으로 보도되고 있다. 이 두 사람이 손을 잡고 있는 것은 틀림없는 것 같다.

게다가 카스파로프와 로스차일드 사이에도 접점이 있다. 카스파로프가 2003년에 '세계 체스 주간'의 일환으로 런던을 방문했을 때 호도르코프스키가 재단을 결성한 서머셋하우스를 찾아가 제이콥 로스차일드와 만났다. 그 '증명사진'은 지금도 인터넷에 올라와 있다(http://www.chessbase.com/newsdetail.asp?newsid=1259). 카스파로프와 로스차일드 가문의 관계는 그밖에도 더 있다. 이스라엘 하이파대학에는 카에사레아 로스차일드재단에서 자금을 제공받은 과학기술연구소가 있다. 카스파로프는 이 연구소의 '과학기념 메달Medal of Science'을 받았다. 카스파로프는 이 재단에서 2002년에 열린 심포지엄 때 강연도 했다(http://www.caesarea.org.il).

이처럼 베레조프스키, 호도르코프스키, 로스차일드 경, 카스파로프 등 반푸틴으로 결속되어 있는 듯한 영국과 러시아 요인들이 서로 연결되어 있는 것이다.

하지만 로스차일드 자신은 베레조프스키처럼 폭력혁명을 일으키겠다는 따위의 얘기는 결코 입 밖에 내지 않는다. 그는 더욱 교묘하게 러시아와 연줄을 맺으려는 듯하다. 이 대목에서 등장하는 사람이 제이콥의 1971년생 아들인 나트 로스차일드다. 나트가 바로 런던의 망명 러시아 부호 네트워크와 소통하는 인물이다.

러시아의 록펠러

'원탁회의' 참석자 리스트(표 4-1 참조)로 돌아가면, 2007년 참석자 중에 올레그 데리파스카Oleg Deripaska(1968~)라는 알루미늄기업 루살Rusal의 회장 이름을 찾을 수 있다. 신문보도에 따르면 데리파스카의 개인상담역adviser을 맡고 있는 사람이 나트 로스차일드다. 데리파스카와의 관계는 《뉴욕타임스》(2007년 2월)와 영국의 대중지 《데일리 메일Daily Mail》도 보도한 바 있다.

'러시아 알루미늄왕'으로 알려진 데리파스카는 지주회사 베이직 엘리먼트Basic Element를 운영하고 있으며, 이 회사가 루살의 주식 50퍼센트를 보유하고 있다. 이 지주회사는 자동차 제조업체 GAZ도 산하에 두고 있다. 그는 또 2007년 캐나다 자동차부품회사 매그너 인터내셔널Magna International에도 출자했다. 매그너에 대한 출자는 최신 구미기업의 노하우를 러시아에 들이려는 것이 목적이다.

《포브스》와는 다른 부호 랭킹(러시아 경제지 《파이낸스》가 작성)에 따르면, 2004년 조사를 시작한 이래 2위에 만족하던 데리파스카가 2007년 조사에서는 드디어 러시아 부호 1위로 뛰어올랐다. 그때까지 3년간 1위였던 사람은 로만 아브라모비치(《포브스》 리스트 16위, 187억 달러)다.

아브라모비치는 그전에는 데리파스카의 파트너로서 루살을 경영했고 석유기업 시브네프티의 경영자이기도 했다. 지금은 투자회사 미르하우스Mirhouse의 경영자다. 하지만 일반인에게 아브라모비치는 영국 축구팀 첼시Chelsea FC의 오너라는 지위가 더 유명할지 모르겠다. 동시에 그는 많은 자원기업의 주주이기도 하다. 그는 베레조프스키나 호도르코프스키처럼 옐친 정권의 은혜를 입은 올리가르히 중 한 사람이다. 아브라모비치가 한 러시아 금광회사의 권익을, 2장에서 소개한 회사 배릭으로부터 사들인다는 뉴스가 2007년 말에 보도됐다.

시브네프티는 원래 베레조프스키와 아브라모비치가 공동으로 설립한 석유기업으로 아브라모비치는 1996년에 이사가 됐지만, 베레조프스키가 망명한 뒤에는 시브네프티와 항공회사 아에로플로트Aeroflot Russian Airlines 주식의 대부분을 양도받았다. 아브라모비치는 현재 푸틴이 '하사'해준 러시아 극동지역 자치관구 지사로도 일하고 있지만, 호도르코프스키 사건 이후에는 런던에서도 정력적으로 활동하고 있다.

앞서 얘기한 미르하우스는 런던에 있다. 그리고 그와 데리파스카, 나트가 공동 교우관계를 맺고 있다는 게 중요하다. 아브라모비치와 나트는 런던 사교계의 새로운 스타다. 그리고 나트와 데리파스카는 다보스회의가 선정한 '올해의 세계 영리더young leader'에 함께 뽑힌 적이 있다.

데리파스카는 러시아 알루미늄업계의 최고 실력자로 '러시아의 록펠러'로도 불린다. 미국에서 순식간에 적대적 약소 기업들을 매수해 독점 석유자본을 쌓아올린 존 D. 록펠러를 빼닮은 행동을 러시아 알루미늄업계가 뒤따라 하고 있기 때문이다.

데리파스카는 남러시아의 자그마한 코사크 농가 출신이다. 모스크바 국립대학에서 이론물리학을 전공한 그는, 재학 중 입대하여 한때 병사로서 중국과의 국경지역에 있는 미사일 부대에 배속되어 있었다. 대학으로 돌아왔을 때는 소련이 붕괴 직전이었고, 학문연구 외에 비즈니스에서 두각을 나타낼 기회가 찾아왔다. 그는 1990년대에 러시아 국내에서 자원 트레이더가 돼 재정裁定거래(차익거래)로 거액을 벌었다. 스물여섯 살이던 1994년 그는 시베리아지방 사야노고르스크에 있는 알루미늄 정련공장(사얀스크 알루미늄 공장Sayansk Aluminium Plant)의 이사가 됐는데 소련 붕괴 후 민영화 불하 때 상품거래로 벌어들인 돈으로 이 공장을 운영하는 회사의 주식을 대량으로 사들였다. 이것이 《뉴욕타임스》나 《파이낸셜 타임스》가 전한 알루미늄왕 데리파스카의 출발이다.

이 '알루미늄 전쟁'에서 그는 먼저 영국의 투자가 데이비드 앤드 사이먼 루벤David&Simon Ruben 형제가 설립한 트랜스 월드Trans World, 그리고 이 회사의 러시아 국내 파트너인 재계인 레프 챠노이와 공동전선을 폈다. 챠노이는 우즈베키스탄 출신의 올리가르히로 레프의 큰형 미하일도 유명한 재계인이다. 데리파스카는 사얀스크 공장 매수를 위한 자금이 자신이 트레이딩으로 번 이익만으로는 충분치 않자 트랜스와 제휴한 듯하다. 데리파스카는 트랜스 월드 대리인인 챠노이 형제와 공동으로 러시아 국내의 알루미늄 관련 기업들을 차례차례 매수해 1999년 무렵에는 옛 소련 금속공업의 3분의 2를 지배하기에 이르렀다. 이 회사가 한때 세계 알루미늄 거래의 5퍼센트를 점했다는 자료도 있다.

하지만 영국 자본가와 러시아 올리가르히가 제휴한 트랜스 월드에 전기가 찾아왔다. 옐친 정권이 붕괴한 뒤 국민 사이에 뿌리 깊은 반민영화 감정이 조성돼 외국자본인 루벤 형제에게 위기가 닥친 것이다. 결국 루벤 형제는 소유하던 알루미늄 공장을 아브라모비치가 경영하는 시브네프티에 매각했다. 이 회사는 루살(러시안 알루미늄)로 이름을 바꾸고 아브라모비치와 챠노이, 데리파스카 공동경영체제로 가는데, 챠노이가 가진 주식의 25퍼센트는 데리파스카에게 최종적으로 양도됐다. 그런데 그다음에는 호도로코프스키가 체포되면서 아브라모비치가 데리파스카에게 자신의 루살 주식을 양도했다.

데리파스카는 호도로코프스키와 같은 꼴을 당하지 않으려는 듯 신중하게 행동하고 있다. 그는 2000년 대통령선거에서 푸틴을 지지했다. 한편 옐친 대통령의 차녀 타니야나와도 알고 지낸 덕에 옐친 가문의 '이너서클'에 도 들어갔다. 그는 대통령실 장관을 역임한 발렌틴 유마쇼프Valentim Yumashev의 딸 폴리나와 결혼했는데, 장인인 유마쇼프는 2000년 이혼한 뒤 그해 가을 옐친의 차녀와 재혼했다. 폴리나와 데리파스카가 처음 만난 곳은 아브라모비치의 자택이었다고 한다.

그리고 데리파스카는 루살과 또 다른 알루미늄기업 수알Sual, 스위스에 거점을 둔 세계 최대의 상품거래기업 글렌코어 인터내셔널Glencore International 등 3사가 공동출자하는 형태로 2007년 3월에 신생 루살United Company Russal을 탄생시켰다. 출자비율은 데리파스카가 66퍼센트, 수알 22퍼센트, 글렌코어 12퍼센트다.

합병 직전까지 수알 회장직을 맡았던 사람이 《포브스》 부호 중 하나인 빅터 벡셀베르크Viktor Vekselverg(1957~)(61위)다. 수알은 벡셀베르크가 사장을 맡고 있는 투자회사 레노바Renova 산하에 있다. 그밖에 그가 출자한 기업으로는 영국 BP와 러시아 기업이 합작 출자한 TNK-BP라는 석유개발 기업, 그리고 스위스에 있는 채굴기계 개발회사 살차 등이 있다. 또 살차의 주식 12퍼센트를 보유하고 있는 스위스 기업 글렌코어는 비상장기업이기 때문에 이사회 구성 등의 전모는 알려져 있지 않지만, 2005년에는 로열 더치 셸과 BP, 토탈 등의 석유 메이저, 다임러 크라이슬러, 폴크스바겐에 이어 전 유럽 6위(매출액 760억 유로)의 거대기업이다(Six Swiss companies make European Top 100, swissinfo, October 18, 2006).

현재 CEO는 글렌코어가 대주주인 스위스 자원 대기업 엑스트라타Xstrata 이사회의 멤버인 아이반 그라센베르크다. 이 회사는 영국·오스트레일리아 자본인 BHP빌리턴BHP Billiton이나 리오 틴토Rio Tinto에 버금가는 세계 유력 자원기업이다. 원래 글렌코어는 자원 트레이더 마크 리치Marc Rich(664

위, 15억 달러)가 1974년에 설립한 기업으로 예전에는 'Marc Rich & Co'라는 이름을 썼다. 리치는 1992년 파운드 폭락을 부른 소로스에게 자금을 제공한 '숨은 부대'의 한 사람으로 알려져 있다. 리치는 탈세 등의 죄로 뉴욕에서 수사를 받았으나 클린턴 전 대통령이 퇴임하기 직전인 2001년 초 돌연 사면 조처를 받았다. 이것은 리치의 처가 클린턴한테 거액을 헌금한 덕이라는 설이 있다.

미국 경제지 《비즈니스 위크》(2005년 1월 18일)에 따르면, 그는 자기 곁에 뛰어난 자원 트레이더 유망주들을 모아 교육시켰으며, '제자'들이라고 해야 할 그 독립적 트레이더들 사이에 형성된 '비공개 네트워크'의 정점에 그가 자리 잡고 있다고 한다. 리치는 글렌코어를 1994년에 사원들에게 매각했는데, 현재 글렌코어 경영진은 리치의 제자들로 채워져 있다.

올리가르히에서 실로바르히로

데리파스카나 아브라모비치 외에 신문·미디어에 흔히 등장하는 옐친 정권 시대 이래의 올리가르히들 대부분은 내심 푸틴의 전제주의적 통치방식에 비판적이겠지만 표면상으론 충실하게 그를 추종하는 재계인들이다. 푸틴은 정치에 관여하지 않고 사업에만 전념하는 올리가르히들과는 협력하겠다는 자세를 취하고 있다. 데리파스카도 구미 편향이긴 하지만 그 선에서 벗어나지 않는다.

그런 '순종하는 올리가르히' 중에서 유력한 존재가 1997년 '원탁회의' 멤버였던 블라디미르 포타닌Vladimir Potanin(1961~)과 그의 비즈니스 파트너 미하일 프로호로프Mikhail Prokhorov(1968~)다. 이들은 《포브스》 부호 리스트에서 함께 38위다.

포타닌은 지금은 니켈 등을 중심으로 희소금속을 산출하는 러시아 기업 노릴리스크 니켈Norilisk Nickel의 지배주주인 인터로스 그룹Interros Group의 회장이다. 이 그룹은 그밖에 금생산업체 폴리우스 골드Polius Gold, 금융의 로스방크Rosbank(옛 오넥심 방크), 식품의 아그로스Agros, 부동산회사 오픈 인베스트먼트Open Investment까지 산하에 거느리고 있다. 1996년부터 1년간 러시아공화국 제1부총리를 지낸 적도 있다.

그는 1996년 옐친 대통령 재선을 위해 결성된 러시아 은행가 그룹의 일원이었다. 그때 참가한 올리가르히는 베레조프스키, 구신스키, 호도르코프스키 등인데, 모두 푸틴 정권 발족 뒤 실각했다. 포타닌이 노릴리스크의 경영에 참가한 것은 1996년 4월이다. 그것은 재선에 성공한 옐친의 '포상'이었다. 그런 그도 지금은 푸틴 정권을 지지하는 순종파 올리가르히 중 한 사람이 됐다.

노릴리스크의 경영 파트너가 된 사람이 프로호로프다. 그는 오넥심 방크와 인터로스 등 포타닌계 기업의 중역을 여러 개 맡고 있다. 오랜 세월 함께해온 파트너지만 최근에는 결별하려 한다는 얘기도 있어, 프로호로프가 소유해온 노릴리스크 주식을 포타닌에게 양도하고 포타닌은 프로호로프에게 인터로스 산하 폴리우스 골드 주식을 양도하는 자산분할을 할 것으로 전망된다. 배경에는 크렘린의 압력이 작용하고 있다는 얘기가 흘러나오고 있다.

이처럼 올리가르히들은 '호도르코프스키 꼴 되기는 싫다'는 생각 때문에 정치적 야심이 겉으로 드러나지 않게 기업을 경영하고 있다(2007년 말 보도에 따르면 프로호로프가 소유하는 25퍼센트의 노릴리스크 주식은 어찌된 셈인지 최종적으로 데리파스카에게 매각됐다). 이런 올리가르히들에 대항하는 경영 지배자로 등장한 것이, 앞서 얘기한 옛 KGB(FSB) 인맥을 중심으로 한 푸틴 대통령의 부하들인 '실로비키' 집단이다. 이 실로비키와 올리가르히가 융합해서 '실로바르히'라는 권력집단이 형성되고 있다는 소리도 있다.

가스프롬에 대해서는 앞서 얘기했기에 여기서 되풀이하진 않겠다. 에너지 분야 외에 러시아가 힘을 쏟고 있는 것은 군수·자원 부문이다. 러시아 군수산업의 주요고객은 중국과 베네수엘라 등 반미국가들이다. 예컨대 항공기 제조업체 알마스 안테이Almas Antei라는 국영회사의 사장은 옛 KGB에서 오랫동안 푸틴의 부하로 있던 빅토르 이바노프Viktor Ivanov다. 그는 항공회사 아에로플로트의 사장이기도 하다. 아에로플로트는 베레조프스키가 민영화의 '열매'로 따먹었던 회사인데, 지금은 정부가 주식 51퍼센트를 소유해 사실상 국영회사가 됐다.

또 무기를 수출하고 있는 곳은 국영기업인 로스오보론 엑스포르트Rosoboron export다. 이 회사는 러시아 무기 수출과 관련해 외국 및 외국 기업과의 거래를 도맡고 있는 독점 상사다. 이 회사 사장에는 푸틴의 친구 세르게이 체메조프Sergei Chemezov가 영입됐다. 이 회사는 티탄(총탄의 원료) 제품을 만드는 VSMPO-아비스마를 산하에 두고 있다. 베레조프스키계의 자동차회사였던 아프토바스도 이 군수산업체에 흡수됐다. 이처럼 러시아는 새로운 군산복합체를 형성해가고 있으며, 군사위성 시스템에서도 유럽의 갈릴레오, 미국의 GPS에 대항하는 독자적 시스템을 개발하고 있다.

대국 러시아는 푸틴 정권이 가져다준 강한 자신감을 바탕으로 국제 정치에서도 발언력을 키워가고 있다. 2007년 독일에서 열린 정상회의에서 의제가 된 것이 미국이 동유럽에 배치하기로 한 '미사일방어망MD' 문제였다. 또 러시아와 중국, 그리고 중앙아시아는 2001년에 사실상 '반미동맹'인 상하이협력기구SCO를 결성하고 매년 여름 중앙아시아에서 군사훈련을 실시하며 관계를 심화시키고 있다.

　미국에 대항하는 또 다른 일극을 지향하는 러시아는 도발적인 행동도 취하기 시작했다. 그 예로 2007년 여름에 옛 소련 붕괴 이후 중단했던 장거리 폭격기 비행훈련을 재개한 것이나 NATO와 체결한, 통상 병력 이동에 대해 사전 통고하는 CFE조약을 일방적으로 정지한 것을 들 수 있을 것이다. 비행훈련 재개 직후에는 러시아 전투기가 영국 전투기와 자칫 근접전을 벌일 뻔한 상황을 연출해 긴장이 고조되기도 했다. 또 지구온난화로 북극해 유빙이 녹으면서 미국, 덴마크, 캐나다, 러시아 사이에 그 해저에 잠자고 있는 천연자원을 둘러싼 쟁탈전이 점차 격렬해지고 있다. 거기에 불을 붙인 것은 러시아 잠수함의 시위 행동이었다.

　푸틴 정권 등장으로 부활한 대국 러시아는 과연 메드베데프 정권으로의 권력 승계 이후에도 국력을 유지할 수 있을까. 그것은 러시아가 구미, 특히 경제적 연계가 강한 런던과 어떻게 대적해나갈지에 달려 있다. 그 런던을 지배해왔다는 존재가 명문 로스차일드 가문이다. 이 장에서는 이 가문과 러시아의 관계에 대해 언급했지만, 다음 장에서는 유럽에서 이 가문이 어떻게 움직이고 있는지 살펴보기로 하자.

4장 _ 참고문헌

- 《올리가르히(政商)-러시아를 주름잡는 163인オリガルヒ(政商)-ロシアを牛耳する163人》(中澤孝之 지음, 東洋書店)
- 《암살국가 러시아暗殺国家ロシア》(寺谷ひろみ 지음, 学研新書)
- 《푸틴의 러시아-21세기를 좌우하는 지정학 리스크プーチンのロシア-21世紀を左右する地政学リスク》(로드릭 라인, 스트로브 탤버트, 渡邊幸治, 트라이래터럴 커미션 지음, 日本経済新聞社)
- 그밖에 《파이낸셜 타임스》 《뉴욕타임스》 《코메르산트》(영어판) 《가디언》 등 유럽과 미국의 신문기사 참조.

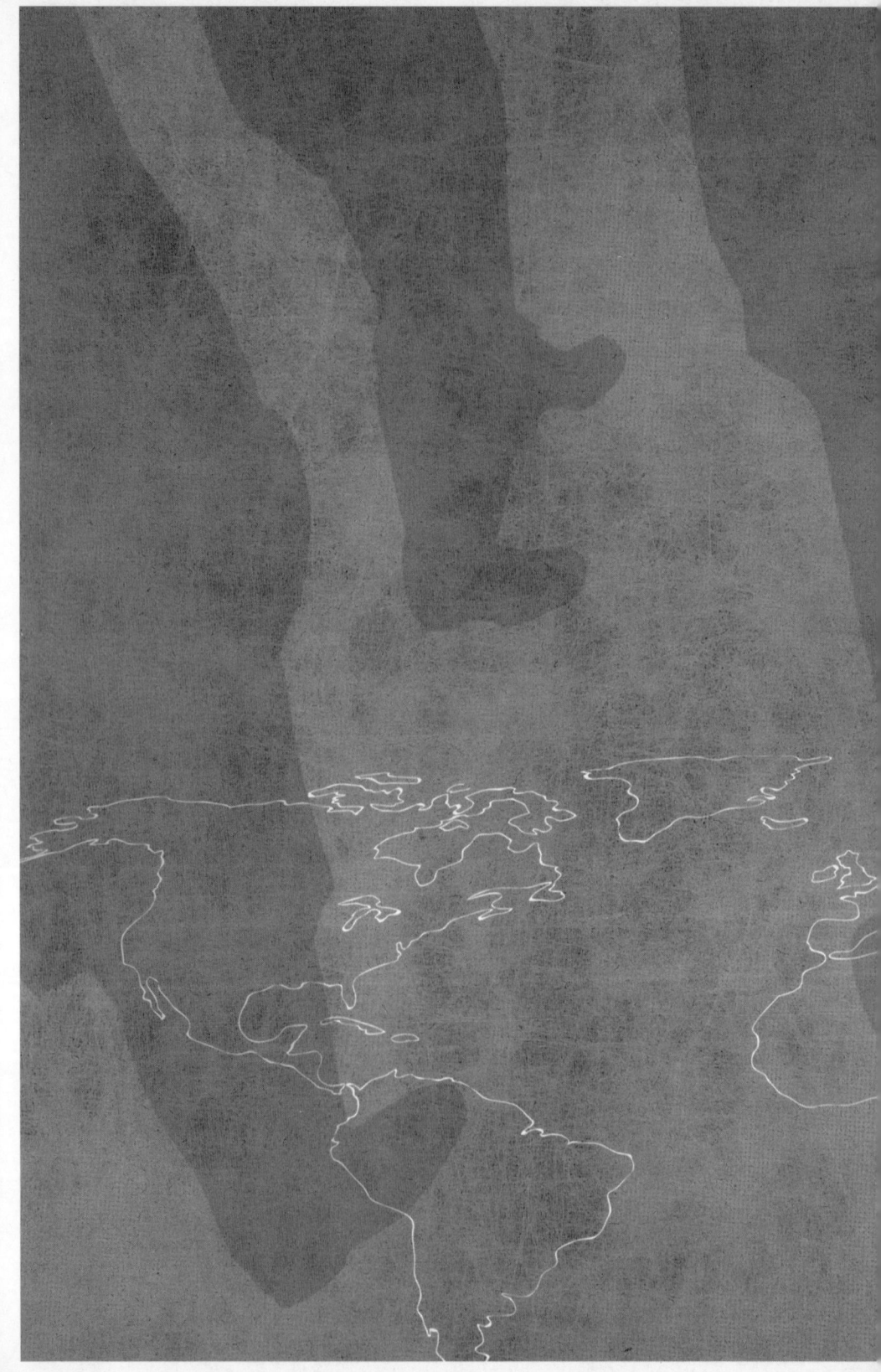

5장

진화를 계속하는 21세기의 로스차일드 가문

진화를 계속하는
21세기의 로스차일드 가문

《포브스》 리스트에 등장하지 않는 로스차일드

로스차일드Rothschild(로트실트). 국제 금융역사에 대해 알아보려는 사람이라면 한 번은 그 존재에 눈을 빼앗기게 될 집안이다. 현대 자본주의를 비판하는 쪽에서는 모든 악의 근원으로 간주하는 존재이기도 하다. 로스차일드 가문이 18세기에 프랑크푸르트의 유대인 게토에서 은행업을 시작했을 때는 메이어 암셸 바우어Mayer Amschel Bauer라는 이름을 썼다. 로스차일드는 이 메이어 암셸과 그의 다섯 아들로 구성된 집안을 가리킨다.

그러나 이 집안은 왠지 모르지만 《포브스》의 세계 부호 리스트에 그 이름이 등장하지 않는다. 그 이유가 《포브스》 리스트는 개인이 보유하는 주식이나 토지의 평가이익 등을 종합한 조사결과이고, 재단이나 회사 소유 재산은 포함되지 않기 때문이라는 얘기가 있다. 또 조사에 응하지 않는 자산가의 데이터도 포함되지 않는다. 경제평론가 구보 이와오久保巖는 1988년 출판한 책에서 그런 점을 지적하면서 로스차일드 가문을 '잊힌 재벌'이라고 소개했다. 얼마 전 영국신문 《선데이 타임스Sunday Times》가 발행하고 있는 '리치 리스트Rich List(부호 리스트)'에는 현재 런던 남작 집안의 주인인 제이콥과 그의 아들 나트(2007년판에서 자산합계 30억 파운드)는 나와 있지만 다른 가문은 전혀 등장하지 않는다.

로스차일드 가문에 대해서는 극단적으로 미화하는 글들이 있는가 하면, 극악무도한 가문으로 묘사하는 전기 류도 있다. 어느 쪽이든 진실이 아닐 것이다. 이 집안의 역사에 대해서는 1990년대 후반에 처음으로 가문이 공인한 자료보관소의 자료를 사용한, 제3자가 쓴 전기가 출판됐다. 이 《The House of Rothschild》라는, 상·하 두 권으로 된 책을 쓴 사람은 영국의 저명한 역사가 니얼 퍼거슨Niall Ferguson이다. 로스차일드 가문의 역사를 알고 싶다면 퍼거슨이나 데릭 윌슨Derick Wilson의 《로스차일드—부와 권력 이야기Rothschild A Story of Wealth and Power》, 히로세 다카시広瀬隆의 《붉은 방패赤い楯》도 읽어보기 바란다. 필자의 책도 이 세 권의 책을 많이 참고했다. 다만 이 책의 테마는 로스차일드의 역사가 아니므로 20세기까지의 이 집안 역사에 대해서는 생략한다. 이 집안 역사에 대해서는 다음과 같은 가계도로 정리할 수 있다(그림 5-1 참조).

최근까지 금융업에 종사하고 있는 이 집안사람 중 주목해야 할 인물들은 데이비드 르네 제임스 로스차일드David Rene James Rothschild(현 NM로스차일드 회장), 이블린 로버트 드 로스차일드Evelyn Robert de Rothschild(NM로스차일드 전 회장), 린 포레스터 로스차일드Lynn Forester Rothschild(이블린의 처, 《이코노미스트The Economist》 이사), 제이콥 로스차일드(RIT 캐피털 파트너스 대표), 나타니엘(나트) 필립 로스차일드(애티커스 캐피털 공동대표), 데이비드 메이어 드 로스차일드David Mayer de Rothschild(탐험가, 환경문제 운동가), 엠마 로스차일드

[그림 5-1] 로스차일드 가계도

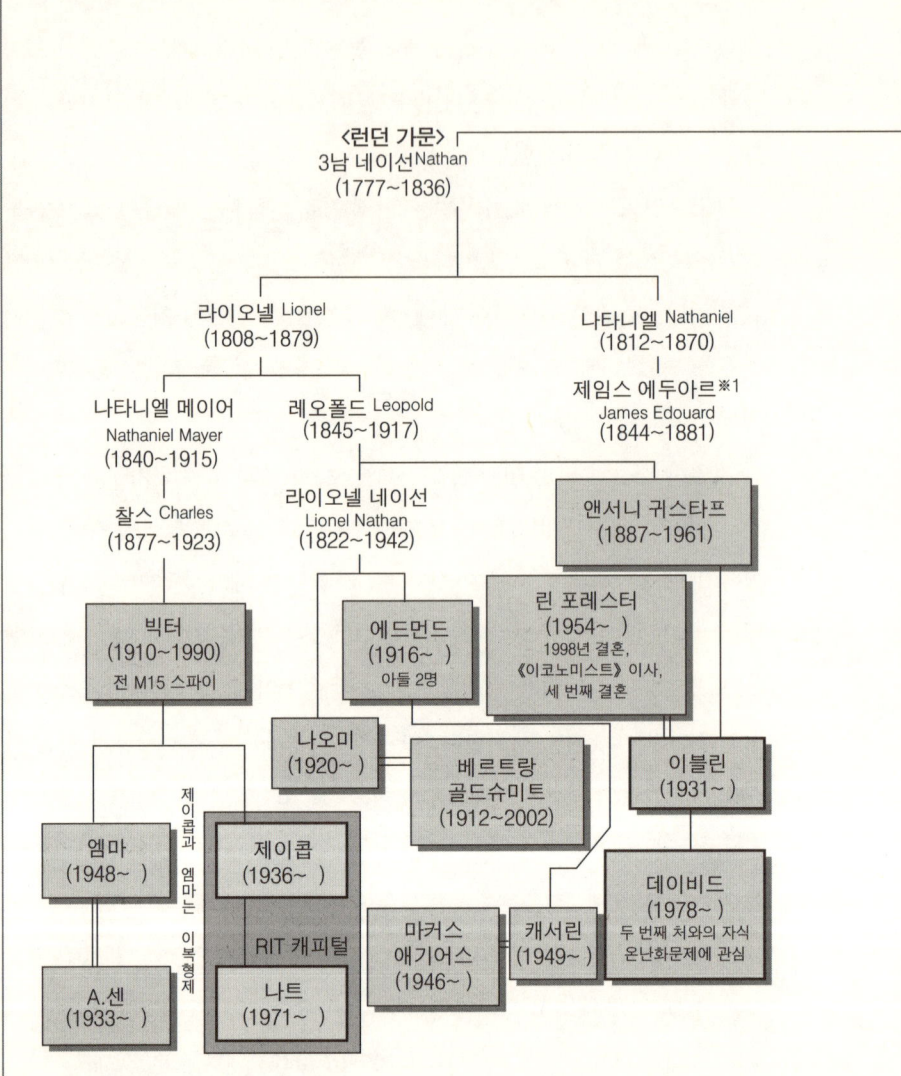

※ 1 제임스 에두아르의 손자인 필립 남작(1988년 사망)과 그의 딸 필리피느(1935년생)는 와인(무통 로트실트) 양조로 유명하다.
※ 2 로베르(1946년 사망)에게는 아들 엘리(1917~2007)가 있는데, 이 사람도 와인(라피트) 양조로 유명하다.

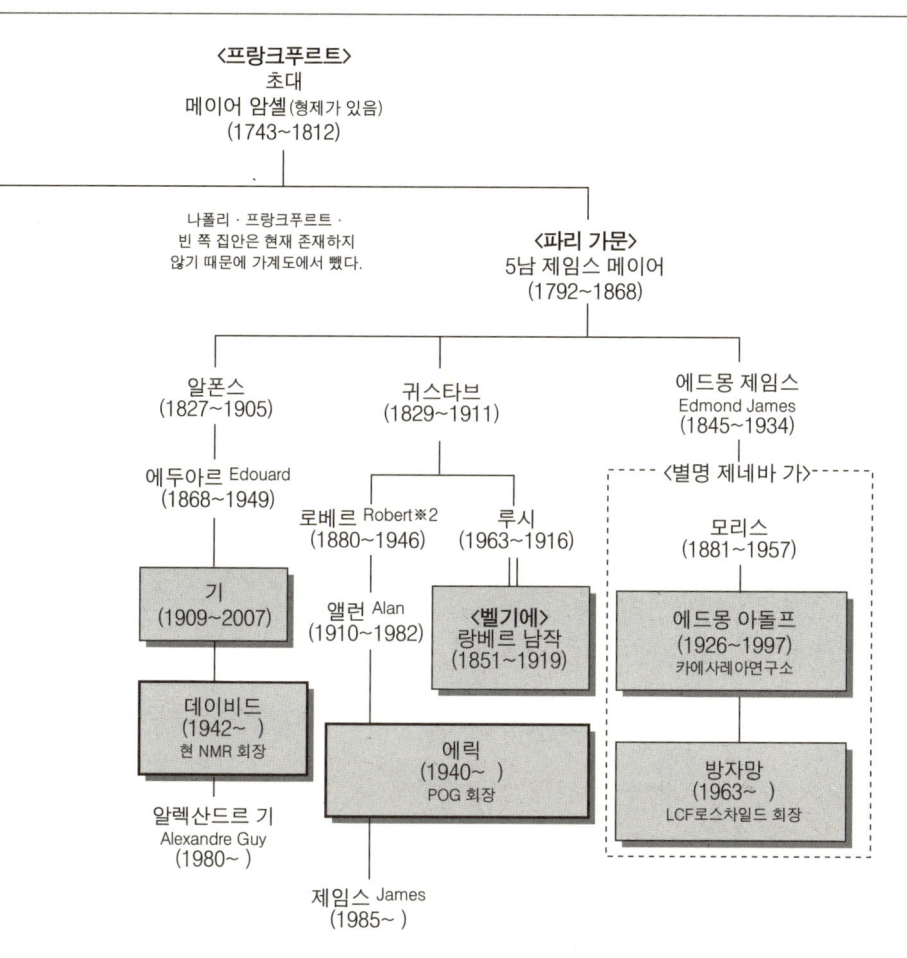

※ 사각형으로 에워싼 것은 이 책에 등장하는 인물이다.
※ =은 결혼관계다.
※ 자료 : 요코야마 산시로橫山三四郎의 《로스차일드 가문ロスチャイルド家》(강담사 현대신서), 니얼 퍼거슨의 《The House of Rothschild》를 참조하여 필자가 작성했다. 직무와 지위는 2007년 말 시점에서 확인한 것이다.

Emma Rothschild(옥스포드대학 교수, 유엔재단 이사), 캐서린 로스차일드Katherin Rothschild(에드먼드의 딸, 바클레이즈은행 회장인 마커스 애기어스의 처) 이렇게 여덟 명이다.

데이비드, 제이콥-나트 부자, 이블린과 린 부부에 대해서는 나중에 좀 더 상세하게 서술한다. 데이비드와 엠마는 모두 열심히 지구온난화 문제에 도전하고 있다는 공통점이 있다. 엠마와 결혼한 사람이 노벨경제학상을 받은 인도의 경제학자 아마르티아 센Amartya Sen이다. 초대 메이어 암셸을 '1세대'로 치면, 이들은 각각 6세대부터 8세대에 해당한다. 지금도 활발하게 활동하고 있는 쪽은 프랑스와 영국에 뿌리를 내린 '2세대' 제임스와 네이선의 자손들이다. 그리고 패밀리 총수의 자리에 있는 이가 현재 런던 NM로스차일드은행의 회장인 데이비드다. 그는 파리 가문 출신이면서 런던은행 회장을 맡고 있다. 사실 로스차일드 그룹은 2007년 7월 대대적인 조직재편을 했다. 이 가문의 은행 부문이 하나의 회사 아래 완전히 통합됐다.

파리 가문-기에서 데이비드로

데이비드는 파리 가문의 주인으로, 2007년에 아흔여덟 살로 세상을 떠난 기 드 로스차일드Guy de Rothschild의 아들이다. 데이비드는 영국 NM로스차일드은행NM Rothschild&Sons의 회장직 말고도 네덜란드의 ABN암로은행과 합작해서 결성한 투자자문advisory 부문인 'ABN암로 로스차일드'와의 인연으로 이 은행 경영자문위원회 멤버로도 참가했다(2007년 ABN이 영국 RBS에 흡수됨으로써 제휴는 해소됐다).

1909년생인 기는 파리 가문의 '4세대'(초대 메이어 암셸부터 치면 5세대)에 해당한다. 나치독일이 프랑스를 점령한 시절에는 나중에 프랑스 대통령이 되는 샤를 드골Charles De Gaulle과 함께 영국에 수립한 망명정부 '자유프랑스정부'에 참여한 인물이다. 전후에는 프랑스에 개선해 로스차일드의 프랑스 지부인 로스차일드형제은행Rothschild Freres을 재건했다. 여기서 일하고 있던 조르주 퐁피두Georges Pompidou(1911~1974)는 나중에 프랑스 총리와 대통령이 된 정치가인데, 그와 기는 친구 사이였다. 1953년부터 정계에 들어간 1958년까지 로스차일드은행에서 일하도록 권한 사람이 기다.

기는 전후에도 파리 가문의 중심인물로 활약했다. 그는 1976년 그룹 재편으로 파리 로스차일드의 중핵 지주회사가 된 노르Nord를 지배했다. 그리고 이 회사를 통해 자원개발회사들(패나로야, 르 니켈)과 해운(사가해운), 전기, 관광, 냉동체인, 건설회사를 보유했다. 이 가운데 자원 부문은 1974년에 다국적기업인 이메탈(2장에 등장한 GBL이 출자한 이메리스로 개칭)에 통합돼 구리와 아연, 니켈, 우라늄, 에메랄드 등을 채굴하는 종합비철금속기업이 됐다. 또 현재 세계 최대 비철기업인 리오 틴토에 파리 가문과 런던 가문이 공동으로 출자한 적도 있다.

기가 주도한 그룹 재편에 따라 형제은행은 주식회사이자 예금은행으로 개조됐으며, 1978년에는 노르도 가문의 은행인 뱅크 로스차일드Banque Rothschild에 흡수됐다. 하지만 1981년에 탄생한 프랑수아 미테랑François Mitterand 정권이 기간산업 국유화정책을 시행함에 따라 이 은행도 국유화되고 말았다. 미테랑의 정적 퐁피두의 전 고용주인 기에 대한 불만이 폭발한 형국이 된 것이다. 기는 이에 대해 '안녕 로스차일드'라는 문구를 앞세운 '공개서한'을 《르몽드》를 비롯한 구미신문에 발표하고 1983년에는 그 서한을 발전시킨 자서전(《로스차일드 자서전ロスチャイルド自伝》)을 출판한다. 그러다가 그는 미국에서 벌이는 가문의 사업을 돕기 위해 '망명'했다.

그러나 결과적으로 파리 가문은 이 국유화로 타격을 입지는 않았다. 왜냐하면 국유화할 때 정부는 보상금을 지불했고 가문은 국유화하기 조금 전에 다른 패밀리기업인 '파리 오를레앙 회사POG, Paris-Orleans Gestion'를 설립했기 때문이다. POG는 파리의 5세대인 데이비드와 에릭Eric이 만든 회사다. 회사 이름은 1830년 프랑스 '7월혁명' 때 1세대인 제임스가 오를레앙 공을 지지한 데서 유래했다고 한다. 이 POG를 기반으로 1984년에는 같은 이름의 은행을 설립하고 고객들을 그쪽으로 유도했다.

이 국유화정책을 담당하던 장관 가운데 한 사람이 파리 가문 출신의 다른 로스차일드의 스위스 소재 은행 콩파니에 피난시에레Companie Financiere의 이사였기 때문에 아무래도 정보가 사전에 누설된 듯하다. 또 그 시절은 오일쇼크 여파로 세계가 구조적 불황에 빠져 있었기 때문에 오히려 국유화 덕에 로스차일드가 큰 적자를 면할 수 있었던 게 아니냐는 시각도 있다. 물론 진상을 알 순 없지만 위기에 대응할 때 인맥과 네트워크가 위력을 발휘한다는 걸 보여주는 실례가 될 만한 얘기다. 기는 POG은행 설립 뒤 개선장군처럼 파리로 돌아갔다. 현재 이 은행은 'Rothschild & Cie Banque'라는 이름을 달고 있다.

런던 가문-뉴코트의 NM로스차일드은행

한편 런던 로스차일드 가문은 1970년대에 내분이 일어나 지금까지 여진이 계속되고 있다. 런던 금융가는 '더 시티The City'라고 하는데, 그 한쪽인 롬바드Lombard 가街에는 잉글랜드은행이 있고 부근에는 엘리자베스 여왕의 재무관이었던 토머스 그레셤이 시작한 왕립거래소가 있다. 그 복잡한 거리를 걸어가면 세인트 스위신St. Swithin 가라는 작은 골목이 나온다. 그곳에 서 있는 6층짜리 빌딩이 NM로스차일드은행(NM은 'Nathan Mayer'의 약칭이다)의 본점이다. 얼핏 봐서는 전혀 눈에 띄지 않는 건물인데, 대리석 벽면에 '뉴코트New Court'라는 글자가 씌어져 있는 것 말고는 은행 이름이 적힌 간판도 없다. 안으로 약간 걸어 들어가면 드디어 오른쪽 유리문에 가문의 심벌마크인, 패밀리의 '통합과 협조'를 나타내는 다섯 개의 화살 문장紋章이 그려져 있는 게 눈에 들어온다.

이 뉴코트에는 1919년부터 금값을 결정해온 '금값 정하는 방'이 있었다. 많은 유럽군주들의 초상이 걸려 있는 이 방에 하루 두 차례 금괴 딜러가 모여서 입찰형식으로 가격을 결정했다. 이 '의식'은 2004년에 폐지됐다. 뉴코트의 지금 주인인 데이비드가 금거래 분야 등의 상품거래 업무에서 철수하기로 결정했기 때문이다. 지금은 영국 바클레이즈Barclays은행이 주관사가 되어 다른 네 개 은행과 함께 전화로 가격을 결정하고 있다(네 개 은행은 캐나다의 스코시아 모카타Scotia Mocatta은행, 도이체방크, 영국의 HSBC(홍콩상하이은행), 프랑스의 소시에테 제네랄Societe General이다).

지금의 본사건물 신축(1962년)을 지휘했던 사람이 런던 4세대인 앤서니 귀스타브Anthony Gustav의 아들 이블린 로버트 드 로스차일드다. 새 회장 데이비드도 몇 년 뒤를 목표로 새로운 자사 빌딩을 같은 장소에 세울 계획이다. NM로스차일드의 역대 회장은 다음과 같다.

앤서니 귀스타브 드 로스차일드 → 에드먼드 드 로스차일드 → 빅터 로스차일드(1년 미만) → 이블린 로버트 드 로스차일드 → 데이비드 르네 제임스 로스차일드(현재)

5장 진화를 계속하는 21세기의 로스차일드 가문

이들 가운데 1916년생인 에드먼드는 아직 살아있으며, 대서양을 사이에 둔 미국·유럽 재계인 네트워크에서도 중요한 위치를 차지하고 있다. 그의 자서전은 일본에도 출판되어 있다(《로스차일드 자서전-풍요로운 인생 ロスチャイルド自伝—実り豊かな人生》).

에드먼드와 캐나다 재계의 관계

에드먼드는 2차 세계대전 전과 후에 걸쳐 은행 경영에 참가했고 전쟁이 끝나자 곧 주니어 파트너(공동경영자)로서의 기량을 연마하기 위해 미국 투자은행인 쿤 로브 상사와 개런티 트러스트Guaranty Trust에서 연수를 했다. 두 은행은 관계가 깊다. 마찬가지로 NM로스차일드도 독일에서 이주해온 유대계 워버그Warbug 가문에서 연수를 받았다. 이 워버그 가문의 한 사람인 지그문트Sigmund가 전후 SG워버그 증권을 설립한다. '연수제도'도 금융재벌들끼리의 중요한 인재교류 수단이다.

에드먼드의 경력을 얘기하려면 캐나다에서 벌인 개발사업인 '브링코'에 참여한 일을 언급해둘 필요가 있다. 캐나다 뉴펀들랜드의 주지사가 영국 총리 처칠한테 가서 목재·광산·전력개발 지원을 요청했을 때 처칠의 비서관 존 콜빌John Colville이 거론한 이름이 로스차일드였다. 존의 형제 데이비드 콜빌이 뉴코트에서 일하고 있었고 그는 패밀리 외부인사로는 처음으로 공동경영자가 됐다. 그 덕에 에드먼드는 숙부뻘인 앤서니 회장의 명을 받아 캐나다로 날아가 프로젝트에 참여했다. 그렇게 해서 시작된 것이 수력발전 프로젝트 '브리티시 뉴펀들랜드 디벨롭먼트 코퍼레이션British Newfoundland Development Corporation(줄여서 브링코)'다. '처칠의 폭포' 프로젝트라는 별명을 갖고 있다. 브링코에는 그밖에도 남아프리카공화국의 앵글로 아메리칸Anglo American과 리오 틴토 등이 참가했다.

캐나다와 로스차일드의 관계가 본격화한 데는 이 브링코 프로젝트에 참가한 것이 계기가 됐다. 이것을 현지에서 지휘한 에드먼드는 캐나다 재계의 거물이며 파워 코퍼레이션 사장을 역임한 뒤 유엔 관련 업무를 한 '환경파' 모리스 스트롱(2장 참조)과도 교우관계를 맺었다.

그 뒤 스트롱이 리더십을 발휘한 '지구정상회의'가 이른바 '지구온난화 문제' 해결을 꾀한 '교토의정서' 채택으로 연결되는데, 두 사람은 그 전 단계로 열린 환경회의 '월드 와일드니스 콩그레스WWC, World Wilderness Congress' 제4회 대회(1987년 콜로라도 주 덴버)에도 참석했다. 그 대회에는 데이비드 로스차일드와 베이커 전 미국 재무장관도 참석했다. 거기서 에드먼드는 '환경보호와 지속가능한 경제발전'이라는 주제로 강연했다. 그것은 환경보호와 비즈니스를 결부시킨 선구적인 연설이라 할 수 있다. 그들의 '준비작업'은 그처럼 빨랐다.

참고로 덧붙이면, 에드먼드의 여동생 나오미Naomi 로스차일드는 원자력의 평화적 이용을 추구하는 유엔기관인 IAEA(국제원자력기구) 이사장을 지낸 베르트랑 골드슈미트Bertand Goldschmidt와 결혼했다.

이블린과 제이콥의 불화

그리고 에드먼드 다음으로 회장에 취임한 사람이 전 회장인 이블린이다. 이블린은 1976년 회장에 취임해 2003년에 물러날 때까지 27년간 그 자리에 앉아 있었다. 이블린이 회장이었던 시절 일어난 일은, 은행에 대한 이블린과 제이콥의 경영방침 차이에서 비롯된 런던 가문 내부의 노선 대립이었다.

원래부터 제이콥과 이블린은 대조적인 길을 걸어왔다. 로스차일드 가문의 멤버는 보통 해로학교Harrow School에서 캠브리지대학에 진학하지만, 제이콥은 이튼교Eaton College에서 옥스퍼드대학으로 진학했다. 이블린이 경제학을 공부하던 중 퇴학하고 은행에 들어간 데 비해 제이콥은 역사학을 배웠다. 제이콥은 에드먼드처럼 해외연수에도 적극적이었다. 그의 경우는 연수라고 하기보다는 실전에 대응하기 위한 실지實地훈련이었다. 런던 시티, 뉴욕의 모건 스탠리Morgan Stanley에서 수년간 공부한 뒤 1963년 NM로스차일드의 파트너가 됐다.

제이콥은 빅터의 아들로 런던 남작가문의 4대째 주인인 귀족이고, 그에 비해 이블린은 기사 칭호를 받긴 했지만 남작은 아니다. 형식적으로는 제이콥이 런던 로스차일드의 주인으로 격상됐다. 하지만 가문의 은행인 NM로스차일드의 우두머리가 된 사람은 제이콥이 아니었다. 남작인 빅터가 아니라 앤서니가 이 은행의 지배주주가 된 것이 원인으로 작용했다. 지분비율은 앤서니계가 60퍼센트, 제이콥계는 20퍼센트였다.

게다가 경영 면에서도 이블린과 제이콥의 의견은 대립했다. 단순하게 말하면, 제이콥은 가문 내에서만이 아니라 좀더 외부의 피를 받아들이고 싶었다. 구체적으로 말한다면, 그는 1970년대 중반 무렵부터 뉴코트를 SG 워버그 증권과 합병하려는 계획을 갖고 있었다. 앞서 말한 바와 같이 워버그는 원래 연수제도를 통해 인재 왕래가 있는 관계다. 하지만 이블린은 이에 대해 완강하게 반대하며 패밀리 비즈니스 모델을 고수했고, 제이콥의 아버지 빅터를 포함한 다른 멤버들도 이에 동조했다.

결과적으로는 지금도 이블린의 순혈 노선이 지지를 받고 있다. 가문은 영국과 프랑스의 은행 부문을 통합하고 스위스에 지주회사를 설립함으로써 패밀리의 결속과 조화를 확보하는 길을 선택했다. 이블린이 그렇게 한 이유는 다른 패밀리의 운명을 잘 알고 있었기 때문이다. 예컨대 전통 있는 은행인 라자르 프레르는 외부의 은행가를 최고경영자로 불러들였다가 가문의 지배권을 상실하고 상장한 뒤 공개회사가 됐다. 이블린은 로스차일드가 일단 외부에 대량의 주식을 방출하거나 외부에서 경영자를 영입하면 결국 라자르와 같은 공개회사로 '일반 주주들이 보유하는 회사'로서의 운명을 걷게 될 것으로 우려했던 것이다.

두 사람의 반목은 감정적인 대립으로까지 발전했다. 그 때문에 빅터가 두 사람 사이를 중재하겠다는 의도로 뉴코트에 자주 들렀으나 결국 두 사람 사이는 개선되지 않았고, 빅터는 잠시 회장직을 맡았다가 그 자리를 이블린에게 넘겨준 뒤 자신은 스위스 가문의 지주회사 회장 자리로 물러나고 말았다. 결국 제이콥은 1961년에 설립돼 그가 실질적으로 운영해온 자회사(로스차일드 투자신탁)의 경영에 전념하게 됐다. 그 뒤 1980년에 뉴코트에서 추방당하고 만다.

제이콥의 RIT와 이블린의 패밀리 비즈니스

제이콥은 지금도 11퍼센트 전후의 가족 지주회사 주식을 보유하고 있으나 런던 가문 비즈니스와는 별도의 금융회사를 설립해 활동하고 있다. 그 회사가 RIT캐피털 파트너스(이하 RIT)다. 그는 자신이 RIT 회장을 맡아 다수의 사외이사들을 끌어들였다. 그는 미국의 투자자 워렌 버핏이나 캘리포니아 주지사 슈워제네거Arnold Shwarzenegger와도 교류하며, 루퍼트 머독Rupert Murdoch의 뉴스 코퍼레이션News Corporation 계열회사인 B스카이BBritish Sky Broadcasting의 사외이사도 맡고 있다. 머독이 지배하는 뉴스회사 이사진에 앤드류 나이트Andrew Knight라는 인물이 있는데, 그는 RIT의 사외이사이기도 하다. 이처럼 제이콥과 머독의 관계는 깊다. 또 제이콥은 투자은행가였던 제임스 울펜슨James Wolfensohn(전 세계은행 총재)과 함께 투자회사를 설립한 적도 있다.

RIT 이사회에 2007년까지는 랑베르 가문(1장 참조)의 필립 랑베르Philip Lambert도 참석했다. 최근 랑베르 대신 들어온 사람이 이탈리아 자동차 제조업체 피아트의 창업자 아녜리Agnelli 가문 사람을 조부로 둔 존 엘칸John Elkann(1976~)이다. 엘칸은 현재 피아트의 부회장으로, 이 회사의 경영을 혁신했다는 평가를 받고 있고 빌더버그에도 정기적으로 초청받고 있다. 뒤에서 이야기하겠지만 RIT는 현재 진행 중인 유럽 은행 재편작업에서 중요한 부분을 담당하고 있다. 제이콥은 이밖에도 런던의 중소 규모 회사들을 대상으로 투자하는 프라이비트 에퀴티PE, Private Equity Fund 투자사업조합을 CVC캐피털이나 페르미나와 같은 대형 PE펀드와 손잡고 설립했다.

이블린은 철저히 '패밀리 비즈니스'형 인간이지만, 그의 다른 주요경력으로는 1972년부터 1989년까지 잡지《이코노미스트》회장을, 1977년부터 1994년까지 다이아몬드회사 드 비어스De Beers의 회장을 각각 역임했다.

이 가운데《이코노미스트》는 로스차일드 가문 등의 개인 주주가 50퍼센트, 나머지 절반을 영국의 교과서 출판사인 피어슨Pearson이 보유하고 있는 경제지다. 역대 편집장으로는 잉글랜드은행에 대한 고전적 저작《롬바드가Lombard Street》의 저자 월터 배지헛Water Bagehot 경과 일본에서도 친숙한 빌 에머트Bill Emott 등이 있다. 피어슨이 발행하는 경제신문《파이낸셜 타임스》는 《이코노미스트》와 기자 교류를 하고 있고 내용상으로도 상당히 닮은 면이 있다. 게다가 매년 빌더버그회의에 《이코노미스트》에서는 두 명의 기자가, 《파이낸셜 타임스》에서는 논설위원장인 전 세계은행 이코노미스트 마틴 울프Martin Wolf가 파견된다. 《이코노미스트》를 전 세계 경영진이 애독하고 있는 것은 이 잡지에 로스차일드의 자본과 그 정보 네트워크가 반영되어 있기 때문이다. 또 드 비어스는 세계적으로 유명한 다이아몬드 기업이다. 주식의 45퍼센트는 자원채굴 사업을 광범위하게 벌이고 있는 기업인 앵글로 아메리칸 PLC가 보유하고 있다. 지금은 데이비드가 계속 이사를 맡고 있다.

이블린과 미국 록펠러 재벌의 주인인 데이비드 록펠러는 개인적인 교제를 맺고 있는데, 록펠러의 참모였던 키신저 전 미국 국무장관은 이블린에게 지금 그의 아내가 된 여성을 1998년 스코틀랜드에서 열린 빌더버그 회의에서 소개해주었다.[9] 그 여성이 2002년부터 지금까지 《이코노미스트》 이사를 맡고 있는 린 포레스터 로스차일드다. 린은 원래 뉴저지 주 출신 여성기업가로, 휴대통신회사 퍼스트마크 커뮤니케이션즈 유럽FistMark Communications Europe을 설립했다(지금은 해산됐다). 이 회사 설립에는 키신저와 라자르 프레르의 버넌 조던이 협력했다. 또 1993년 빌 클린턴 대통령의 정치 프로젝트에 참가한 것이 계기가 되어 클린턴 일가와도 가까워져 네트워크를 한층 넓혔다. 이블린과 결혼식을 올린 뒤 워싱턴에서도 클린턴 대통령 부부와 미국 상원의원 대니얼 모이니헌Daniel Moynihan이 주최한 파

---

9   이블린 로스차일드 자신은 좀처럼 빌더버그회의에 참석하지 않는데, 예컨대 프랑코 바나비라는 인물이 로스차일드 대표로 매년 참석하고 있다. 그는 로스차일드 유럽의 부회장, 중국의 석유 메이저인 페트로 차이나(시가총액으로 2007년에 엑슨 모빌을 능가한 적도 있다)의 이사, 텔레콤 이탈리아의 회장 등을 맡고 있다.

티가 열려 '레이디 로스차일드'의 탄생을 축하했다고 한다.

현재(2007년) 레이디 로스차일드는 힐러리 클린턴의 대통령 선거운동 자금원 역할도 하고 개인적으로도 열렬한 서포터가 됐다는 소식이 전해진다. 린은 이밖에 미국 화장품 생산업체 에스티 로더Estee Lauder의 이사이며, 이블린과 함께 인도의 통신업체 바티 엔터프라이즈Bharti Enterprise와 합작해 식품사업에도 진출했다.

영국-프랑스 통합을 완수하고
스위스로 본거지를 옮기다

지금까지가 현재 런던과 파리의 로스차일드 가문 주요 멤버들의 활동 내용이다. 그리고 앞에서도 언급했듯, 가문은 2007년에 대대적인 조직개편을 단행했다. 19세기 초에 로스차일드 다섯 형제가 유럽 각지에서 독자적으로 은행을 설립한 이래 처음으로 가문의 은행 부문을 완전히 통합한 것이다.

이 통합의 결과, 파리 가문의 지주회사로 앞서 얘기한 POG(회장은 에릭, 부회장은 데이비드)가 은행 지주회사인 네덜란드 국적의 콩코르디아 BVConcordia BV를 100퍼센트 지배하게 됐다. 이 회사 산하에 스위스에 있는 콩코르디아AG, 로스차일드 컨티뉴에이션 홀딩스AG RCH, Rothschild Continuation Holdings가 늘어서 있는 모양새다(그림 5-2 참조).

통합을 향한 움직임은 기의 시대부터 추진됐다. 1968년에 그가 뉴코트 이사를 겸임했고 런던의 이블린도 파리로 가는 등 2차 세계대전 뒤 영국-프랑스 은행 부문에서 움직임이 있었다. 그런 한편 가문은 1947년 스위스

[그림 5-2] 2007년 발표된 로스차일드 그룹의 조직구성

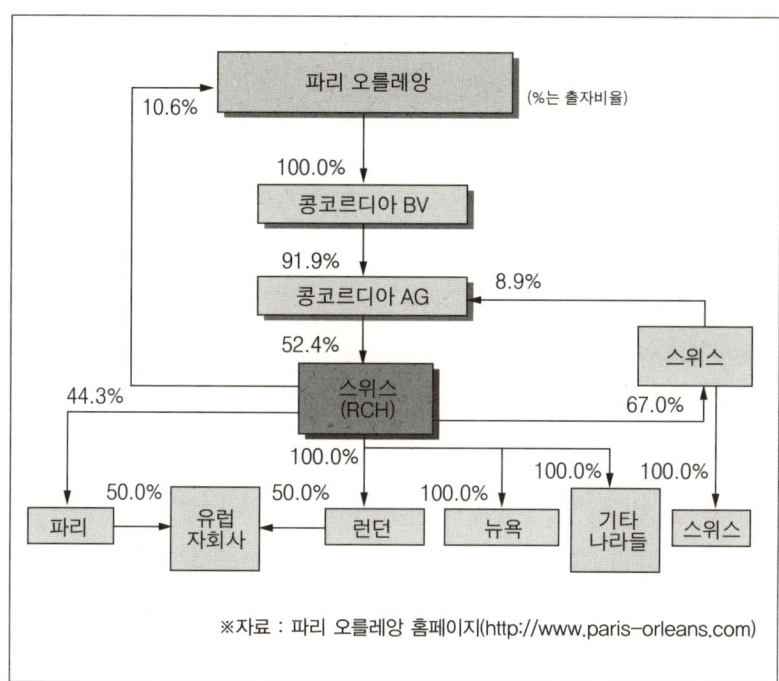

※자료 : 파리 오를레앙 홈페이지(http://www.paris-orleans.com)

에 RCH를 설립하고 NM로스차일드를 주식 비공개의 자회사로 만들었다. RCH의 컨티뉴에이션이라는 이름에는 가문의 가족은행이 영원히 이어지기를 바라는 원망願望이 깃들어 있다. 한편 '콩코르디아'란 일가의 가훈이기도 한 '통합과 협조'를 의미하는 말이다.

2004년에는 앞서 이야기한 대로 금을 비롯한 상품거래 부문에서 철수한 이 은행은 현재 투자은행 부문과 상업은행 부문을 기둥 삼아 활동하고 있는데, 유럽의 M&A자문 업무에서는 매년 수위의 자리를 지키고 있다.

북미사업 쪽의 로스차일드Rothschild Inc.는 라자르 프레르 출신 은행가 제럴드 로젠펠드Gerald Rosenfeld 부회장 등이 지휘하고 있다. 또 이 회사의 회장은 레이먼드 스미스Raymond Smith인데, 그는 록펠러 재단의 이사회 멤

버이기도 하다. 스위스의 프라이비트(프리베)방크Private Bank는 제네바와 루가노에 있고, 파리 가문의 흐름을 좌우하는 모리스Maurice, 에드몽Edmond, 방자망Benjamin의 '제네바 가문'이 경영해왔다. 현 회장인 방자망은 LCF(금융회사) 로스차일드의 회장이기도 하다. 아시아에서는 베이징, 홍콩 등 열 곳에 거점을 두고 있는데, 도쿄 오피스Rothschild Japan KK는 테이코쿠帝國 호텔 안에 있다.

로스차일드 관계자가 다수 관여하고 있는 ABN암로 매수극

지금까지 로스차일드그룹의 모습과 인맥을 살펴보았다. 이제부터는 2007년 유럽에서 일어난 거대 금융기관 ABN암로은행 매수극에 대해 얘기해보겠다. 여기에는 로스차일드라는 이름이 숨어 있다. 이 일에 관해 자세히 전한 것은 한 신문기사('For Hedge Funds, Hunting In Packs Pays Dividends', 《Wall Street Journal》, 2007년 9월 19일)였다.

2007년 2월 말, 런던에 본거지를 둔 헤지펀드가 당시 ABN암로은행의 CEO 라이크만 그로닝크Rijkman Groeninck과 아서 마르티네스Arthur Martinez 회장 앞으로 보낸 한 통의 편지로 매수극의 막이 올랐다. 이 편지는 ABN암로의 경영진이 "가혹한 짓을 하고 있다"고 비판하면서 은행을 분할하든지 매각해야 한다고 주장했다.

이 편지의 발송인 이름은 크리스토퍼 혼Christopher Hohn. 그는 더 칠드런 인베스트먼트 펀드TCI, The Children Investment Fund를 운영하고 있었는데, 그의 펀드는 수익 15퍼센트를 세계의 가난한 어린이들을 지원하는 단체에 기부한다는 것을 전면에 내세우고 있었다(그런데 TCI가 기부하는 재단을 운영하고 있는 것은 그의 처다). TCI는 일본에서도 무라카미 펀드 등으로 화제가 된 '큰손 주주'다. 일본에서도 전력개발주식회사의 주주로서 경영진에 대해 이런저런 요구를 계속하고 있다.

그리고 나서 1개월 뒤인 3월, 영국의 3위 은행인 바클레이즈가 ABN암로에 주식교환을 중심으로 850억 달러 규모의 우호적 매수를 제안했다는 보도가 나왔다. 2년 전에도 바클레이즈가 매수를 제안했으나 결렬된 적이 있었다. 남미 등에 셰어를 갖고 있고 옛 네덜란드 식민지에도 영향력을 발휘하고 있는 ABN암로를 매수하는 것은 매력적인 일이다. 신문은 암로의 주식 약 1퍼센트를 가진 영국의 헤지펀드 TCI가 합병과 조직재편을 요구하며 압력을 가하고 있으며, 바클레이즈는 헤지펀드의 움직임에 대항해 ABN암로에 우호적 매수를 제안한 것이라고 분석했다.

그다음 움직임은 1개월 뒤 포착됐다. ABN암로를 노리는 또 다른 군단이 나타난 것이다. 바클레이즈의 제안에 대해 카운터 비드counter bid(대항제안)를 꺼내놓은 것은 영국은행 로열 뱅크 오브 스코틀랜드RBS, Royal Bank of Scotland, 벨기에·네덜란드 은행인 포르티스Fortis, 스페인·남미의 산탄데르 은행Banco Santander 등이었다. 이들 세 개 은행이 결성한 컨소시엄은 전통 있는 ABN암로를 3분할하자는 제안을 내놨다.

이 매수극에는 하나의 노획물을 둘러싸고 영국 은행 둘, 벨기에 은행 하나, 스페인 은행 하나 등 모두 네 개 은행이 달려들었다. TCI는 '매수나 분할'을 요구했다. TCI는 헤지펀드로서 투자자의 이익(가장 높은 판매가)이 되는 매수 제안을 지지하는 듯이 보였다.

ABN암로는 1964년에 탄생한 네덜란드 국내 은행인 ABN Algemeine Bank Netherland(알게마이네 방크 네덜란드)과 암로은행이 1991년에 합병해서 만든 거대은행으로, ABN의 원류는 나폴레옹전쟁 직후인 1824년까지 거슬러 올라간다. 또 한쪽인 '암로AMRO'는 암스테르담Amsterdam은행과 로테르담Rotterdam은행이 역시 같은 1964년 합병해서 만든 은행이다. ABN암로는 브라질의 방코 레알Banco Real을 산하에 두고 있으며, 2005년에는 이탈리아의 안톤베네타Antonveneta은행을 82억 유로에 매수하는 등 거대은행화하고 있었는데 그것을 펀드가 노린 것이다.

그리고 중요한 것은 세 개 은행연합 모두에 빌더버거가 있었다는 점이다. 빌더버그회의의 과거 참가자 리스트에는 피터 서덜랜드Peter Sutherland(1946~), 모리스 리펜스Maurice Lippens(1943~), 마티아스 로드리게스Mathias Rodriges 등 세 명의 이름이 들어 있는데, 세 사람은 각기 RBS, 포르티스, 산탄데르 관계자들이다. 2002년에는 ABN암로의 그로닝크도 빌더버그에 참석했다.

RBS는 2002년에 내셔널 웨스트민스터 은행을 매수해 현재 영국에서는 로이드 TSBLloyds TSB, HSBC와 바클레이즈에 버금가는 거대은행이 됐다. 이사회에는 이전부터 아일랜드 재계의 거물인 서덜랜드가 참석하고 있다. 그는 GATT(관세 및 무역에 관한 일반협정)와 WTO(세계무역기구) 사무국장을 역임했고 지금은 GS의 유럽 부문(골드먼삭스 인터내셔널) 회장과 영국의 석유 메이저 BP의 회장도 맡고 있다. 또 아일랜드의 AIBAllied Irish Bank 회장과 아일랜드 주요기업인 기네스Guiness의 관련 회사 이사도 맡고 있고 바티칸 고문이기도 하다. 아일랜드 재계의 최고 권력자이면서 가톨릭계 키퍼슨이다.

또 포르티스 현 회장인 리펜스 백작은 화학약품 생산업체 솔베이Solvay를 지배하는 얀센Jansen 가문, 빌더버그 명예의장 다비뇽 자작과 더불어 벨기에 재계 톱서클에 속하는 인물이다.

거의 해마다 빌더버그회의에 참석하고 있는 마티아스 로드리게스는 산탄데르(산탄데르 센트랄 히스파노)의 부회장이다. 1857년 창립된 이 은행의 회장을 오래 역임한 사람은 에밀리오 보틴Emilio Botin(1934~)이다. 그의 가문은 4대에 걸쳐 스페인에서 은행업을 운영해왔으며, 그는《포브스》부호 리스트에서 세계 432위(22억 달러)의 개인재산을 지닌 스페인 재계의 최고장로다(산탄데르의 사외이사진에는 LVMH 부회장도 맡고 있는 베른하임(1장 참조)도 포함되어 있다).

이 3자 컨소시엄이 ABN암로의 분할을 제안했는데, 또 여기에 제이콥, 나트라는 로스차일드 부자父子가 끼어든다. 제이콥이 이전에 신생은행에 출자했을 때 리플우드의 티모시 콜린스Timothy Collins와 나란히 매수를 주도한, 지금의 신생은행 최대 주주인 전 GS의 크리스토퍼 플라워즈Christopher Flowers(799위, 12억 달러)도 ABN암로 매수극에 관여한 것으로 보도됐다. 신생은행에는 산탄데르의 보틴도 사외이사로 참가했다.

여기서 로스차일드 부자의 이름이 등장하는 것은 TCI의 크리스토퍼 혼이 앞서 얘기한 제이콥의 투자회사 RIT의 이사회 멤버였기 때문이다. 또 RIT 이사회에는 나트도 참가하고 있다. 나트가 공동대표를 맡고 있는 회사가 영국과 미국에 사무소를 두고 있는 헤지펀드 애티커스 캐피털Atticus Capital인데, RIT 이사진에는 애티커스의 또 한 사람의 대표도 있었다. 젊은 나트에게 은행 비즈니스 기초를 가르친 인물이다.

그리고《월스트리트 저널》이 보도한 바와 같이 TCI와 애티커스는 과거 '할 말 하는 주주'로서 공동행동을 취해왔다. 그것은 독일증권거래소가 2005년에 런던증권거래소LSE를 매수하려 했을 때의 일로, 두 헤지펀드는 독일증권거래소 주식을 취득하고 경영진에 압력을 가해 그들을 퇴출시켰다. 독일 재무장관이 투자펀드를 '메뚜기 떼'라며 격렬히 비판한 것은 이 두 펀드의 행위를 두고 한 이야기였다. 2006년 5월《the steet.com》기사에 따르면 애티커스는 독일증권거래소(5퍼센트) 외에 뉴욕증권거래소(6퍼센트), 유로넥스트(9퍼센트) 등 대형 증권거래소의 주요 주주가 됐다. 뉴욕증권거래소와 유로넥스트는 결국 합병해서 대서양 양안을 아우르는 거대 증권거래소가 됐다.

또 세계 최강의 거대 철강회사 아르셀로 미탈Arcelor-Mittal이 탄생한 배경에도 애티커스의 움직임이 있었다. 룩셈부르크의 철강업체였던 아르셀로의 주주로서 인도 미탈의 매수 제안을 받아들이도록 촉구한 게 애티커스였다고 한다. 현재 아르셀로 미탈의 이사회에는 프랑수아 앙리 피노(1장)와 수에즈 이사 장 피에르 한센Jean Pierre Hansen 등 다채로운 얼굴들이 포진해 있는데, 미탈에 매수당한 철강회사 ISG 이사였던 투자자 윌버 로스Wilber Ross(799위, 12억 달러)도 현재 미탈 이사회의 핵심 멤버다. 로스는 전에 미국의 로스차일드은행에서 일한 적이 있다.

애티커스의 회장 나트와 캐나다 회사 배릭의 관계는 2장에서 서술했지만 이 펀드는 구리생산업체 펠프스 닷지Phelps Dodge와 금생산회사 프리포트 맥머런Freeport McMoRan의 합병을 두 회사 대주주로서 주도했다.

나트는 아버지 제이콥과 마찬가지로 이튼, 옥스퍼드 출신이다. 그가 옥스퍼드에 재학 중이던 1992년에 찍은 사진이 영국의 대중지 《데일리 미러Daily Mirror》에 실렸는데, 그 동창생 사진 속에는 야당인 보수당의 '그림자내각 재무장관' 조지 오즈본George Osborne도 있었다. 다른 기사는 그가 옥스퍼드대학의 '브린턴클럽'에 소속되어 있었다고 전했다. 보수당의 데이비드 캐머런David Cameron 당수도 이 클럽의 선배다. 나트는 할리우드의 여배우 나탈리 포트먼과 교제하고 있는 장면이 사진에 찍히는 등 영국 석간지들이 즐겨 싣는 스타이기도 하다.

나트와 공동행동을 취한 TCI의 혼은 비판을 받고 RIT 이사진에서 빠졌다. 두 펀드가 공동행동을 취할 때는 미리 그 사실을 공개적으로 알리도록 요구하고 있는 것이다. 그러나 《월스트리트 저널》에 따르면, 그는 비판 내용에 대해 "두 펀드는 어디까지나 독립적으로 행동하고 있다"며 부인했다.

하지만 두 펀드가 '공동행동'을 취한 것으로 여겨질 수밖에 없는 면이 있다. TCI가 ABN암로에 편지를 보내고 나서 몇 개월이 지난 뒤 바클레이즈가 ABN암로에 매수 제안을 했는데 그 바클레이즈의 주주가 애티커스(1퍼센트)였음이 드러났다. 애티커스는 바클레이즈에 대해 매수 제안을 받아들이도록 요망했는데, 이런 주장은 TCI의 분할 제안에 따른 것이었다는 의심을 샀던 것이다. 게다가 바클레이즈의 현 회장인 마커스 애기어스Marcus Agius(1946~)는 로스차일드 가문의 에드먼드의 딸 캐서린과 나트가 태어난 1971년에 결혼해서 패밀리가 됐다. ABN암로의 경영자문위원회 멤버에 NM로스차일드 회장 데이비드가 들어 있다는 것은 이미 이야기했다.

ABN암로를 둘러싼 매수극은 2007년 10월 5일 RBS를 포함한 은행 3사 컨소시엄이 ABN암로 주주의 지지를 얻어 정식 매수하는 것으로 결판이 났다. ABN암로는 우선 3사가 공동출자하는 RBS의 자회사 산하에 두기로 했다. 정식으로 분할이 완료될 때까지 3년 정도 걸릴 것으로 보인다. 이로써 1824년부터 합병에 합병을 거듭하며 비대해진 ABN암로의 역사는 종지부를 찍게 됐다.

이 ABN암로의 매수 안건에도 '로스차일드'라는 이름이 등장하는 것은 우연이 아니다. 이런 사례들을 보고 있으면 로스차일드가 지금도 여전히 "유럽 경제의 이면을 지배하고 있다"는 이야기에 현실감이 느껴진다. ABN암로를 둘러싼 매수극의 키퍼슨(주요인물)은 [그림 5-3]과 같다.

또 제이콥, 나트 부자는 미국에서도 활발하게 활동하고 있다. 제이콥은 2007년 7월 미국 유수의 투자펀드 블랙스톤그룹BSG, Blackstone Group 이사

[그림 5-3] ABN암로은행 매수극에서 바클레이즈은행과 은행 3사 컨소시엄 배후에 있는 로스차일드

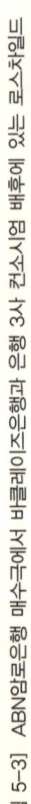

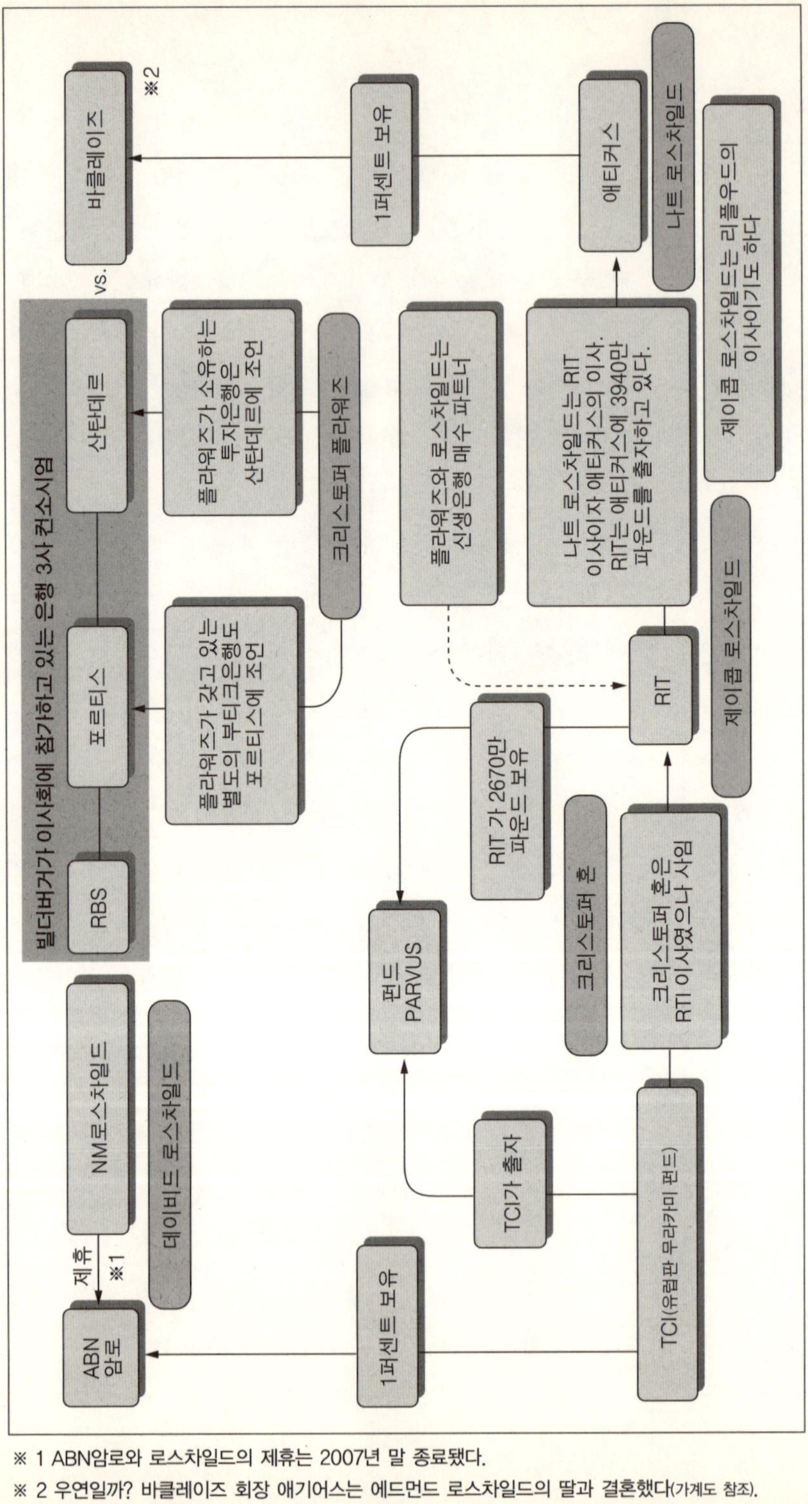

※ 1 ABN암로와 로스차일드의 제휴는 2007년 말 종료됐다.
※ 2 우연일까? 바클레이즈 회장 애기어스는 에드먼드 로스차일드의 딸과 결혼했다(가계도 참조).

* 자료 : 《데일리 텔레그래프Daily Telegraph》 2007년 7월 4일 기사를 토대로 필자가 작성했다.

로 초빙받았다(7장 참조). 또 나트는 미국의 싱크탱크 브루킹스연구소 Brookings Institution의 자문위원회 멤버이기도 하다. 런던 시티와 뉴욕 월스트리트라는 세계금융 중심지를 누비고 다니는 제이콥, 나트 부자가 앞으로 어떻게 활동할지, 스위스에 거점을 둔 일족의 패밀리 비즈니스는 어떻게 전개되어갈지, 로스차일드의 향후 동향이 주목된다.

시티를 지배하는 것이 로스차일드라면, 월스트리트를 지배하는 것은 록펠러라는 얘기는 일본에서도 오래전부터 해왔다. 다음 장에서는 20세기의 역사를 뉴욕에서 조망해보기로 하자.

5장 _ 참고문헌

- 《로스차일드-부와 권력 이야기ロスチャイルドー富と権力の物語》(하)(데릭 윌슨 지음, 本橋たまき 옮김, 新潮文庫)
- 《로스차일드 가-유대 국제 재벌의 흥망ロスチャイルド家ーユダヤ国際財閥の興亡》(横山三四郎 지음, 講談社現代新書)
- 《국제 재벌의 전략国際財閥の戦略》(井上隆一郎 지음, 다이아몬드사)
- 《세계를 움직이는 거대재벌世界を動かす巨大財閥》(久保巌 지음, 駸マ堂出版)
- 《로스차일드 자서전ロスチャイルド自伝》(기 드 로스차일드 지음, 酒井傳六 옮김, 新潮社)
- 《로스차일드 자서전-풍요로운 인생ロスチャイルド自伝ー実り豊かな人生》(에드먼드 드 로스차일드 지음, 古川修 옮김, 中央公論新社)
- 《다이너스티-기업 번영과 쇠망의 운명을 가르는 것은ダイナスティー企業の繁栄と衰亡の命運を分けるものは》(데이비드 랜디스 지음, 中谷和男 옮김, PHP 연구소)
- 《붉은 방패赤い楯》(하)(広瀬隆 지음, 集英社)
- 《지구온난화 서바이벌 핸드북地球温暖化サバイバルハンドブック》(데이비드 드 로스차일드 지음, 랜덤하우스講談社)
- 《The House of Rothschild: The World's Banker 1849~1998》(Niall Ferguson, Penguin Books).
- 'George Hunt: UN UNCED Earth Summit 1992' (구글 video 동영상)
- World Wilderness Congress(http://www.8wwc.org)

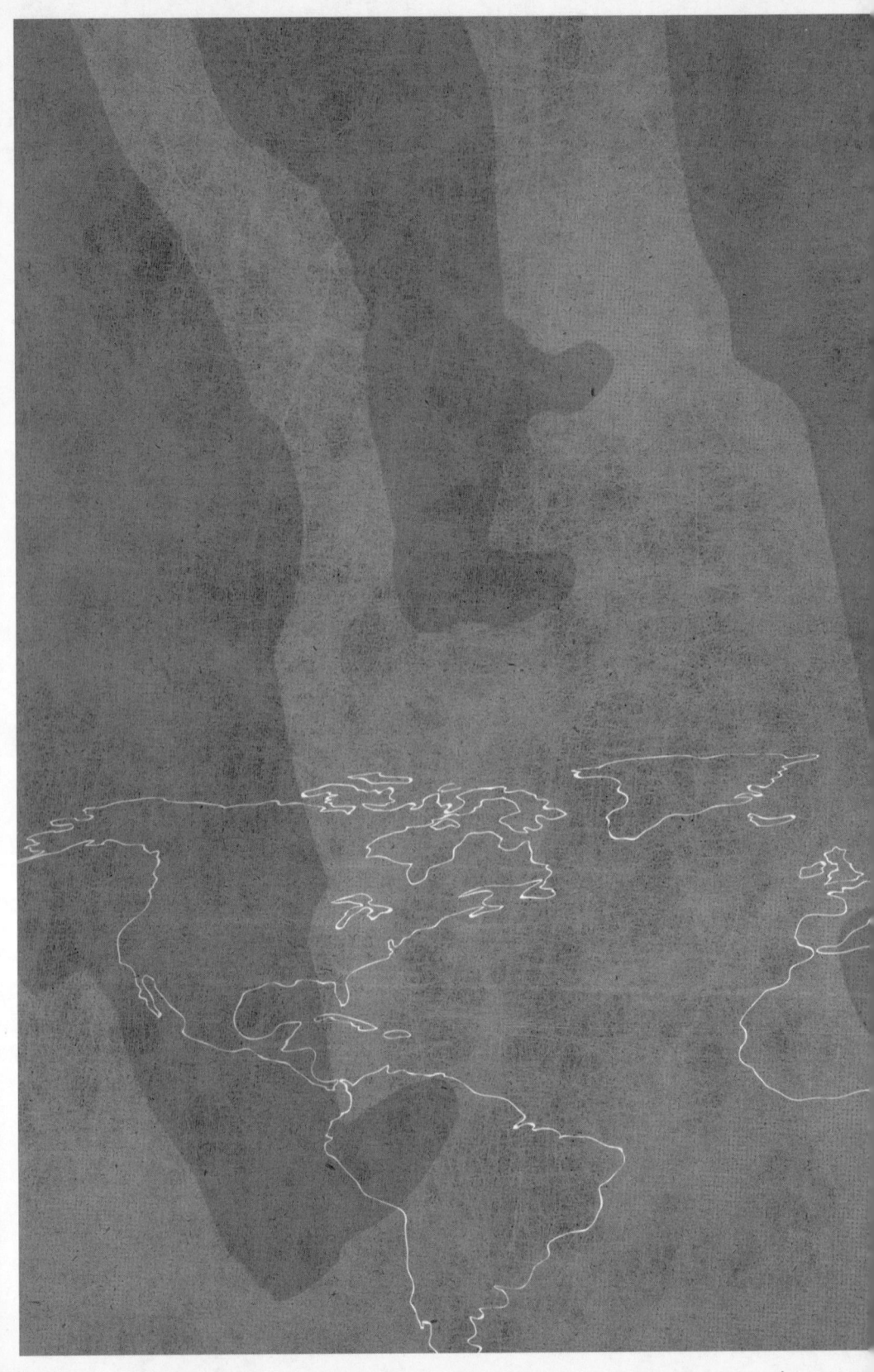

6장

세계를 하나로 통합하려 한 록펠러 가문

세계를 하나로 통합하려 한 록펠러 가문

록펠러 가문의 출신

2007년 11월 록펠러 가문의 현 주인으로 체이스 맨해튼 뱅크Chase Manhattan Bank의 전 은행장 데이비드 록펠러David Rochkefeller(1915~)가 일본을 방문했다. 공식적으로는 일본어판 자서전의 출판을 기념하는 이벤트에 참석하기 위한 것이었지만, 같은 시기에 시티그룹Citigroup이 주택론(대부) 채권 중 신용도가 낮은 대출자(즉 하층백인이나 히스패닉)를 대상으로 하는 '서브프라임론Subprime Loan'[10]의 회수불능 상태가 심각해져 막대한 손실

---

10   비우량 주택담보 대출을 말한다. 갚을 능력이 없는 저소득자들에게 집을 담보로 무더기 대출을 해주고 그 채권을 파생금융상품화해 그 몇 배의 액면가를 지닌 증권으로 부풀려 거래하면서 금융회사들이 막대한 이익을 올렸으나 미국 주택경기 하락으로 담보주택 가격이 내려가고 대출상환 능력이 떨어지면서 파생금융상품들이 연쇄적으로 부실화되면서 대출은행을 비롯해 거래에 가담했던 금융회사들도 무더기로 파산위기에 내몰렸다. 2007년 가을부터 가시화하기 시작한 서브프라임론 부실화는 결국 2008년 미국발 세계금융위기로 이어졌고, 전 세계적인 실물경제 위축으로 확대되어 100년 만에 가장 심각하다는 세계경제의 전면적인 불황과 위기를 초래했다._옮긴이

을 내고 있던 상황이기도 해서, 일본 금융계에서는 그의 방문을 미국 시티 은행의 경영 상황과 연결 지어서 보는 경향도 있었다.

록펠러 가문의 자산에 관한 최근 데이터로는 《포브스》가 2002년에 공표한 조사결과가 있다. 이 조사에 따르면 록펠러 패밀리는 전부 약 200명 정도라고 한다. 자산총액으로는 85억 달러. 좀 적다는 느낌도 들지만, 앞장에서 말했다시피 여기에는 가문이 지배하는 재단이나 자산관리회사가 운용하고 있는 자산은 포함되어 있지 않을 것이다. 개인으로는 데이비드가 미국에서 149위의 자산을 갖고 있는데, 그 액수는 27억 달러다. 이 수치는 최근 몇 년간 바뀌지 않았다. 데이비드는 앞서 말한 바와 같이 빌더버그 네트워크의 중심인물이고, 지금도 미국 재계의 최장로로 군림하고 있다.

'록펠러 재벌'의 창시자는 존 데이비드슨 록펠러 1세John Davidson Rockefeller Sr.(1839~1937)와 동생 윌리엄William(1841~1922)이며, 이 두 사람은 각각 석유업계와 금융업계에서 유명인사가 됐다. 존 D. 1세의 부친이 윌리엄 에이버리 록펠러Wiliam Avery Rockefeller(1810~1906)인데, 그는 '가짜 약'을 파는 행상도 하면서 생계를 꾸렸다고 한다. 프로시아 태생의 선조 요한 페터 록펠러Johann Peter Rockefeller(1682~1763)가 미국 뉴저지로 건너간 것은 미국 독립 전인 1723년이었다. 록펠러 가문은 독일에 있을 때는 록켄펠러 Rockenfeller라는 이름을 쓰고 있었다. 그러나 그전에는 프랑스에서 살았고 그때는 록포유(왕을 지키는 꽃잎이라는 뜻)라는 이름을 썼다고 한다. 록펠러 가문은 프로테스탄트다.

유대계 재계인을 연구한 여러 책들로 유명한 작가 스티븐 버밍엄Stephen Birmingham의 《그랜디즈The Grandees: America's Sephardic Elite》라는 책에 인용되어 있는 귀중한 자료에 따르면, 나중에 록펠러 가문이 되는 가족은 스페인·포르투갈계 유대인 최고귀족 출신이다. 하지만 그들이 원래는 유대계

가문이었으므로 나중에 설령 프로테스탄트로 개종했다 할지라도 록펠러 가문은 지금도 유대계라고 주장하는 건 무리가 있다.

초대 록펠러 형제의
새로운 석유 비즈니스와 규벌 만들기

록펠러라고 하면 어디까지나 형제 중 장남인 존 D. 록펠러 1세의 계보로 이어지는 패밀리를 지칭하는 경우가 많고, 그 때문에 그 집안은 '석유 가문'으로 알려져 있다. 존 D. 1세는 중소 동업자들을 차례차례 흡수해 독점체제를 형성해감으로써 한때는 미국 전체 석유판매의 95퍼센트를 지배하는 거대한 '스탠더드 석유제국'을 구축했다.

작가 데이비드 랜디스David Landes의 《Dynasties》에 따르면, 미국에서는 19세기 후반에 조명照明의 수요가 급격히 늘면서 종래의 고래기름이나 동물유지油脂보다는 석유가 주목을 받게 됐다. 석유는 석탄을 대체할 등유로서도 주목받았다. 1856년에 펜실베이니아석유회사가 설립되자 석유 러시가 시작됐고, 가업으로 고기나 곡물류 등을 팔고 있던 존 D. 1세는 석유에서 돈 냄새를 맡았다. 그의 거대 석유회사 스탠더드가 1870년에 정식 상장기업으로 설립됐을 때 이 회사는 이미 전국 석유정제 부문의 10퍼센트를 지배하고 있었다. 그것이 이윽고 90퍼센트가 됐고, 1890년에는 미국 유전의 4분의 1을 지배했으며 1898년에는 3분의 1을 지배하기에 이르렀다.

하지만 1911년에 그와 경합을 벌이고 있던 모건Morgan 재벌의 영향력 아래 있던 시어도어 루스벨트Theodore Roosebelt 대통령의 지시로 스탠더드 석유 기업연합(트러스트)의 해체 명령이 떨어져 그 거대기업은 34개 사로 분할됐다. 그러나 트러스트 해체 뒤에 오히려 스탠더드계 기업의 주가가 상승해 주식을 보유한 록펠러 가문은 고스란히 주가상승의 혜택을 누렸다. 해체된 트러스트는 엑슨 모빌, 셰브론Chevron 등의 형태로 남아 있으며, 지금도 미국 주요기업 리스트에 올라 있다.

이처럼 석유로 유명해진 록펠러지만 이 집안이 진정한 의미에서 직접 석유 비즈니스에 종사한 것은 그의 아들 존 D. 2세John Davidson Rockefeller Jr.(1874~1960)까지로, 그 이후에는 주식을 보유하거나 가문이 이사회에 참여하는 등의 형태로 관여하고 있다. 지금은 가문이 스탠더드계 석유기업의 이사회에 참석하고 있는 경우가 없다. 그렇지만 록펠러와 석유기업 간의 관계가 완전히 끊어졌다고 단정하기에는 이르다. 예컨대 1996년부터 몇 년에 걸쳐 록펠러의 패밀리은행이라는 말을 들어온 체이스 맨해튼 은행의 은행장을 역임한 월터 시프리는 지금도 엑슨 모빌의 이사를 맡고 있다.

또 록펠러는 미국 유수의 금융재벌로도 알려져 있다. 그 계기가 된 것은 존 D. 1세의 동생 윌리엄의 아들들의 결혼이었다. 석유왕이 뉴욕에 간 것은 1883년이다. 그 뒤 동생 윌리엄의 장남 윌리엄 굿셀William Goodsell과 차남 퍼시Percy가 각각 1896년과 1901년 뉴욕 금융재계인 제임스 스틸먼 James Steelman(1873~1944)의 딸들과 결혼함으로써 록펠러 가문은 뉴욕 금융재계에서 발판을 마련할 수 있었다.

스틸먼 가문과 엮인 규벌閨閥(혼인관계로 묶인 파벌)은 록펠러 집안의 뉴욕 금융 부문 '주기둥'이 된 내셔널 시티뱅크NCBN, National City Bank of NewYork 내에서의 영향력 확보로 이어졌다. NCBN은 19세기 말부터 20세기에 걸쳐 모건 재벌계의 퍼스트 내셔널 뱅크FNBN, First National Bank of NewYork와 격심한 경쟁을 벌였다. 참고로, 내셔널 뱅크라고 하지만 어디까지나 민간은행이다. 1913년 말에 연방준비제도가 설립되고 미국 각지에 지역 연방은행이 세워질 때까지 미국에 중앙은행은 존재하지 않았다.

록펠러 가문과 경쟁관계에 있던 모건 재벌은 1854년에 탄생했다. 그해에 모건 가문의 초대 주인 J. S. 모건Junius Spencer Morgan이 로스차일드의 미국 대리점이었던 조지 피버디George Peabody 상회의 파트너가 됐다. 그의 아들 J. P. 모건John Pierpont Morgan(1837~1913)이 1861년 피버디 상회에서 독립해 JP모건 상회를 설립함으로써 월스트리트의 유력한 개인은행업자가 된다. 모건은 패밀리 네임이 붙은 은행 말고도 유력한 FNBN 등에도 주식 지배와 중역 겸임 등을 통해 영향력을 넓혀갔다.

윌리엄의 아들과 스틸먼 가문의 딸 사이에 태어난 사람이 제임스 스틸먼 록펠러James Steelman Rockefeller(1902~2004)다. 그는 예일대학 학생클럽 '파이 베타 카파The Phi Beta Kappa'에 들어갔고 1924년 파리 올림픽에서는 보트선수로 출장했다. 졸업 후 그는 철강의 카네기Carnegie 가문 딸과 결혼해 당시의 거대은행 브라운 브라더스 해리먼Brown Brothers Harriman(7장 참조)에서 잠시 동안 근무하게 된다. 그 뒤 어머니 집안 쪽에서 깊이 관여하고 있던 NCBN에 들어가 2차 세계대전 뒤인 1952년부터 1967년까지 은행장과 회장을 지냈다.

그 시절에 록펠러, 모건 등 월스트리트 금융세력은 연합해서 러시아혁명(1917년)을 이끈 레닌, 트로츠키 등의 소련 공산주의자들에게 풍부한 자금을 지원했다. 레닌은 한때 NEP(신경제정책)을 도입해 외자를 받아들였다. 월스트리트와 소련은 2차 세계대전 뒤 쿠바위기(1962년) 등으로 일시적으로 심각한 긴장관계가 조성됐으나 월스트리트는 애초 혁명지원 세력이었다. 양대 금융세력이 집결한 브로드웨이 120번지의 '이퀴터블 트러스트 생명빌딩Equitable Trust Life bldg.'을 거점으로 '혁명지원'에 나선 셈이다.

이것은 소련으로의 금융업 진출과 바쿠(아제르바이젠)의 석유이권 확보를 노린 것이었다. 3장에서 이야기한 독일 나치당 지원과 마찬가지로 이는 알려지지 않은 월스트리트의 치부라고 할 수 있다(Antony Sutton, 《Wall Street and the Bolshevik Revolution》, 1974, p.133).

국제화 지향을 강화한 2세

윌리엄은 1922년 폐렴으로 숨졌으며, 존 D. 1세도 1937년 세상을 떠났다. 그 무렵은 이미 존 D. 1세의 아들 존 D. 2세의 시대로 들어가 있었다. 록펠러 재벌이 국제화하기 시작한 것은 2대째부터인데, 그것은 미국의 세계패권 추구노선과 합치되는 것이었다. 록펠러 가문과 국제주의의 관계는 이 금융자본가의 3대째인 데이비드 시대에 정점에 달하지만 그 맹아는 이미 그의 부친 시대에 싹텄다.

미국에 거주하는 저널리스트 윌 번연Will Bunyan이 잡지에 발표한 '록펠러의 제국주의'라는 장편 연재기사에 따르면, 존 D. 2세가 국제주의적인 이상을 내걸게 된 것은 레이먼드 포스딕Raymond Fosdick이라는 인물의 영향이 크다고 한다. 포스딕은 존 D. 2세가 고용한 경제보좌관으로, 록펠러재단의 이사와 이사장을 지낸 인물이다. 그는 당시 인기 정치가였던 민주당의 우드로 윌슨Woodrow Wilson 대통령의 국제주의 사상을 열렬히 신봉했다. 윌슨과 친했으며, 1차 세계대전의 전후처리 문제를 논의한 베르사유회의에서도 윌슨을 수행했다. 그는 만일 미국이 국제연맹에 가입했더라면 그 요직에 기용됐을 인물이었다고 한다.

포스딕이 공감한 것은 '미국이 세계의 리더십을 발휘할 필요가 있다'고 한 부분이다. 공화당원이었던 존 D. 2세도 포스딕이 지지하는 국제주의에 찬동하고 있었다. 존 D. 2세는 1920년대에 해외 유학생과의 교류시설을 만들었고 국제연맹의 활동을 지원했다. 그는 윌슨사상에 공명하는 지지자들이 다수 참가한 싱크탱크인 CFR에 매년 기부하는 한편 1944년에 스탠포드석유Stanford Oil 중역의 미망인이 기부한 CFR 본부 개수비용 모금에도 협력했다. 지금의 유엔본부 땅을 제공한 것도 그였다.

록펠러 국제주의의 요체는 '인터디펜던시Interdependency(상호의존)'라는 키워드로 집약된다. 국경을 의식하지 않는 글로벌리스트로서의 사고방식은 존 D. 2세의 자식들에게도 계승된다.

5형제 시대

존 D. 2세와 그의 부인 애비 올드리치Abby Aldrich 사이에는 딸을 빼고 다섯 명의 아들이 태어났다. 그들 중 지금도 생존해 있는 사람은 1915년에 태어난 막내 데이비드David뿐이다. 5형제는 금융·정치·자선사업과 문화활동에서 각기 적성을 살리면서 활동했다.

장남이 존 D. 3세, 차남은 부통령까지 지낸 넬슨Nelson, 벤처 캐피털리스트로 알려진 3남 로렌스 스펠먼Lawrence Spellaman, 아칸소 주지사(공화당)를 역임한 4남 윈스로프Winthrop, 그리고 막내 데이비드, 이 다섯 명은 속칭 '록펠러 5형제'로 불렸다.

이 다섯 사람 중 윈스로프와 3세, 넬슨은 1970년대에 연이어 '뜻밖의 죽음'을 맞이했기 때문에 인생의 후반을 재단 중심으로 활동한 로렌스보다도 국제은행가로 활동한 막내 데이비드가 사실상 가문의 톱으로서 주도적인 입장에 서게 된다. 그 때문에 록펠러의 국제적 영향력을 얘기할 경우 데이비드를 염두에 두는 게 보통이다.

장남 존 D. 3세는 록펠러재단 이사와 아시아 소사이어티Asia Society, 재팬 소사이어티Japan Society 이사 등 록펠러 가문의 '문화전략' 부문을 담당했고 일본과도 관계가 깊었다. 형제 중에서 가장 키가 컸던 점도 사람들 뇌리에 남아 있다. 아시아 소사이어티는 아시아의 상류계급과 미국 지배층 간의 교류를 통해 '반공문화정책'의 침투를 꾀했다. 자매단체인 재팬 소사이어티를 전후에 부활시킨 것도 그다. 또 세계평화를 위해서는 급격한 인구폭발을 억제해야 한다는 독특한 주장을 펴면서 파퓰레이션 카운슬Population Coucil(인구조사연구소)이라는 단체를 설립했다.

그의 아들 존 D. 4세(1937~, 통칭 제이. 현 웨스트버지니아 주 선출 상원의원)는 젊은 시절 도쿄 미타카의 국제기독교대학ICU에서 유학해 일본과의 관계가 한층 더 깊었다. 일본의 주요기업인 도요타자동차 공장을 웨스트버지니아 주에 유치하는 등 도요타와도 관계가 깊다. '도요타 만국박람회'라 불린 2005년 아이치 만국박람회 개최 기간 중에도 도쿄와 나고야를 찾아 도요타 관계자들과 회담을 하기도 했다. 그는 '일본-미국 우호기금'의 명예회원이기도 하다.

제이는 국제파인 숙부 데이비드와는 대조적으로 국내파인데, NAFTA(북미자유무역협정)가 체결될 때는 이에 반대했다고 한다. 지금은 상원 정보위원회Intelligence Committee 위원장을 맡고 있다. 최신 의회자산 조사 보고서에 따르면, 그는 8000만 달러가 넘는 개인자산을 갖고 있어 자금 면에서는 몇 손가락 안에 드는 정치가이기도 하다. 그의 부인은 일리노이 주 선출 상원의원 찰스 퍼시Charles Percy(1919~)의 딸 셔런 퍼시Sharon Percy로, 지금은 펩시Pepsi의 이사 및 미국 공영방송 이사로 활동하고 있다(이 밖의 멤버에 대해서는 그림 6-1 가계도 참조).

[그림 6-1] 록펠러 가문의 주요 멤버

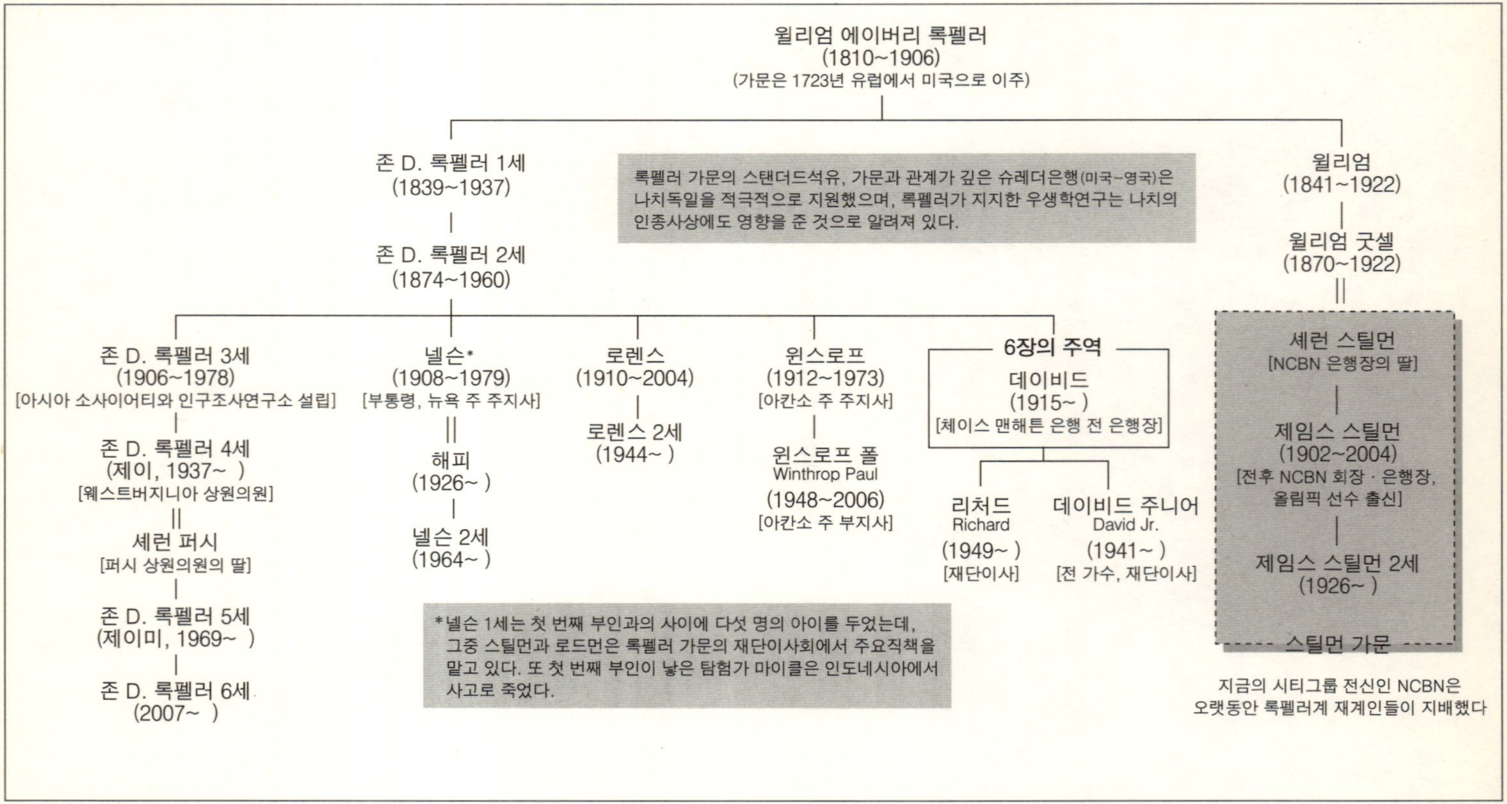

윌리엄 에이버리 록펠러
(1810~1906)
(가문은 1723년 유럽에서 미국으로 이주)

├─ **존 D. 록펠러 1세** (1839~1937)
│
└─ **윌리엄** (1841~1922)
    │
    └─ **윌리엄 굿셀** (1870~1922)
        ═ **세런 스틸먼** [NCBN 은행장의 딸]
        │
        ├─ **제임스 스틸먼** (1902~2004)
        │   [전후 NCBN 회장·은행장, 올림픽 선수 출신]
        │
        └─ **제임스 스틸먼 2세** (1926~)
        ─── **스틸먼 가문**

존 D. 록펠러 2세 (1874~1960)

록펠러 가문은 스탠더드석유, 가문과 관계가 깊은 슈레더은행(미국-영국)은 나치 독일을 적극적으로 지원했으며, 록펠러가 지원하던 우생학연구는 나치의 인종사상에 영향을 준 것으로 알려져 있다.

├─ **존 D. 록펠러 3세** (1906~1978)
│   [아시아 소사이어티와 인구조사연구소 설립]
│
├─ **존 D. 록펠러 4세** (제이, 1937~)
│   [웨스트버지니아 상원의원]
│   ═ **샤런 퍼시** [퍼시 상원의원의 딸]
│   │
│   ├─ **존 D. 록펠러 5세** (제이미, 1969~)
│   │
│   └─ **존 D. 록펠러 6세** (2007~)
│
├─ **넬슨*** (1908~1979)
│   [부통령, 뉴욕 주 주지사]
│   ═ **해피** (1926~)
│   │
│   └─ **넬슨 2세** (1964~)
│
├─ **로렌스** (1910~2004)
│   │
│   └─ **로렌스 2세** (1944~)
│
├─ **윈스럽** (1912~1973)
│   [아칸소 주 주지사]
│   │
│   └─ **윈스럽 폴** Winthrop Paul (1948~2006)
│   [아칸소 주 부지사]
│
└─ **데이비드** (1915~) ── **6장의 주역**
    [체이스맨해튼 은행 전 은행장]
    │
    ├─ **리처드** Richard (1949~) [재단이사]
    │
    └─ **데이비드 주니어** David Jr. (1941~)
        [전 가수, 재단이사]

*넬슨 1세는 첫 번째 부인과의 사이에 다섯 명의 아이를 두었는데, 그중 스틸먼과 로드는 록펠러 가문의 재단이사회에서 주요직책을 맡고 있다. 또 첫 번째 부인이 낳은 탐험가 마이클은 인도네시아에서 사고로 죽었다.

지금의 시티그룹 전신인 NCBN은 오랫동안 록펠러가 재계인들이 지배했다

금융 방면에서의 록펠러 집안의 활동을 이해하려면 뉴욕 최대의 은행 체이스 맨해튼 은행의 은행장을 역임한 막내 데이비드와 금융도시 맨해튼이 위치한 뉴욕의 주지사와 부통령을 지낸 차남 넬슨의 이력을 알아둘 필요가 있다. 그리고 록펠러 전성기의 뉴욕을 알면 월스트리트의 현재에 대해서도 알 수 있다.

뉴욕을 무대로, 석유왕에서 금융왕으로

세계대공황의 방아쇠를 당긴 1929년의 주가 대폭락이 일어난 직후 존 D. 2세가 거대한 록펠러센터를 건설하면서 패밀리는 뉴욕 맨해튼 개발과 깊은 관계를 맺게 된다. 데이비드는 지금도 뉴욕 동부에 자택을 소유하고 있다. 이밖에 뉴욕 주 북부 웨스트체스터 군에 관광지로도 알려져 있는 포칸티코 대저택이 있는데, 지금은 록펠러형제재단이 관리하는 형식을 취하고 있다.

데이비드는 전쟁 중에 북아프리카 전선과 프랑스에 육군 정보장교로 파견됐었고, 전쟁이 끝난 직후인 1946년 뉴욕의 체이스 내셔널 은행Chase National Bank에 들어간다. 이것이 시티NCBN로 이어지는, 록펠러 금융제국의 '두 번째 기둥' 체이스 맨해튼 은행이다.

이 은행은 존 D. 2세의 첫 부인이고 '5형제'의 어머니인 애비 올드리치의 동생 윈스로프 올드리치Winthrop Aldrich(1885~1974)가 회장을 맡고 있었다. 그 역시 월스트리트의 역사를 이야기할 때 빼놓을 수 없는 주요인물로, 그의 부친 넬슨 올드리치Nelson Aldrich(1841~1915)는 미국 연방준비제도 설립의 토대가 된 은행법을 제안한 국회의원이다.

　록펠러 가문과 관계 있는 정치가가 미국 중앙은행 설립에 관여했다는 점에서 이 연방은행법안은 사실상 급부상하고 있던 석유 비즈니스 출신인 록펠러 가문의 영향력이 모건 가문과 금융 면에서도 길항하고 있었다는 것을 보여준다. 1913년 J. P. 모건이 사망하면서 그것을 기회로 새로운 지배자 자리를 노린 쪽이 록펠러다.

　JP모건상회는 1913년 미국에 연방준비제도가 탄생하기까지 사실상 '최종 대부자'로서의 중앙은행 역할을 해오고 있었다. 모건의 영향력은 1907년 금융공황 때 가장 눈에 띄는 형태로 드러났다. 모건은 FNBN, NCBN과 공동으로 공황 수습에 나섰다. 그 뒤 모건의 영향력 확대를 우려한 의회가 모건을 겨냥해 푸조위원회 등의 조사회를 열었을 정도다.

　1914년부터 2차 세계대전 기간 중에 모건은 집안의 주인을 잃었지만 그 아들 J. P. 모건 주니어J. P. Morgan Jr.(1867~1943)의 지도 아래 정력적으로 활동했다. 1차 세계대전 때는 영국에 차관을 제공해 이익을 챙겼다. 그 결과 1차 세계대전 뒤에는 의회 공청회에서 모건 재벌과 '죽음의 상인' 간의 연계를 지적하는 등 모건 가문에 대한 비판의 강도가 한층 더 높아졌다.

　모건 공격의 결정판은 1929년 월스트리트를 덮친 세계대공황 뒤인 1933년에 제정된 글래스-스티걸법Glass-Steagal Act이다. 이 법률은 투자은행 업무와 일반은행 업무(상업, 저축)의 분리를 규정했고, 이로써 거대한 JP모건은 상업은행인 JP모건JP Morgan과 투자은행인 모건 스탠리Morgan Stanley로 분할된다.

　법안 통과에는 록펠러 가문의 일원인 윈스로프 올드리치의 암약이 있었던 것으로 알려져 있다. 올드리치가 일하던 체이스 내셔널 은행은 대공황시대에 자사주 공매로 큰돈을 벌었는데, 당시 은행장이 여론의 비판을 받고 사직하자 올드리치의 지휘 아래 민심수습을 꾀하던 참이었다. 그 때문에라도 그는 모건 재벌 약체화로 이어질 그 법의 제정을 찬성했다(역사가 아서 슐레진저Arthur Schlesinger의 해설 참조).

어쨌든 이 모건 징벌법에 대해서는 체이스의 올드리치뿐 아니라 스틸먼 가문 계통의 NCBN 당시 회장이었던 제임스 퍼킨스James Perkins도 찬성했다. 그런 형태로 모건과 록펠러의 세력 다툼이 격화되고 있던 와중에 미국은 2차 세계대전에 돌입한다. 그리고 모건 주니어는 전시 중인 1943년 세상을 떠난다.

록펠러와 모건 간 세력균형이 결정적으로 바뀐 것은 2차 세계대전 뒤의 일이다. 이것은 두 가지 관점으로 설명된다. 우선 월스트리트 금융세력 통합에서 록펠러의 영향력이 증대한 것이다. 역사적으로 중요한 은행통합에 따른 양대 메가뱅크의 탄생극이 모두 1955년에 벌어졌다.

그해 1월에 먼저 체이스 내셔널 은행과 또 하나의 거대은행인 맨해튼은행Bank of Manhattan이 합병해 체이스 맨해튼 은행이 탄생했다. 이어 3월에는 모건계의 FNBN이 스틸먼의 NCBN에 흡수통합된다. 이에 따라 체이스 맨해튼과 시티뱅크City Bank라는, 지금까지 남아 있는 거대은행이 록펠러계의 손에 떨어지게 되고, 록펠러 가문은 나는 새도 떨어뜨릴 위세를 떨치게 된다.

록펠러 가문과 외교문제평의회

그리고 두 번째가 뉴욕 금융재계인의 정치와의 접점을 형성하고 있던 싱크탱크 CFR 내의 밸런스 변화다.

1921년에 창설된 CFR은 영국 왕립국제문제연구소(채텀 하우스)의 자매

조직으로서 대서양 양안 각국의 정책 협조를 민간 차원에서 제언하고 이른바 '앵글로아메리카'(영국과 미국)가 주도하는 세계질서 형성을 목표로 정계에도 큰 영향력을 행사했다는 사실은 3장에서 잠깐 언급했다. 창립 당시의 멤버로는 민주당의 우드로 윌슨 대통령의 심복이었던 에드워드 만델 하우스Edward Mandel House(1858~1938)('하우스 대령')를 비롯해 정계의 '막후인물'들이 참가했는데, 원래 모건의 영향이 강한 단체였다.

이 단체가 이사장직을 신설한 것은 전쟁이 끝난 뒤로, 1921년부터 1946년까지는 회장이 전체를 통솔하는 구조였다. 이사장직을 처음 맡은 러셀 래핑웰(재임 1946~53)은 JP모건의 파트너였다.

그런데 그다음 1953년부터 CFR 이사장직을 차지한 존 J. 맥클로이John J. McCloy(1895~1989)는 다양한 경력을 지녔는데, 금융 면에서는 올드리치가 물러난 체이스 맨해튼 은행의 은행장직을 1953년부터 1960년까지 맡았던 인물로 알려져 있다. 그는 1947년부터 1949년까지는 전후에 창설된 세계은행 총재로도 일했다. 맥클로이는 전쟁 중에는 육군장관인 헨리 스팀슨Henry Stimson의 보좌관으로 사실상 육군 군부를 좌우했으며, 전쟁 중 일본계 미국인들의 강제수용 결정을 내린 것도 그였다고 한다. 그의 상사였던 스팀슨은 모건과 깊은 관계여서 맥클로이의 의형제도 1940년대에 JP모건의 파트너였다.

그런데 맥클로이는 전후 록펠러가 세를 불리자마자 모건계에서 록펠러계로 졸지에 '말 갈아타기'를 감행했다. 그는 밀뱅크Milbank, 트위드Tweed라는 법률사무소의 파트너가 됐는데, 이 사무소는 스탠더드석유와 록펠러가문, 그리고 체이스은행의 법률고문 역할을 하고 있었다. 그리고 나중에는 그가 체이스 맨해튼 은행의 데이비드 록펠러의 스승격인 인물로 알려지기도 한다.

CFR 이사장직은 맥클로이가 물러난 뒤 1970년에 데이비드 록펠러가 이어받음으로써 명실상부하게 록펠러 시대를 맞는다. 그리고 록펠러의 친구인 피터 피터슨Peter Peterson 상무장관(7장 참조)이 그 후임이 된다.

외교정책에 절대적인 영향력을 발휘하는 CFR의 이사장을 맡았던 맥클로이와 데이비드가 모두 체이스 출신인 것은 주목해야 할 일이다. 그 체이스는 2000년에 JP모건과 합병됨으로써 모건과 록펠러의 '합류'가 이뤄졌다. 지금은 거함 JP모건 체이스JP Morgan Chase로 군림하고 있다.

맨해튼 섬 개발과 록펠러

데이비드 록펠러가 뉴욕 시의 행정과 접점을 갖게 된 것은 1940년 당시 시장이었던 피오렐로 라가르디아Piorello LaGardia의 보좌관을 맡은 것이 처음이었다. 그는 전후 '로 맨해튼'(맨해튼 섬 남부)의 재개발에도 깊숙이 관여했다. 또 데이비드의 형 넬슨은 1959년부터 1973년까지 장기간에 걸쳐 뉴욕 주 주지사 자리에 있었다. 주지사는 재개발 인허가권을 쥐고 있던 뉴욕 뉴저지 항만 당국에 대해 영향력을 행사할 수 있는 위치다.

그 1탄이라 할 수 있는 것이 1961년에 완성한 60층, 248미터 높이의 본사빌딩(체이스 맨해튼 플라자Chase Manhattan Plaza)이었다. 그 뒤 1971년 로 맨해튼 서쪽 오래된 어시장 등의 자리에 세계무역센터World Trade Center 빌딩을 건설하는데, 이것은 록펠러가 주도한 도시 재개발 러시의 정점이었다. 그리고 당시 타블로이드 신문은 세계무역센터의 쌍둥이빌딩Twin Tower에 각각 넬슨과 데이비드라는 이름을 붙였다. 이처럼 넬슨과 데이비드는 1950년대 말부터 1970년대 초에 걸쳐 주 정치와 뉴욕 금융의 최고 정점에 있었다. 그 '형제의 상징'인 쌍둥이빌딩이 흡사 폭파해체당하듯 무너진 것이 2001년 9월 11일의 일이었다.

넬슨은 마지막으로 제럴드 포드Gerald Ford 정권의 부통령직을 1기(1974~1977)만 맡았는데, 그는 포드 대통령으로부터 재선을 시도할 경우 부통령 지명에서 제외할 것이라는 선고를 받았다. 그리고 실의에 빠져 있던 1979년 애인의 집에서 복상사하는 비극을 맞는다. 넬슨 따돌리기의 이면 공작에 관여한 인물이 국방장관 도널드 럼스펠드(나중에 부시 정권에서도 국방장관이 된다)라고 한다. '록펠러 리퍼블리컨Rockefeller Republican'이란 럼스펠드와 같은 매파적인 공화당원을 비판하는 온건파를 가리킨다.

자서전에 따르면 공화당원인 데이비드는 경제사상적으로도 당연히 친기업가의 입장을 견지해왔다. 그는 하버드대학, 런던대학 경제학부LSE, 초대 록펠러가 창설한 시카고대학에서 경제를 공부하고 경제학박사를 취득했다. 그가 1940년에 쓴 박사논문은 정부의 예산낭비와 정부 규제를 비판하는 것이었다고 한다. 하버드대학과 시카고대학에서는 자유무역사상을 배웠다.

데이비드는 패밀리가 내건 이상인 국제주의의 실현을 계속 추구했다. 1949년 서른네 살에 CFR 이사회에 참석하게 된 데이비드는 앞서 말한(3장)대로 빌더버그회의의 창설 계기가 된 '전쟁과 평화 연구그룹'에 관여했으며, 1954년에는 아이젠하워 대통령의 추천으로 네덜란드에서 열린 빌더버그회의 첫 모임에 참석했다. 미국의 주도 아래 대서양 양안 지역의 융화와 세계경제 통합을 이룩하는 것이 그의 평생 목표가 됐다.

그의 국제주의를 통한 세계통합 야심은 그 자신이 멤버이기도 한 경제 싱크탱크 국제경제연구소IIE, Institute of International Economics(1981년 설립, 현 피터슨 국제경제연구소)가 작성한 '라틴아메리카의 새로운 경제성장을 위하여'(1986년)에도 잘 드러나 있다. 이 보고서는 "관세장벽의 완화와 외국인에 대한 투자 해금, 국영·공영기업의 민영화 정책 추진"을 주장하고 있다. 또 데이비드는 세계경제 통합의 추진력으로서 다국적기업의 활력을 살려야 한다는 이야기도 하고 있다. 전 지구적 규모의 정치와 경제구조 통합을 추진하고 있는 그는 1980년에 "2000년까지는 외교정책이라는 말 자체가 시대착오적인 것이 돼 있을지 모른다"는 얘기를 할 정도로 '슈퍼 글로벌리스트'다.

그리고 그는 다국적기업과 함께 NGO(비정부기구)를 통합의 추진력으로 들고 있다. 그렇지만 그는 좌익적인 반기업운동을 몹시 경멸하고 있기도 해서, NGO라고는 해도 시민운동이 아니라 기업 이익과 모순되지 않는 한도 내에서의 민간 재계인이나 운동가 조직을 가리키고 있는 게 분명하다. 이들 비정부조직은 빌더버그회의나 이제부터 이야기할 3자위원회를 염두에 둔 것으로 보인다.

나중에 이야기하겠지만, 이 기업 간의 네트워크를 통한 국제정치와 경제의 통합을 추진하는 일은 각국의 애국파들로부터 격렬한 비판을 받고 있다.

석유 위기와 빌더버그

데이비드는 유엔, 세계은행World Bank, IMF(국제통화기금) 등의 국제기관들을 매우 높이 평가하고 있고, 그 자신이 글로벌리즘 추진을 위한 기관을 설립하기도 했다. 그것이 1973년에 설립한 3자위원회TC인데, 빌더버그회의와 마찬가지로 정치가와 재계인, 지식인 네트워크 조직으로 활동해왔다. 이 조직의 설립배경에는 닉슨Richard Nixon 정권에 대한 실망과 오일쇼크에 잘 대처하고 미국이 주도하는 글로벌리즘을 원활하게 추진해가려면 어떻게 해야 할지에 대한 고민이 깔려 있다. 이 TC가 주도하는 경제구조를 '트라이래터럴리즘Trilateralism(3자주의)'이라 한다. 이 구조는 2001년 9월 11일까지는 기능했다.

1970년대 초 미국 재계는 1971년 8월 닉슨 대통령이 발표한 이른바 '닉슨쇼크'에 따른 '금-달러 태환 정지'에 대한 대응책을 마련해야 할 처지로 내몰려 있었다. 게다가 1973년 10월 이후 오일쇼크로 인해 석유가격이 급등했다. 에너지문제 전문가 윌리엄 엥달William Engdahl에 따르면, 그해에 스웨덴에서 열린 빌더버그회의에는 록펠러를 비롯해 SG워버그 회장 에릭 롤 경Sir Eric Roll(1907~2005), 리먼 브라더스Lehman Brothers의 조지 볼George Ball 등의 재계인뿐 아니라 키신저 미국 대통령 보좌관도 참가해 달러가치를 어떻게 높일지, 세계를 덮친 오일쇼크에는 어떻게 대응할지 논의했다고 한다.

이런 가운데 에릭 롤 경이 4대 빌더버그회의 의장(1986~1989)이 됐다. 그는 로스차일드와 관계가 깊은 SG워버그에서 일하고 있었지만, 젊었을 때는 록펠러 장학금을 받아 텍사스에서 공부한 적도 있다. 전쟁 직후 실시된 마셜플랜(3장 참조)에서는 지원식량 분배일을 맡기도 했다.

그를 중심으로 한 런던의 은행가들은 닉슨쇼크 후 달러 변동환율제를 이용해 투기를 했다. 닉슨쇼크 때까지 달러는 금과 링크되어 있어서 통화 발행에 제한이 있었으나 국내의 완전고용과 재정정책을 뒷받침하기 위해 금융정책 완화를 바라고 있던 당시 미국 정권은 달러와 금 링크라는 제약을 없애버렸고 그에 따라 통화가 증발增發됐다.

그렇게 해서 생겨난 것이 '유로시장Euromarket'이다. 달러는 본래 미국 국내 화폐이고 미국 국내의 화폐 수요를 충족시키기 위해 존재한다. 유로

달러Eurodollar는 그것과는 별도로 존재하면서 세계 금융시장을 계속 이동하기 때문에 특정 국가에 심각한 과잉유동성을 초래한다. 유로달러가 집중된 곳이 런던 시티로, 시티와 뉴욕 월스트리트를 이용한 오일달러의 재투자(리사이클) 아이디어를 고안해낸 것이 1973년 빌더버그회의였다. 그리고 이 오일달러는 시티를 경유해서 미국으로 유입됐다.

요컨대 국제금융시장에 산유국을 끼워 넣는 것이 빌더버그의 전략이었다. 석유는 달러로 결제되고 있었으므로 석유가격이 오를수록 달러 수요도 커지게 되고 그것은 달러의 국제적 신용 회복으로 이어진다. 그렇게 해서 미국의 '달러패권'은 이때의 위기를 극복할 수 있었다.

엥달의 책에 소개된 전 사우디아라비아 석유장관 아흐메드 자키 야마니Ahmed Jaki Yamani와의 인터뷰에 따르면, 야마니가 1974년에 이란의 팔레비Pahlevi 국왕에게 석유가격 인상 이유를 물었더니 팔레비는 "워싱턴에 가서 키신저에게 물어보라"고 대답했다고 한다.

OPEC(석유수출국기구) 회원국들의 돈은 미국과 영국의 거대은행에 예치되고, 그것을 밑천으로 은행들은 대출을 늘린다. OPEC 회원국들은 달러를 계속 맡겨두기만 하고 어떻게 하든 간섭하지 않았기 때문에 잉여자금인 오일달러는 '전대轉貸(빌려온 돈을 또 다른 데에 빌려줌)'하더라도 문제가 없었다. 그 때문에 거대은행들은 멕시코와 브라질 등의 개도국에 대한 대출을 늘려갔다. 이들 나라는 급격히 증대된 석유대금을 지불하기 위한 자금이 필요했던 것이다. OPEC 자금이 늘어날수록 '비산유 개발도상국' 국제수지상의 적자도 늘어갔다. OPEC 예금을 비OPEC 국가들에게 대출해주는 것만으로도 거대은행들은 매력적인 금리수입을 올릴 수 있었다.

이 오일달러 리사이클을 체이스와 시티뱅크 등의 록펠러계 은행들이 맡았다. 제임스 스틸먼 록펠러의 뒤를 이어 시티뱅크 은행장이 된 월터 리스턴Walter Wriston은 이 구조를 짜낸 금융재계인의 한 사람인데, 은행의 대출 증가를 대출국 정부의 자산이 보증하는 것이니 문제없다는 이유로 정당화했다.

그러나 이들 제3세계 채무국들은 1980년대에 '채무(외채)위기'에 빠진다. 이 위기를 표면화시킨 것은 레이건 정권의 연방준비제도이사회 의장 폴 볼커가 단행한 고금리정책을 필두로 한 선진국의 인플레 억제정책이었고, 그것과 때를 같이 해서 찾아온 경기 후퇴로 인해 차입국의 원리금 상환이 일거에 난관에 부딪치게 된 것이다.

어떤 의미에서는 개발도상국 채무위기는 런던이나 뉴욕에서 만들어진 것이라고도 할 수 있다. 고리대는 처음에는 위세 좋게 돈을 빌려주지만 결국 몸에 걸친 껍데기 하나까지 몽땅 앗아가버리는 법인데, 개발도상국의 채무위기도 마찬가지 현상이었다. 빌려간 사람을 닦달하는 역할을 수행한 것이 데이비드가 마음에 들어 한 IMF였다. IMF는 채무 유예나 재편성을 해줄 때 그 조건으로 국내지출 삭감과 주요 국영산업 민영화를 채무국에 들이밀었다. 이것이 경제학자 스티글리츠Joseph Stiglitz 등이 비판하는 워싱턴 컨센서스Washington Consensus다. IMF와 세계은행의 이해는 구미 거대은행들의 이익과 밀접하게 얽혀 있었다.

3자위원회 설립으로 공세를 시작하다

그와 같은 경제상황 속에서 1973년 TC가 설립된다. 이 조직은 유럽과 일본을 영국과 미국이 주도하는 글로벌 경제로 통합해간다는 데이비드의 국제주의적 야심의 산물이다. TC는 빌더버그회의와 마찬가지로 매년 아시아, 아메리카, 유럽 어느 곳에서 3000여 명의 참석자들이 모여 연차총회를 열고 정치경제문제에 관해 논의하는 포럼이다. 3자란 미국·유럽·아시아를 가리키는데, 지역별 총회도 각지에서 개최된다. 빌더버그와는 달리 공식 홈페이지도 있다.

필자가 TC 사무국에서 입수한 문서에 따르면, 현재 이 회의에 연간 5000달러 이상의 자금을 내고 있는 제공자 중 개인으로는 록펠러 외에 키신저, 투자펀드 칼라일 대표 데이비드 루빈슈타인David Rubinstein(7장 참조), 전 뉴욕연방은행 총재 제럴드 코리건Gerald Corrigan, 《워싱턴포스트》 사주 도널드 그레이엄Donald Graham(빌더버거) 등이 있으며, 금융 부문에서는 BP 인터내셔널, 석유기업 셰브론 텍사코Chevron Texaco, 골드먼삭스, 리플우드 홀딩스, JP모건 체이스 등의 이름이 보인다. 모두 36개 주체의 개인과 기업들이다.

현재 북미 의장은 전 주일 미국대사였던 토머스 폴리Thomas Foley[11], 유럽 의장은 빌더버그회의 단골손님 피터 서덜랜드(5장 참조), 일본을 포함한 아시아태평양 의장은 고바야시 요타로小林陽太郎(후지제록스 전 회장)다. 역대 의장 이름은 공식 사이트에서 찾아볼 수 있다. FRB 의장을 지낸 폴 볼커도 1991년부터 2001년까지 오랫동안 북미 의장자리에 앉아 있었다(공식 사이트는 http://www.trilateral.org/memb.htm). 일본에서도 몇 년에 한 번 회의

---

[11] 2001~2008년. 지금은 조지프 나이Joseph Nye가 승계했다. 조지프 나이는 미 국방부 국제안보담당차관보와 하버드대학교 케네디행정대학원 학장을 지냈다. 힐러리 클린턴의 지지자였던 나이는 조지 부시 정권의 네오콘식 일방주의를 비판하면서 좀더 부드럽고 합리적인 '스마트파워' '스마트외교'를 주창했으며, 버락 오바마 정권의 외교 브레인으로 일찍부터 주일 미국 대사 물망에 오르기도 했다_옮긴이

가 열리는데, 도쿄에서 열릴 경우 미국대사관 근처의 오쿠라 호텔에서 여는 게 통례다.

TC가 만들어진 것은 유럽의 일본 혐오 때문이다. 데이비드는 원래 빌더버그에 일본을 참여시킬 작정이었다. 당시 늘어만 가는 일본의 대외수출에 대해 반발하는 소리가 높아가고 있었기 때문에 일본의 재계·정계 지도자를 구미서클에 끼워 넣어 장차 교섭을 손쉽게 할 수 있도록 하겠다는 목적도 있었다.

그러나 빌더버그에 일본을 참여시키는 게 어떻겠느냐고 제안하자 유럽쪽 일부 멤버들이 맹렬하게 반발했다고 한다. 그래서 그와 함께 참석했던 당시 컬럼비아대학 교수 즈비그뉴 브레진스키Zbigniew Brzezinski(그는 이 책을 쓰고 있는 지금 민주당 대통령 지명후보를 놓고 경쟁하고 있는 버락 오바마Barack Obama[12]의 브레인이다)가 계책을 짜내 새로운 국제조직을 만드는 데 착수했다.

데이비드는 록펠러 가문의 저택이 있는 뉴욕 주 북부 포칸티코 힐스(웨스트체스터 군)에 정치가인 미야자와 기이치宮澤喜一(전 일본총리)를 비롯한 유럽과 미국, 일본의 저명인사들을 불러 모아 구상을 구체화했다. 그렇게 해서 만들어진 것이 TC다. 참가자 사이에는 얼마간의 차이점도 있지만 넓은 의미에서의 컨센서스는 있다고 한다. 록펠러 국제주의에 찬동하는 사람들이 중심이 되어 모이고 있는 조직인 것은 분명하다.

닉슨 외교를 결산한 키신저도 닉슨 정권 이후 데이비드에게 급속히 접근해 TC 네트워크에 참가하게 된다. 그는 키신저 어소시에이트라는 컨설턴트회사를 차려 국제 비즈니스맨으로 변신했다. KA에는 다비뇽 자작과

---

[12] 오바마는 2008년 11월 대통령선거에서 공화당 후보 존 매케인에 압승을 거두고 당선되어 2009년 1월 20일 미국 제44대 대통령에 취임했다_옮긴이

에릭 롤 경, 영국의 대처 정권 외무장관을 지낸 피터 캐링턴Peter Carrington 경 등이 파트너로 참가하고 있다.

카터 정권을 탄생시킨 3자위원회

TC 멤버가 20여 명이나 참여한 것이 1977년에 출범한 카터 정권이었다. 조지아 주의 주지사였던 지미 카터Jimmy Carter를 대통령으로 만든 것은 데이비드라는 이야기가 있다. 왜냐하면 외교문제에 대해 잘 몰랐던 카터를 대통령 후보로 교육한 사람이 이 조직에 참여하고 있던 브레진스키 등 외교·안보 전문가들이었기 때문이다. 카터 자신이 《왜 최선을 다하지 않는가なぜベストをつくさないのか》라는 저서에서 TC를 높이 평가하고 있다. 카터 정권의 외교정책은 데이비드의 영향을 받은 국제주의 바로 그것이었다.

지미 카터는 1971년 조지아 주 주지사에 당선됐는데, 그때 주요 자금제공자가 그 주의 애틀랜타에 본사를 둔 코카콜라Coca Cola였다. 이 회사의 당시 회장이었던 인물이 카터를 록펠러에게 소개했다고 한다. 그리고 카터는 TC가 설립된 직후 그 멤버가 됐고 동시에 CFR에도 들어갔다.

닉슨 정권은 미국 지배층에겐 실패한 정권이었다. 데이비드를 비롯한 CFR과 TC 멤버들은 그때를 반성하면서 미국 전체를 동부의 이스터블리시먼트establishment(기득권층)가 주도하는 국제주의 틀 속에 짜 넣기 위해서는 남부 출신이면서 국제주의를 신봉하는 대통령을 당선시켜야 한다는 결론에 도달한 듯하다.

카터 정권은 1979년 2차 오일쇼크에 따른 국제정세 변화에 대응해야 할 상황으로 내몰렸다. 미국은 록펠러계의 거대 석유자본, Seven Sisters(7자매)의 유전권익 확보를 위해 그전부터 친미정권을 중동 지역에 수립해놓고 있었다. 그런 나라들 가운데 사우디아라비아는 지금도 중동 최대의 친미국가다. 이 나라는 2차 세계대전 전과 전쟁 중의 루스벨트 정권 이래 미국에 석유를 안정적으로 공급해주는 대신 미국으로부터 안전을 보장받는 관계를 지속해왔다.

또 하나의 산유국 이란은 1978년 호메이니Ayatollah Ruhollah Khomeini(1900~1989)가 이끄는 시아파 근본주의 혁명이 일어나기 전까지는 친미정권인 팔레비 왕조가 통치하고 있었다. 국왕 모하메드 레자 샤 팔레비Mohammad Reza Sha Pahlevi(1919~1980)는 1953년 미국 CIA의 특수공작으로 반미 애국파 모사데그Mohammad Mossadegh(1880~1967) 정권이 축출당한 뒤 국왕으로 추대됐다.

데이비드와 팔레비 국왕은 특히 깊은 관계를 맺고 있었다. 1979년 혁명 때 추방당한 국왕의 망명을 미국이 받아들이도록 데이비드, 키신저, 브레진스키 3자가 '공동전선'을 결성하고 몇 번이나 공작을 벌였다고 한다(결국 팔레비는 미국으로 갔으나 그가 미국으로 간 직후 이란 수도 테헤란의 미국대사관 인질사건이 발생하자 어쩔 수 없이 미국을 떠났고, 그다음 해에 망명지인 이집트 카이로에서 사망했다).

미국의 금융·석유자본은 어느 정도의 가격 상승은 용인할 수 있지만 유전을 컨트롤(통제, 지배)할 수 없는 상황은 참지 못한다. 달러와 석유를 링크시킨 것이 1971년 닉슨쇼크 후 세계질서(2차 브레튼우즈체제)인데, 그 질서를 지키기 위해서는 석유권익과 산유국을 컨트롤할 필요가 있었다. 따라서 반미정권이 이란에 출현함으로써 석유 확보가 위협받는 상황을 록펠러들은 우려했던 것이다. 카터 정권은 중동의 에너지 확보를 위해서는 군대 파견도 불사한다는 '카터 독트린'을 발표했다. 구미의 석유 메이저들은 자신의 권익이 산유국의 자원국유화 영향으로 접수당하는 사태를 두려워했다.

데이비드의 자서전에는 체이스은행장 시절 전 세계로 비즈니스 여행을 하며 때로는 독재자로 불리는 국가 지도자들과도 교섭한 사실이 쓰여 있다. 그중에는 중국의 마오쩌둥毛澤東이나 저우언라이周恩來, 소련의 흐루시쵸프Nikita Sergeevich Khrushchyov 공산당 서기장, 이집트의 나세르Nasser와 사다트Muhammad Anwar el Sadat 대통령, 쿠바의 카스트로Fidel Castro, 그리고 이라크의 사담 후세인Saddam Hussein이 포함되어 있다. 그 때문에 록펠러 자신이 회상한 바에 따르면, 그와 체이스은행이 이스라엘에 냉담하다는 비판을 종종 받았다고 한다.

소련과의 관계에서는, 냉전 당시 태연하게 체이스은행의 모스크바 지점을 개설하고 비즈니스를 한 데 대해 미국 보수파들이 비판하기도 했다. 그로서는 정치체제보다 비즈니스가 먼저였다. 냉전 동안에 진행된 미국과 소련의 경제적 제휴를 프랑스 출신 작가 찰스 레빈슨Charles Levinson은 '워카 콜라Warca Cola'라 부르며 야유했다. 더욱 재미있는 것은 체이스 지점의 사무실 주소가 '카를 마르크스 광장 1번지'였다나.

카터 이후의 정권과 록펠러

카터 정권 다음의 레이건Ronald Reagan 정권에서도 부통령 자리에 TC 멤버인 조지 H. 부시(아버지 부시)를 밀어 넣음으로써 보수주의 레이건 정권이 극단적인 방향으로 치닫지 않도록 컨트롤했다. 부시는 대통령이 되고 난 뒤 무역장벽 철폐를 통해 북미경제권 통합을 꾀하는 NAFTA(북미자유무역협정)에 찬동했다. 이것은 록펠러 국제주의정책의 핵심이었다.

로널드 레이건은 정권 발족 전에는 "나의 정부에서는 3자주의자들한테 외교정책을 내맡기는 짓은 하지 않겠다"고 큰소리쳤으나 실제로는 록펠러한테서 거액의 헌금을 받고 있던 조지 부시를 부통령 자리에 앉힌 것 말고도 주요 각료인 CIA 국장과 국무장관, 재무장관, 상무장관에 CFR 멤버들을 앉혔으며, 백악관의 대통령 수석보좌관에는 예전 포드 대통령 후보의 선거참모로 레이건과 공화당 후보지명전 때 맞서 싸웠던 제임스 베이커James Baker 3세를 지명했다. 작가 J. F. 맥나머스에 따르면 레이건 후보는 선거기간 중이던 1980년부터 데이비드와 키신저를 버지니아 주 임대저택에서 연 파티에 불러들였다고 하니 레이건의 '반록펠러 입장'이 얼마나 실제와 부합했는지 의심스럽다.

그리고 1979년부터 아칸소 주 주지사를 장기간 역임한 빌 클린턴은 TC 멤버는 아니지만 1991년 데이비드도 참가한 독일 빌더버그회의에 초청받은 뒤 대통령 자리에 올랐다. 클린턴과 록펠러 사이에는 또 다른 연결고리도 있었다. 그것은 클린턴이 주지사로 있던 아칸소 주의 예전 주지사를 지낸 사람 중 뉴욕에서 아칸소로 흘러들어간, 록펠러 5형제 중 한 사람인 공화당원 윈스로프(재임 1967~1971)라는 존재다. 클린턴은 자서전에서 윈스로프의 아들 진로문제 상담이나 생활상담에 응했다고 썼을 정도로 그 둘은 가까운 사이였다.

국제주의자임을 자랑으로 여기다

이 장 마지막은 록펠러에 대해 쏟아진 비판을 다루는 데 할애할 필요가 있다. 록펠러 국제주의는 IMF나 세계은행을 이용한 다국적기업 위주의 글로벌리즘이며, 기업 활동의 혜택을 서민도 누릴 수 있게 됨으로써 경제가 성장한다는 신자유주의적인 신념에 토대를 두고 있다. 앞서 이야기했듯 록펠러 글로벌리즘은 때로는 글로벌 스탠더드의 강요로 이어지는 면이 있으며, 금융자본의 힘으로 제3세계 국가들, 때로는 선진국까지도 착취한다는 혐의를 받고 있다.

일본에서도 일본장기신용은행이 파산한 뒤에 2000년에 투자펀드 리플우드 홀딩스가 조직한, 록펠러를 포함한 투자자그룹에 매수당했다. 이 매수극을 취재해 《세이빙 더 선Saving the Sun》에 그 경위를 쓴 《파이낸셜 타임스》의 질리언 테트 기자는 데이비드와 직접 인터뷰했다. 데이비드는 그때 "몇 년에 걸쳐 일본의 경기회복을 위해서는 시장을 개혁해야 한다는 주문을 해왔다. 그걸 위해 미국의 은행이 개혁 모델을 제시하면 좋을 것이라 생각했다"고 이야기했다. 그 개인이 투자한 자금은 수백만 달러인데, 그 자금으로 그는 일본 국민을 다시 '교육'시키려 했던 것이다.

그러나 록펠러도 출자한 이 매수안건은 일본 정부가 해외 투자자들에게 붙여준 하자담보조항 때문에 비판이 거세졌고, 일본에서 '하게타카(독수리) 펀드'라는 말이 생겨나는 계기가 되기도 했다. 글로벌리즘은 언제나 비판당할 운명에 놓여 있다.

하지만 록펠러는 그런 비판에도 주눅 들지 않는다. 회고록에서 그는 비판자들에게 놀라울 정도로 솔직하게 견해를 밝히고 있다. 그는 국제주의가 가져다준 경제 상호의존주의의 효과를 역설한다. 일찍이 죽을 각오로 미국과 싸우기로 결의한 나라의 지도자들이 세계 자본주의의 중심 뉴욕에서 열린 유엔회의에 떼를 지어 모여드는 것이 글로벌리즘의 관철을 상징하는 것이라고 그는 말한다. 그들이 바라는 것은 미국의 은행가나 대기업 중역들과 만나고 그와 밀접한 비즈니스 계약을 맺는 일이라는 것이다. 비즈니스의 승리라고 그는 말하고 싶었을 것이다. 그는 자서전에서 "카스트로조차도 나와 만나기를 원했다"고 자랑하듯 써놓았다. 그가 카스트로와 악수한 사진은 전 세계의 신문지면을 장식했고, 그 때문에 그는 미국 내 보수파들로부터 비판을 받았다.

반록펠러 진영의 특징적인 정치적 입장은 '포퓰리즘populism'에 많이 빚지고 있다. 이를 쉽게 얘기하자면, 민중의 생활을 중시하는 정치가를 존경하는 자세다. 본래 의미는 일본어 번역어인 '대중영합주의'와는 상당히 다르다. 록펠러는 자신의 비판자들에 대해 자서전의 다른 부분에서는 찾아볼 수 없을 정도로 강한 어조로 단호하게 반론을 편다. "이 포퓰리스트들은 음모에 의해 세계가 움직인다고 믿고 있다"면서 "그중에서도 오랫동안 제기되어온 음모는, 일반적으로 알려져 있지 않은 한 줌의 국제은행가와 자본가, 그들의 부하들이 세계경제를 지배하고 있다는 것이다"라고 비판의 핵심을 소개한다. 그런 다음 그 '포퓰리스트들의 피해망상'을 강하게 비판한다. 매우 중요하기 때문에 그 부분을 인용해보겠다.

"1세기 이상 좌우 양 진영의 과격파들이, 내가 근래에 카스트로를 만난 것과 같은, 널리 보도된 사안에 대해 왈가왈부하면서 록펠러 가문이 미국의 정치경제기구에 압도적인 영향력을 행사하고 있다고 떠들어대며 공격했다. 그중에는 우리 가문이 미국의 국익에 반하면서 암약하고 있는 비밀 음모단의 일원이라고 믿고 있는 자도 있으며, 우리 가문과 나를 가리켜 '국제주의자'라 부르면서, 세계의 다른 유력자들과 결탁하고 공동으로 모의해 세계를 정치·경제적으로 통합해서 '원월드 정부(단일 세계정부)'를 만들려 하고 있다고 생각하는 자들조차 있다. 그처럼 그들이 비판한다면 나는 기꺼이 그런 추궁에 대해 '유죄'라는 걸 인정하겠다. 그뿐 아니라 나는 그런 얘기를 듣는 걸 자랑스럽게 생각한다."(David Rockefeller, 《Memoirs》, Random House, 2002/2003, 404~406쪽, 필자 번역, 강조는 필자)

이와 같이 그는 비판자들의 비판태도에 대해서는 반론하지만 행위의 내용에 대해서는 완전히 긍정하고 있다. 필자도 록펠러 국제주의에 대해서 비판적 시각을 갖고 있으나 이 록펠러의 얘기처럼 자신의 사상을 정직하게 기술하는 경우는 별로 없다. 그는 또 말한다.

"특히 미국에서는 국제적인 무역체제나 커뮤니케이션 기술의 진보, 다양한 문화를 배경에 깔고 있는 사람들 간의 교류가 심화됨에 따라 많은 이익을 얻을 수 있다. 포퓰리스트들은 이 덕에 얻을 수 있는 이익에 대해서는 거의 이야기하지 않는다." "전 지구적 규모의 상호의존관계라는 것은 꿈 같은 이야기가 아니라 눈앞에 있는 현실이다. 금세기의 정보통신혁명과 기술혁명, 지정학적 진전이 그런 현실을 피할 수 없게 만들었다. 자본, 재화, 인간이 국경을 넘어 자유롭게 이동할 수 있다는 건, 앞으로도 세계경제의 발전과 민주적 통치기구의 강화를 위해 필수불가결한 조건이 될 것이다." 마지막으로 그는 "미국은 이 글로벌한 책임에서 벗어날 수 없다. 오늘의 세계는 미국의 리더십을 강력하게 요구하고 있으며, 우리는 그것을 받아들이지 않으면 안 된다. 21세기에는 계속 고립주의자로 남아 있을 여지가 전혀 없다. 우리는 모두 국제주의자들이 되어야 한다"고 매듭짓고 있다(번역 필자).

데이비드도 2008년 6월 현재 아흔세 살이 됐다. 20세기에 '세계의 제왕'이라 일컬었던 이 국제금융자본가도 역사적 존재가 될 날이 멀지 않았다. 체이스 맨해튼 은행의 회장에서 물러난 뒤에도 이 은행 국제자문위원회 회장으로 군림해왔으나 이 위원회에서도 아흔 살 때 물러난 모양이다. 앞으로 어찌될지 모르겠지만 2007년 빌더버그에도 참석하지 않은 듯하다.

그가 '권력'의 상징으로 세운 세계무역센터 빌딩은 2001년 9월 11일 누군가의 손에 의해 파괴당했지만 그 자리에는 새로운 자본주의의 상징인 '프리덤 타워Freedom Tower'가 건설되고 있다. 월스트리트의 역사는 앞으로도 파괴와 창조를 되풀이하면서 이어질 것이다. 다음 장에서는 월스트리트의 오늘을 조망해본다.

6장 _ 참고문헌

- 《모건 가モルガン家》(상·하)(론 차노 지음, 青木栄一 옮김, 日本経済新聞社)
- 《아메리칸 이스터블리시먼트アメリカン·エスタブリッシュメント》(越智道雄 지음, NTT出版)
- 《금융金融》(松井和夫 편저, 日本経済新聞社)
- 《보이지 않는 정부 CFR: 화이트하우스를 조종하는 지령탑見えざる政府CFR: ホワイトハウスを操る指令塔》(J. F. 맥너머스 지음, 太陽出版)
- 《마이 라이프-클린턴의 회상マイ·ライフ-クリントンの回想》(상)(빌 클린턴 지음, 楡井浩一 옮김, 朝日新聞社)
- 《크렘린 커넥션-소련이 사랑한 미국 재계인들クレムリン·コネクション—ソ連が愛した米財界人たち》(조지프 핀더 지음, 石塚雅彦 옮김, 日本経済新聞社)
- 《미국의 경제 지배자들アメリカの経済支配者たち》(広瀬隆 지음, 集英社新書)
- 《은행과 세계 위기銀行と世界危機》(앤서니 샘슨 지음, 田中融二 옮김, TBS 브리태니커)
- 《파트너즈-거대기업을 움직이는 법률사무소パートナーズ—巨大企業を動かす法律事務所》(상)(제임스 B. 스튜어트 지음, 橋本直 옮김, 早川書房)
- 《카터 회고록(하)-캠프 데이비드와 이란의 그림자カーター回顧録(下)キャンプ·デービッドとイランの影》(지미 카터 지음, 日高義樹 감수, 일본방송출판협회)
- 《피와 기름-미국의 석유확보 전쟁血と油—アメリカの石油獲得戦争》(마이클 T. 클레어 지음, 柴田裕之 옮김, NHK出版)
- 《다이너스티ダイナスティ》(데이비드 S. 랜디스 지음, 中谷和男 옮김, PHP연구소)
- 《세이빙 더 선セイビング·ザ·サン》(질리언 테트 지음, 武井楊一 옮김, 日本経済新聞社)
- 《왜 최선을 다하지 않는가なぜベストをつくさないのか》(지미 카터 지음, 酒向克郎 옮김, 英潮社)
- 《세계패권국 미국을 움직이는 정치가와 지식인들世界覇権国アメリカを動かす政治家と知識人たち》(副島隆彦 지음, 講談社+α문고)

- 《실물경제의 부활 実物経済の復活》(副島隆彦 지음, 光文社)
- 《Memoirs》(David Rockefeller, Random House, 2002/2003)
- 《Wall Street, Banks, and American Foreign Policy》(Murray N. Rothbard, Center for Libertarian Studies, 1995)
- 《Titan: The Life of John D. Rockefeller》(Ron Chernow, Random House, 1998)
- 《The Chairman: John J. McCloy》(Kai Bird, Simon&Schuster, 1992)
- 《A Century of War: Anglo-American Oil Politics and the New World Order》(William Engdahl, Pluto Press, 2004)
- 《Continuing the Inquiry: The Council on Foreign Relations from 1921 to 1996》(Peter Grose, CFR Books, 2006)
- 《Rockefeller Internationalism》(Will Banyan, Nexus Magazine, 2002, 2003)

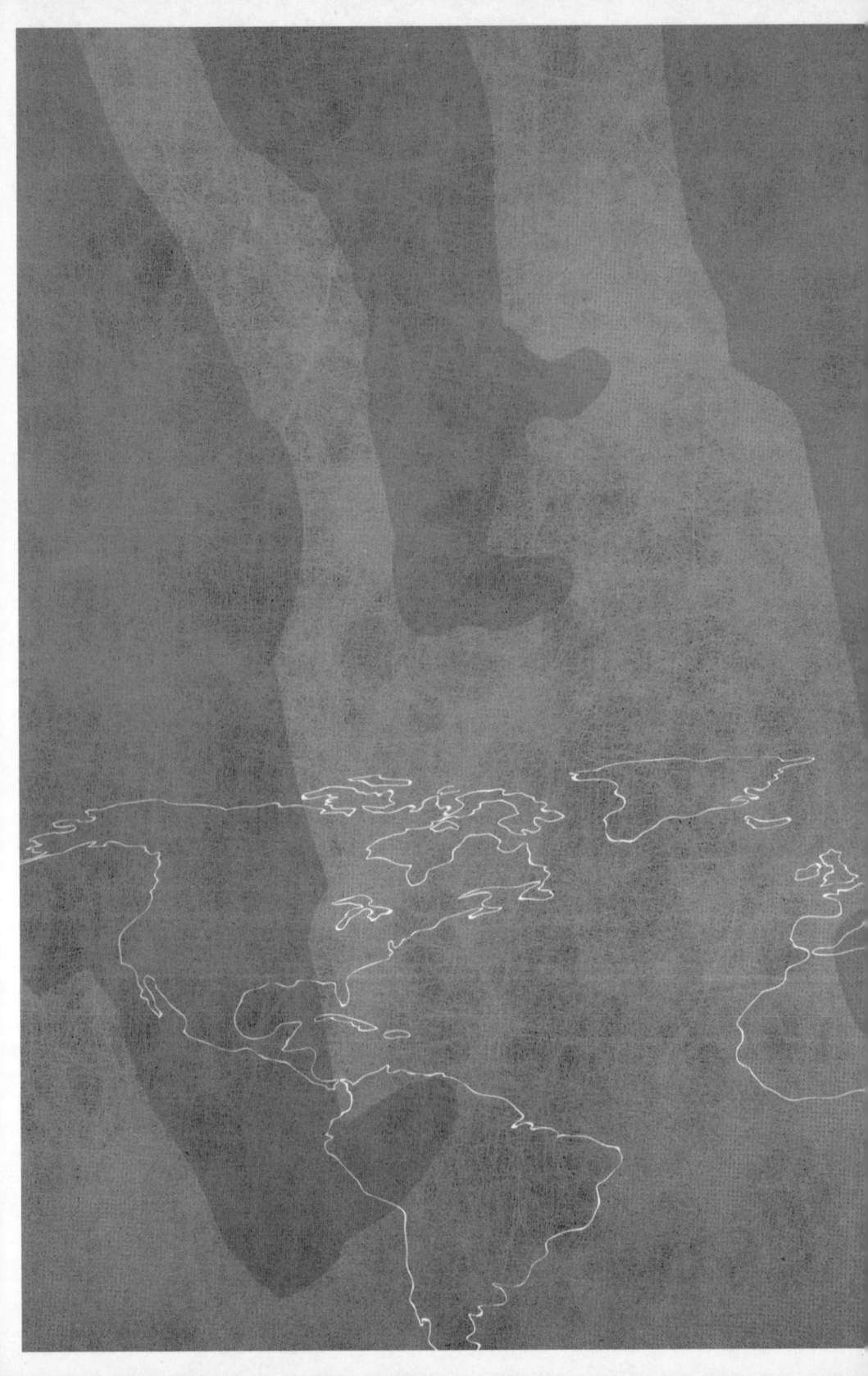

7장

월스트리트 지배자들의 흥망

월스트리트 지배자들의 흥망

어떤 '대관식'

2007년 2월 중순, 뉴욕 맨해튼에서 500명 가까운 저명인들이 게스트로 초청받은 가운데 성대한 파티가 열렸다. 이 파티에는 매년 거액의 임원보수를 받는 월스트리트의 키퍼슨들이 다수 모여들었다.

그중에는 미국 최대의 투자은행 골드먼삭스GS의 회장 겸 CEO인 로이드 블랭크파인Lloyd Blankfein과 베어스턴스Bear Stearns의 우두머리 지미 케인James Cayne, 메릴린치Merrill Lynch의 CEO(당시) 스탠리 오닐Stanley O'neal, JP모건 체이스 회장 제이미 다이먼Jamie Dimon, 전 골드먼삭스 NYSE 유로넥스트의 CEO 존 세인John Thain(그 뒤 메릴린치 CEO) 등 월스트리트의 저명한 투자은행 관계자들의 모습이 보였고, 그밖에 화장품회사 에스티 로더의 회장 레오나드 로더Leonard Lauder와 도널드 트럼프Donald Trump 부부 등 뉴욕 사교계의 대표적 인물들도 참가했다. 지극히 호화스러웠던 이 파티는 하루 300만 달러의 비용이 들었다고 한다.

이날의 파티는 월스트리트의 한 금융재계인의 예순 살 생일을 기념하기 위해 열린 것이었다. 그의 이름은 스티븐 A. 슈워츠먼Stephen Allen Schwarzman(1947~)이다. 현재 미국 굴지의 투자회사라는 블랙스톤그룹BSG의 회장 겸 CEO다. 이 회사는 최근 뉴욕증권거래소에 'BX'라는 코드네임으로 상장(48억 달러)했으며, 그때를 전후해 중국 정부로부터도 10퍼센트 전후의 출자(당시 가격으로 약 30억 달러)를 받았다는 보도가 있었다.

BSG와 같은 투자회사는 증권거래소에 상장한 공개회사를 매수해 비공개로 돌린 뒤 그 경영을 개선함으로써 높아진 수익을 투자자와 자신들이 분배하기 때문에 '프라이비트 에퀴티 펀드Private Equity Fund'(미공개회사 투자펀드, 이하 PE)라고 한다.

월스트리트 금융기관의 생태계는 AIG 등의 보험그룹을 빼면 시티뱅크와 JP모건 같은 상업은행, GS 등의 투자은행(증권회사), BSG와 같은 PE, 그리고 5장에 나온 애티커스 캐피털이나 TCI와 같은 헤지펀드로 나눠볼 수 있다. PE는 그것 자체가 주식을 상장하지 않은 미공개회사일 경우가 많다. 그 때문에 일반적인 사업회사와 같이 35퍼센트 소득세가 아니라 감면세율인 15퍼센트의 캐피털 게인(자본수익) 과세가 적용되므로 거액의 이익을 내왔다. 말하자면 법률망 뒤로 재빨리 빠져나가는 '리미티드 파트너십limited partnership(유한책임조합, 합자회사)'이라는 조직형태를 이용하는 투자회사다.

《뉴욕타임스》에 따르면, 자산을 맡기기 위해서는 일정액 이상의 여유자금이 필요하다. 그것을 통해 인정받을 필요가 있다. PE에 돈을 맡기는 쪽은 주로 연기금인데, 약 4분의 1에서 절반까지가 각국 연기금이라고 한다. BSG는 "우리 투자자금의 반수는 캘퍼스CalPEARS(캘리포니아 주 공무원 퇴직자 연기금) 등의 연기금에서 맡기는 것"이라고 주장한다. PE의 운용자금 내역은 대체로 다음과 같다.

• 패밀리 오피스	26%
• 연금·공적 펀드	26%
• 사업법인	16%
• 펀드 오브 펀즈	15%
• 보험회사	11%
• 기타	6%

　패밀리 오피스Family Office라는 것은 록펠러 가문과 같은 대부호의 자산 운용을 가리킨다. 원래 금융업자들은 왕족이나 대부호의 재산을 맡아 운용하는 것을 본업으로 삼았다. 로스차일드 가문은 예전에 헤센Hessen(지금의 독일 프랑크푸르트에 있는 지방)의 대귀족 자산을 맡아 운용함으로써 거액을 벌었고 그것을 토대로 성장했다. 다만 최근 이들 금융업자는 거기에 더해 일반시민의 연기금이나 대학기금도 운용하고 있다. 이른바 '큰손 투자자(펀드)'는 이들 연금생활자의 목소리를 대변해 주식을 보유하는 회사의 경영진에게 주주가치(주가)를 올리도록 요구하는 것이다.

　BSG 회장의 환갑을 축하하는 파티에는 동업자인 PE 경영자도 다수 참가했다. 아르셀로 미탈의 이사 윌버 로스(WL로스 앤 컴퍼니), 투자은행 퍼스트 보스톤First Boston 출신으로 지금은 소형 투자은행을 경영하고 있는 조지프 퍼렐러Joseph Perella(퍼렐러 와인버그 파트너즈Perella Weinberg Partners), 퍼렐러의 전 동료였고 지금은 구미를 넘나드는 명문 투자은행 라자르의 총수 브루스 와서스타인, 칼라일 그룹 대표 데이비드 루빈슈타인 등 실로 현재 월스트리트의 주요인물들이 빠짐없이 참석했다.

　그들과 같은 상업은행, 투자은행과 PE, 헤지펀드 경영자들은 때로는 연합하고, 때로는 오랜 세월의 우정조차 걷어차버리고 대립하며, 다시 화해

한다. 그것이 미국의 금융 중심 월스트리트의 일상이다. 그리고 거기에서는 날마다 금융기관이나 일반 사업회사들의 매수와 합병, 즉 M&A가 벌어지고 있다.

투자은행과 상업은행은 2007년 서브프라임론 문제가 터져 세계적인 기업매수 붐이 끝날 때까지 몇 년 동안 최신 금융공학을 무기로 채권, 채무나 론을 '증권화'하고 투자자에게 판매해서 어렵지 않게 무제한 돈을 만들어냈다. M&A를 하는 PE는 무제한인 그 자금에 기대어 매수 비즈니스를 벌였다. 말하자면 이들 금융업자에게 주택론 채권의 증권화를 통한 자금조달은 리스크 없이 싼 비용으로 매수자금을 조달할 수 있는 '도깨비 방망이' 같은 존재였다.

투자은행은 M&A의 자문업무나 PE에 대한 론으로 먼저 수수료를 벌고, 다음에 트레이더들이 M&A 전후의 주가변동을 이용한 재정(차익)거래로 수익을 올렸다. 그리고 PE가 매수한 기업이 다시 상장될 때는 주식인수 비즈니스의 혜택을 받았다. M&A 붐이 진행되고 있던 2006년에는 투자은행이 매수 관련 업무로 큰 수익을 올렸다.

하지만 주택론채권을 담보로 한 고리의 CDO(채무담보증권)라는 것이 실제로는 불량채권을 그럴듯하게 보이게 해서 판매한 데 지나지 않는다는 것을 알게 되자 이 M&A 연금술은 급속히 무너져버렸다. 증권화 수법은 결국 '바바누키[13]'나 '러시안 룰렛'과 마찬가지였던 것이다. 월스트리트는 불안과 공포가 지배했다. 그것을 이용해 더욱 돈을 버는 자가 있는가 하면, 그런 플레이어한테 지는 자도 있을 것이다. 이것이 2007년 말 월스트리트의 현실이었다.

---

13 마지막에 조커를 가진 사람이 지는 카드놀이다_옮긴이

이처럼 월스트리트는 격심한 부침이 거듭되는 공방의 드라마가 전개되는 곳이다. 따라서 2007년 2월의 파티에서 '월스트리트의 새 제왕'(《뉴욕타임스》)으로 인정받은 슈워츠먼이 언제까지 그 '왕좌'에 어울리는 존재로 계속 살아갈 수 있을지, 그것은 알 수 없다.

이 장에서는 먼저 전前 세기 후반부터 지금까지의 월스트리트 지배자의 흥망의 역사를 개관한다. 그 역사를 알면 이제부터 전개될 월스트리트의 미래를 점치는 데 도움이 될 것이다. 이야기는 앞 장에서 주역이었던 데이비드 록펠러가 체이스은행장이고, 월터 리스턴 회장이 시티뱅크를 경영하던 1970년대로 거슬러 올라간다.

'우리 편'을 덮친 재편극

맨해튼의 도시개발은 네덜란드계 유대인 이민자들이 와서 뉴암스테르담을 형성한 18세기에 시작됐다. 그리고 선주민(인디언)의 진입을 막기 위해 쌓아올린 성벽wall에서 유래하는 남동지구를 월스트리트라고 한다. 바둑판처럼 정연한 거리가 아닌 런던 시티처럼 뒤얽힌 거리들이 이 지역에만 남아 있다.

월스트리트의 금융을 지배한 가문으로 전 세기 중반 무렵까지 유력했던 존재가 '우리 편Our Crowd'이라 불린 유대계 금융업자 가문이다. 골드먼삭스 상회나 리먼형제 회사, 쿤 로브 상회, 셀리그먼Seligman 상회 같은 금융업자들은 그밖의 유대계 비즈니스맨들과 상호 인척관계로 묶인 네트워크를 형성해 자신들의 이익을 빈틈없이 지켰다. 이 '우리 편'에 대해서는 앞 장에서도 소개한 작가 스티븐 버밍엄의 같은 저서에 자세히 나와 있다.

피터 오거Peter Auger나 폴 페리스Paul Ferris와 같은 금융사에 밝은 작가들의 분류에 따르면 전쟁 전부터 전후에 걸친 '월스트리트의 재편'은 크게 두 시대로 구분할 수 있다. 1기가 증권과 은행의 분리를 명한 1933년의 '글래스-스티걸 법'의 제정으로부터 1975년까지고, 2기가 1975년부터 지금에 이르는 기간이다.

앞서 얘기했듯이 글래스-스티걸 법으로 은행은 '투자은행(증권회사)'이나 '상업은행' 둘 중 하나의 형태를 선택해야 했고, 그래서 모건 재벌은 JP모건은행이라는 상업은행, 모건 스탠리라는 투자은행으로 분할됐다. 그 결과 월스트리트는 쿤 로브, 딜런 리드Dillon Read, 리먼 브라더스, 골드먼삭스와 같은 투자은행과 체이스 내셔널 은행, 맨해튼은행, 내셔널 시티 뱅크National City Bank, JP모건은행 등의 상업은행으로 나뉘었다. 뉴욕계 외에 보스톤의 퍼스트 내셔널 뱅크 오브 보스톤First National Bank of Boston이 투자은행 부문의 퍼스트 보스톤(지금의 크레디트 스위스 퍼스트 보스톤Credit Suisse First Boston)을 탄생시켰다.

이에 비해 1975년에는 증권매매 수수료의 자유화가 재편극의 방아쇠가 됐다. 종래의 월스트리트에는 '릴레이션십 뱅킹Relationship Banking'이라는 사고방식이 침투해 있어서 고객기업은 여간해선 단골은행을 바꾸지 않는다는 생각이 있었다. 그러나 수수료 자유화로 치열한 경쟁이 시작됐다. 이에 따라 '우리 편'이라는 낡은 세대에 외부로부터의 충격이 가해진 것이다. 그 결과 투자은행은 활동자금의 필요성을 느끼게 되어 차차 법인화, 주식 상장을 하면서 투자자에게 자금을 의존하게 됐다. 1999년 GS[14]의 상장으로 거대 투자은행 중에서 비공개 파트너제를 채택한 곳은 없어지게 됐다 (로스차일드가 패밀리의 비밀과 결속을 지키기 위해 상장회사가 되기를 한사코 거부한 것은 이미 얘기한 대로다).

동시에 투자은행은 기업의 주식공개 관련 수수료와 M&A 자문업무, 투자펀드에 대한 매수자금 조달업무로 수수료를 받게 되고 동시에 수익의 많은 부분을 증권 트레이딩(매매) 업무로 벌어들이게 됐다. 지금 화제가 되고 있는 '적대적 매수'를 최초로 실행한 것은 모건 스탠리로, 1974년의 일이었다. 이렇게 해서 1970년대가 되면 그들의 '단결'에도 시대의 파도가 밀려와 다국적화한 새로운 금융업자(록펠러의 체이스 등이 대표적)와의 격심한 경쟁에 노출된다.

그 재편극의 생생한 예가 BSG의 슈워츠먼의 보금자리인 투자은행 리먼 브라더스(이하 리먼)다. 리먼은 지금은 리처드 펄드 주니어Richard Fuld Jr.(1946~) 회장 겸 CEO가 지휘하고 있지만 1970년대 중반부터 1994년까지 소유자가 세 번이나 바뀌는 기구한 운명을 헤쳐왔다.

여기서 중요한 것은 투자은행 내부의 트레이더와 투자은행가 사이의 '문화의 차이'다. 왜냐하면 문화의 차이는 권력투쟁의 온상이 되기 때문이다. 투자은행은 트레이딩 부문과 투자은행(뱅커) 부문으로 나뉜다. 뱅커라면 미국의 일류대학을 나온 엘리트 계급, 트레이더는 누추한 트레이딩룸에 진치고 사는 학력 낮은 일회용 인재라는 이미지가 오랫동안 유포되어 왔다. 따라서 투자은행 내에서도 트레이더 출신은 뱅커에 대해 적개심이 강하고 그것을 무기삼아 권력투쟁을 헤쳐나간다. 말하자면 바닥에서 몸을

---

14 이 장에서는 GS에 대해 언급할 기회가 별로 없다. 왜냐하면 골드먼삭스는 월스트리트 '재편극'의 권외에 있었기 때문이다. 이 은행은 1999년까지 파트너제를 유지했다. 이 은행은 전쟁 뒤에는 와인버그 패밀리Weinberg Family, 구스타프 레비Gustave Levy, 존 화이트헤드John Whitehead라는 세 명의 파트너들의 경영을 거쳐 사내 트레이더 출신의 로버트 루빈(클린턴 정권 때의 재무장관)과 투자은행가 스티븐 프리드먼Stephen Friedman(아들 부시 정권의 경제보좌관)의 공동회장제가 됐으며, 결국 1999년 폴슨 회장 겸 CEO 체제에서 주식을 공개하고 지금의 블랭크파인Lloyd Bankfein 회장 겸 CEO 체제로 이행했다.

일으킨 자수성가형 이미지다. 지금은 트레이더 출신 CEO가 많지만 트레이더 출신 은행가가 쓴 글을 읽어보면 이 문화의 차이에 대해 반드시 설명하고 있다.

예컨대 지금 GS의 CEO 블랭크파인이나 이 회사가 비약하는 데 기초를 쌓은 존 코자인Jon Corzine(뉴저지 주 주지사, 빌더버거)은 원래 트레이딩 부문 출신이다. 한편 재무장관 헨리 폴슨Henry Paulson도 GS 출신이지만 그는 투자은행 부문 출신이다. 다만 같은 재무장관이라도 로버트 루빈은 재정(차익)거래 트레이더 출신이다. 이 문화의 차이가 은행 내의 권력투쟁 드라마를 낳는 것이다. 전통의 리먼을 덮친 내분극도 그것이 발단이었다.

리먼 브라더스의 권력투쟁

리먼은 19세기에 창업한 이래 리먼 가문의 경영이 계속되어왔으나 1969년 가문 경영자 로버트 리먼Robert Lehman이 죽자 이 회사의 권력에 '진공상태'가 생겼고, 사내에서는 세간의 전문가들이 흔히 '장미전쟁'이라고 냉소적으로 부르는 파트너끼리의 권력투쟁이 일어났다. 이 투쟁이 원인이 되어 경영위기에 빠진 이 회사는 경영을 재건하기 위해 외부에서 이사를 영입하기로 결정했다. 그것이 상무장관을 사임한 직후의 당시 나이 마흔일곱 살이었던 피터 G. 피터슨Peter George Peterson(1926~)이었다.

피터슨은 네브래스카 주의 그리스인 이민가문 출신으로, 부모는 지역에서 레스토랑을 경영하고 있었다. 그는 젊은 시절 해군에 지원했으나 시력이 나쁘다는 이유로 입대를 거부당했다. 노스웨스턴대학에서 마케팅을 전공하고 시카고에서 시장조사회사에 취직한 다음 시카고대학 야간부에서 경영학을 공부해 MBA(경영학석사)를 취득했다. 그 뒤 시카고대학에서 야간부 강사도 했다. 몇 년 뒤인 1953년에는 광고회사 맥키언 에릭슨McKean Ericsson에 입사했고 거기서도 시장조사 업무를 담당했다.

그의 인생에서 전기가 된 것은 찰스 퍼시와의 만남이었다. 그의 딸 셰런은 앞 장에서 얘기한 제이 록펠러(존 D. 4세)와 결혼한 여성이다. 퍼시는 상원의원으로 넬슨 록펠러의 대통령 후보 지명선거에 협력하는 등 록펠러 집안 전체와 관계가 깊었다.

피터슨은 이 이웃 사람의 권유로 영사기와 영화 필름을 제조하는 일리노이 주의 벨 앤 하월Bell & Howell에 스카우트됐다. 서른일곱 살이 된 1963년에는 이미 사장이 됐고 일리노이 주 상원의원 선거(공화당)에 입후보한 퍼시를 대신해서 솜씨 있게 회사를 꾸려갔다. 나중에 이 회사 회장이 된 그는 적극적으로 관련 회사들을 매수해감으로써 회사 규모를 확대했다. 1961년 신문기사에는 그가 '미국 청년회의소'의 젊은 열 명의 중심 멤버 가운데 한 사람으로 소개되어 있다.

이처럼 그는 록펠러 집안과의 인연이 가져다준 은혜 덕에 1971년 닉슨 대통령의 '국제경제문제 담당 차관보'에 지명됐고 그다음 해엔 상무장관에 발탁됐다. 닉슨 정권 때에는 프레드 버그스텐Fred Bergsten과도 알게 됐다. 그 뒤 1981년 버그스텐과 공동으로 국제경제연구소(6장 참조)를 설립했으며, 피터슨이 초대회장이 됐다. 이 싱크탱크는 데이비드 록펠러를 명예이사장으로 맞아들였으며, 활동도 록펠러 국제주의를 비즈니스에 접목시키는 것을 목표로 삼았다. 그는 또 1985년 플라자합의Plaza Agreement, Plaza Accord 초안을 작성한 사람으로도 유명하다(일본에서 우정민영화를 실행에 옮긴 다케나카 헤이조竹中平藏 전 참의원 의원은 이 연구소 객원연구원(1989년)으로 있으면서 미국이 가르쳐준 경제사상을 익혔으며, 로버트 졸릭Robert Zoellick이나 버그스텐 등과의 인맥을 구축했다).

피터슨은 1985년에는 데이비드 록펠러의 뒤를 이어 외교문제평의회 이사장이 됐다. 록펠러 가문과 인연이 깊었던 피터슨이 이사장이 됨으로써 록펠러의 영향력은 그다음 세대로 계승됐다.[15] 요컨대 피터슨은 1970년대 초에 이미 막강한 파워 엘리트의 중심인 '미국 동부 이스터블리시먼트'의 일원이 되어 있었다. 리먼의 부회장 자리에 앉을 수 있었던 것도 그런 네트워크를 경유한 인재 알선 덕이었다. 피터슨은 1983년까지 리먼 회장을 역임했다. 그 기간에 리먼은 '우리 편'의 하나인 쿤 로브 상회와 합병해 리먼 브라더스 쿤 로브Lehman Brothers Khun Loeb(1977년)로 이름이 바뀐다.

그리고 이스터블리시먼트의 낙하산 인사로 회장이 된 피터슨과 토박이 리먼 사원으로 트레이더 출신 CEO인 루 글럭스먼Lewis Glucksman(1925~2006)이 격돌해 격렬한 주도권 다툼이 일어나게 된다. 이 권력투쟁이 한창일 때 글럭스먼은 피터슨의 경력을 두고 '워싱턴의 인사이더'라고 했다. 실로 정확한 평이다. 사내분쟁에서 결국, 글럭스먼과 그 수하로서 지금까지 리먼의 우두머리로 군림하고 있는 리처드 펄드가 이끄는 세력이 승리했다. 승리하긴 했지만 회사 전체로 볼 때 이 투쟁은 마이너스일 수밖에 없었던 것 같다. 이에 대해서는 나중에 이야기하겠다.

---

15 그리고 2007년 6월 말부터 피터슨도 CFR 이사장 자리에서 물러나 명예이사장이 됨으로써 다시 세대교체가 이뤄졌다. 2007년 말 현재 단독 이사장은 없고 로버트 루빈(현 시티그룹 경영집행위원회 회장), 칼라 힐스(전 미국 통상대표부 대표, 길리어드 사이언시즈(3장 참조) 사외이사, IIE(현 피터슨 국제경제연구소) 이사, 3자위원회 멤버) 두 사람이 공동 이사장을 맡고 있으며, 여기에 록펠러 명예이사장의 금융 분야 고문으로 일해온 리처드 샐러먼 Richard Salomon을 부이사장 자리에 앉힌 3인체제로 운영하고 있다(Annual Report 2007, Council on Foreign Relations). 회장은 공화당 대통령 예비선거 후보 마이크 허커비Michael Huckerbee의 자문역을 맡기도 한 리처드 하스Richard Haas다.

그 결과 피터슨은 1983년 리먼 브라더스의 회장직을 사임했으며, 2년 뒤 리먼 시절의 부하들을 이끌고 투자회사 블랙스톤그룹을 만들었다.

스컬 앤드 본즈

그러면 피터슨의 파트너로, '월스트리트의 새 황제'처럼 떠받들어진 슈워츠먼은 도대체 어떤 인물일까?

그와 피터슨은 리먼 시절 때 동료였다. 리먼 시절에 젊은 슈워츠먼은 연장자인 피터슨한테서 아낌없는 총애를 받았다. 그의 경력은 코네티컷 주에 있는, 미국 Big 3에 드는 예일대학에서 출발한다. 1701년에 설립된 이 대학의 역사는 오래됐다. 1969년 졸업생인 그가 대학 시절 소속되어 있던 클럽 이름에 그의 출세 비밀을 푸는 열쇠가 들어 있다.

그 클럽 이름은 이 책에서 몇 번이나 언급한 '스컬 앤드 본즈'다. 이 조직에 대해서는 맷 데이먼 주연의 영화 〈굿 셰퍼드〉(2006년)에서도 잘 묘사되어 있다. 프롤로그에서 언급한 대로 미국 상층 엘리트들은 이런 학생클럽을 통해 육성되어왔다. 필라델피아 출신의 '건어물가게 아들'이었던 슈워츠먼이 엘리트 계급으로 가는 티켓을 손에 쥔 것은 이 학생클럽에 들어간 덕이다.

이 비밀클럽에는 뉴욕 주지사를 지낸, 왕년의 명문재벌의 일원이었던 윌리엄 에이버럴 해리먼William Averell Harriman(1891~1986)이나 조지 W. 부시 대통령(아들 부시), 전 대통령 후보 존 케리John Kerry 상원의원, 전 SEC(증권거래위원회)의 수장 빌 도널드슨William Donaldson 등 다수의 엘리트들이 결집해 있었다. 당연히 클럽 출신자끼리 묶인 동창회 네트워크도 매우 강력하다. 역시 여기서도 '스몰 월드'가 중요한 팩터인 것이다.

《뉴욕타임스》에 따르면, 스물두 살의 슈워츠먼은 대학을 졸업하던 당시 일흔여덟 살의 해리먼의 초청을 받아 그의 자택에서 점심식사를 즐기면서 정치세계에 대한 강의를 받았다. 해리먼과 점심을 함께할 수 있었던 것은 학생클럽 시절의 인맥 덕이었을 것이다.

이 본즈 출신자(본즈맨)들을 작가 월터 아이작슨은 '와이즈먼Wisemen'이라 표현했다. 현재 월스트리트의 제왕은 바로 그 계보로 이어진 인물이다. 그는 부시 정권(아들 부시)에서 한때 재무장관 후보에 올랐던 적도 있고, 조만간 월스트리트에서 정계로 진출할지도 모른다. 그는 2007년 워싱턴에 있는 문화단체 '케네디센터'의 이사장에 추대됐다. 이 단체는 전 세계은행 총재 제임스 울펀슨, 미국의 빌더버그회의 대표자인 투자펀드 페르세우스 Perseus Fund의 파트너 제임스 A. 존슨James A. Johnson 등이 이사로 올라 있다. 그는 이처럼 수도(워싱턴) 쪽에도 파이프를 만들어놨다.

슈워츠먼은 피터슨이 BSG를 설립한 직후에 리먼을 퇴사해서 합류했다. '블랙스톤'이라는 이름은 Schwarz-man(슈워츠먼. 독일어로는 '검은 남자'라는 뜻. black-man)과 Petra(돌stone. Peter의 그리스어 표기)에서 유래하며, 두 사람의 이름이 그대로 회사의 이름이 됐다. BSG가 미디어에서 본격적으로 주목받게 된 것은 PE를 통한 기업의 합병·매수 붐이 시작되는 2005년 무렵부터다.[16]

2007년 6월의 주식상장을 지켜본 피터슨은 2008년 말에 BSG 명예회장직에서도 물러났으며, 그 뒤엔 여생의 작업으로 회고록 집필에 시간을 바치겠다고 이미 공표했다. 지금 피터슨의 지분은 4퍼센트까지 내려가 있고 슈워츠먼이 보유한 주식 비율은 23퍼센트이기 때문에 슈워츠먼이 홀로 이 거대펀드를 경영하고 있는 셈이다.

[그림 7-1] 7장에 등장하는 미국 금융기관의 역사(1930~2007)

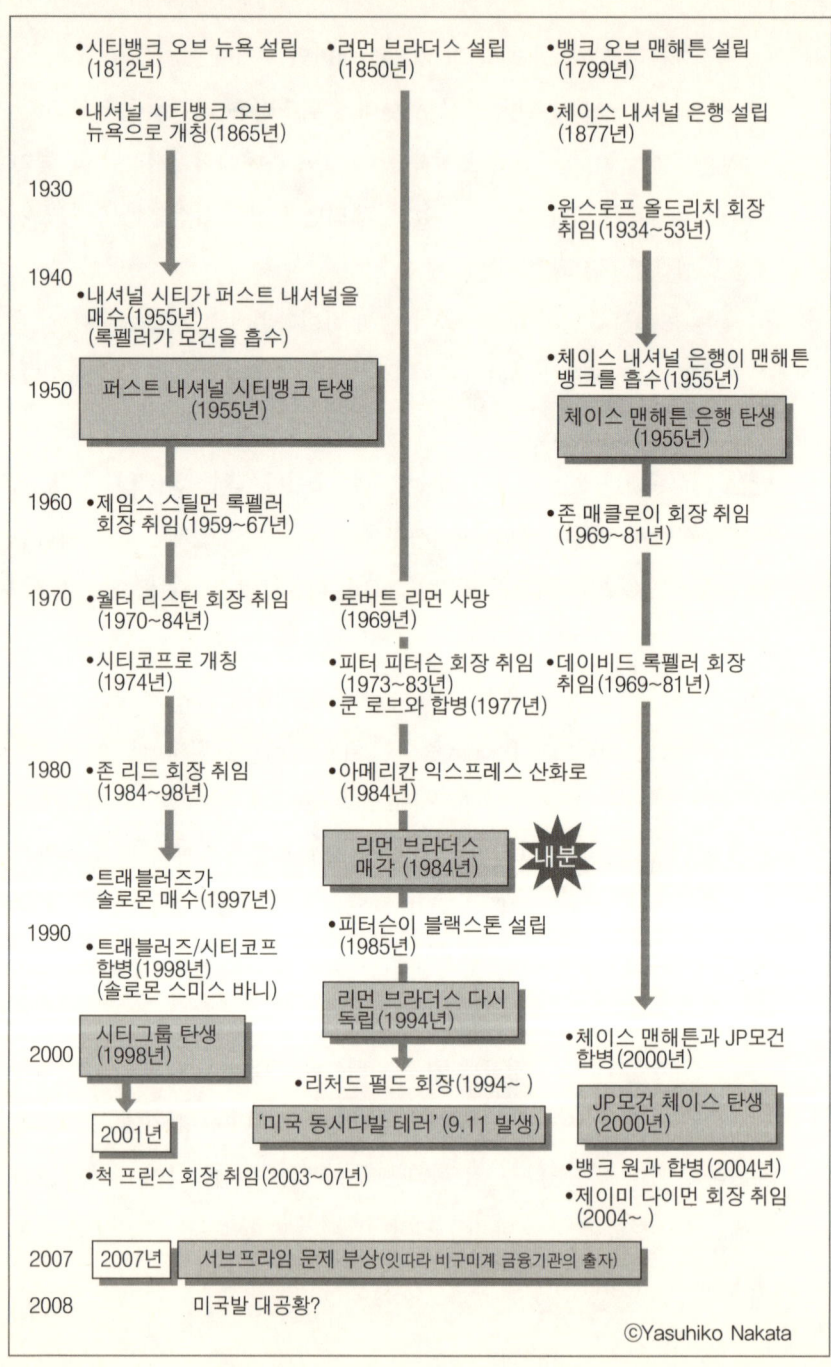

BSG 네트워크에서 중요한 것은 2007년 상장을 계기로 저명한 금융재계인을 사외이사로 불러들이고 있다는 점이다. 예컨대 제이콥 로스차일드(5장 참조)나 멀루니 전 캐나다 총리(2장 참조) 등이 그들이다. 멀루니 전 총리는 CFR이나 JP모건 체이스의 국제자문위원회에도 참가하며 글로벌 활동을 펼치고 있는 재계인이다. 블랙스톤은 앞으로 직접 매수작업을 하는 PE 업무뿐 아니라 기업매수 자문업무에도 역점을 둠으로써 수익 다각화를 꾀하고 있는 만큼 이들 네트워크를 활용하려 할 것이다.

리먼 브라더스를 기점으로 전개된 권력 드라마

여기서 다시 얘기를 리먼으로 되돌려보자. 리먼은 유대계 '우리 편'의 지배체제가 흔들리기 시작한 '진원지' 금융기관이기에 이곳을 중심으로 살펴나가면 월스트리트의 재편 흐름과 인맥을 어느 정도 선명하게 이해할 수 있다(그림 7-1 참조).

---

16 또 BSG와 같은 업종으로 1976년에 창업한 KKR(콜버그 크라비스 로버츠Kohlberg Kravis Roberts)은 그 이전부터 금융계의 아웃사이더로서 미디어의 주목을 끌고 있었다. KKR은 1988년 RJR나비스코RJR Nabisco에 대해 매수처의 자산을 담보로 하여 거액을 차입하는 '레버리지드 바이아웃LBO, Leveraged buyout'을 구사해 유명한 적대적 매수TOB를 감행했다. 그 전말은 《야만의 방문자》라는 책에도 쓰여 있다. 지금도 매수펀드에 대해 매수한 기업에서 빈번하게 구조조정을 하는 따위의 '나쁜 이미지'가 있는 것은 이 나비스코 매수 때의 KKR 쪽 행동이 당시 기준에 비추어 너무 '야만'적이었기 때문이다. KKR 창업자 헨리 크라비스Henry Kravis의 부인인 마리 조제Marie Josee Drouin(1949~)는 빌더버거다. 그는 미국의 보수계 싱크탱크인 허드슨연구소Hudson Institute 연구원이기도 하며, 부부 모두 부시 집안과는 아버지 부시 대통령 시절부터 가까운 사이였다.

피터슨을 잃은 리먼은 내부투쟁이 수습되지 않아 실적이 악화됐다. 그 결과 글럭스먼 회장은 당시 신용카드 비즈니스로 실적을 쌓고 있던 아메리칸 익스프레스American Express(아멕스Amex)에 약 3억 6000만 달러를 받고 바로 팔아넘길 수밖에 없었다. 아멕스는 증권회사인 자회사 시어슨Shearson을 갖고 있었기 때문에 리먼은 거기에 흡수되는 형태가 됐다. 창업 이래 리먼은 처음으로 회사의 독립을 상실하는 비상사태에 처하게 됐고 회사이름도 '시어슨 리먼 브라더스Shearson Lehman Brothers'(1984년)로 바뀌어 아멕스 자회사인 증권회사가 됐다.

'기업매수의 천재' 웨일

여기에 등장하는 사람이 마침내 시티그룹 탄생을 주도한 '기업매수의 천재' 샌포드(샌디) 웨일Sanford Weill(1933~)이다. 1950년대부터 금융계에 몸을 담은 웨일은 1981년 그때까지 자신이 매수해서 키운 투자은행을 아멕스에 매각했다. 동시에 자신도 아멕스 경영진의 일원이 돼 두각을 나타냈다. 그는 다음과 같이 회사를 키웠다.

코건, 벌린드, 웨일 앤 레비트Cogan, Berlind, Weill & Levitt(1969년) → CBWL 하이든 스톤Hayden Stone(1970년) → 시어슨 하이든 스톤Shearson Hayden Stone(1974년) → 시어슨 로브 로즈Shearson Loeb Rhoades(1979년) 그리고 시어슨 아멕스Shearson Amex가 리먼 브라더스 쿤 로브Lehman Brothers Kuhn Loeb라는 '우리 편'을 흡수해서 산하에 둘 때 그는 아멕스 사장이었다.

하지만 웨일은 아멕스의 회장 겸 CEO였던 짐 로빈슨James Robinson과 권력투쟁을 벌이게 됐다. 이때 그가 사내에서 맞서 싸운 인물들 중에 지금은

PE의 칼라일 그룹 회장으로 IBM 회장 등도 역임한 루 거스너Louis Gerstner가 있었다. 웨일은 로빈슨을 중심으로 거스너와 시어슨 회장 피터 코언 등이 합세한 포위망에 갇혔고 결국 아멕스에서 축출당했다.

웨일의 회고록에는 믿었던 측근한테 배신당한 얘기가 여러 차례 나온다. 예컨대 웨일의 측근으로 아멕스에서 웨일이 실각당했을 때 뒤따랐던 제이미 다이먼도 결국 웨일을 '배신한' 사람 중 하나가 됐다. 다이먼은 지금 JP모건 체이스의 회장 겸 CEO가 되어 있지만 웨일에게는 '나이 차가 25살이나 나는데도 너무 많은 지위를 요구한 부하'였으며, 그 둘은 결국 1998년에 다투고 헤어졌다.

아멕스를 나온 웨일은 그때부터 제2의 매수인생을 시작한다. 1986년 소비자금융회사인 커머셜 크레디트Commercial Credit의 재건작업을 시작해 이 회사 IPO가 성공을 거두자 2년 뒤에는 보험회사 프라이메리카Primerica와 그 산하에 있던 증권회사 스미스 바니Smith Barney를 매수했다. 그리고 프라이메리카가 아멕스로부터 시어슨을 매수했다. 이렇게 해서 웨일은 짐 로빈슨에게 복수를 했다. 이 매수로 시어슨과 리먼이 분리됐고, 리먼은 1994년부터 다시 독립된 투자은행으로 재출범한다.[17]

한편 시어슨을 손에 넣은 프라이메리카는 대형 보험회사 트래블러즈까지 매수해서 사명을 트래블러즈그룹Travelers Group으로 바꿨다. 트래블러즈는 1997년에 솔로몬 브라더스를 매수(약 90억 달러)하고, 스미스 바니와 솔로몬을 통합해 솔로몬 스미스 바니SSB, Solomon Smith Barney를 발족시켰다.

그 무렵 웨일은 보험·증권업계의 제왕자리에 올랐는데, 1998년에 당시

---

17 리먼 브라더스는 미국의 서브프라임 모기지론 사태로 회사가 어려워지면서 2008년 9월 14일 뉴욕 주 남부지법에 파산보호를 신청했다_편집자

에도 미국의 중심적인 상업은행이었던 시티코프Citicorp(앞 장에 나온 내셔널 시티뱅크의 후신)를 매수한다. 이것이 지금의 시티그룹이다.

워커 재벌과 부시 패밀리의
권력기반이었던 투자은행 BBH

한편 독립성을 회복한 리먼을 1994년부터 지휘한 사람은 글럭스먼의 수하로, 앞서 얘기한 펄드다. 그는 2007년 현재까지 이미 13년간 회장 겸 CEO 자리에 있었다. 그런데 이 리먼의 경영진 중에 흥미로운 이름이 보인다. 그것은 젊은 고위간부 조지 허버트 워커George Herbert Walker 4세다. 워커 집안도 미국 이스터블리시먼트의 일원인데, 조지 워커 부시George Walker Bush 대통령도 이 가문이다. 워커 4세는 부시 대통령의 육촌뻘이다. 2004년의 부시 재선 때는 거액의 자금모집에 협력했다. 맨해튼 소호 지역에 사는 그는 현재 아직 30대로 GS의 매수 부문에서 근무한 뒤 지금의 자리로 옮겼다.

워커 집안은 1931년 창업한 월스트리트의 전통 있는 투자은행 브라운 브라더스 해리먼BBH, Brown Brothers Harriman의 파트너로 알려져 있었다. 앞서 슈워츠먼 이야기를 할 때 소개한 에이버럴도 이 은행에 근무한 사람들 중 한 명이다. BBH의 파트너에는 지금도 워커 가문의 이름이 올라 있다. 이 집안은 대대로 앞서 이야기한 예일대의 클럽 본즈의 단골 멤버였는데, 워커 3세(1953년 졸업 본즈 멤버), 워커 2세(1927년 졸업 본즈 멤버) 말고도 2세의 의형제 프레스콧 셸던 부시Prescott Shelden Bush 상원의원(1917년 졸업한 본즈 멤버), 조카인 조지 허버트 워커 부시George Herbert Walker Bush 전 대통령(1947년 졸업 본즈 멤버) 등 다수가 모두 본즈맨이었다.

웨일 금융제국의 클라이맥스와 그 종언

세계 최대의 금융기관 중 하나로 1998년에 탄생한 시티그룹은 합병 당시 시티코프 회장이었던 존 리드John Reed와 웨일이 공동회장에 취임했다. 이 합병은 글래스-스티걸 법에 저촉될 수도 있었으나 법률적인 해석을 최대한 유리하게 해서 가까스로 연방준비제도이사회FRB 등으로부터 매수 승인을 받아냈다.

웨일은 당시 재무장관직에서 막 물러난 전 GS 회장 루빈을 그룹으로 영입해 글래스-스티걸 법 철폐운동을 시작했다. 앨런 그린스펀Alan Greenspan FRB 의장, 로렌스 서머스Lawrence Summers 재무부 장관(당시) 등 정부고관들이 웨일의 생각에 동조했다. 의회에 대한 사전 정지작업을 거쳐 1999년 11월 12일, 증권업무와 은행업무를 나눠놓은 이 법은 66년 만에 폐지됐다.

그러나 21세기에 들어와 웨일에게는 뉴욕 사법당국이라는 적이 가로막아섰다. 도산한 거대 에너지회사 엔론Enron과 통신기업 월드컴World Com 분식결산 등의 문제가 차례차례 적발돼 월스트리트에 대한 비판이 고조되고 있는 가운데, 그룹 산하의 투자은행 SSB의 증권 애널리스트 잭 그래브먼이 1999년 통신기업 AT&T의 투자평가를 상향조정한 것이 문제가 됐다. AT&T와의 비즈니스를 따낼 목적으로 부당하게 평가등급을 올려준 게 아니냐는 의혹이 제기된 것이다.

웨일은 1988년부터 AT&T 이사로 있었고 AT&T 쪽 사람도 시티그룹 사외이사로 와 있었다. 게다가 이 애널리스트가 자신이 평가절상한 것은 웨일한테서 압력을 받았기 때문이며 절상의 대가로 "우리 아이를 좋은 유치원에 넣어준다"는 편의를 제공받으려 했다고 증언함으로써 웨일이 비판

[그림 7-2] 2007년 말 월스트리트의 세력판도

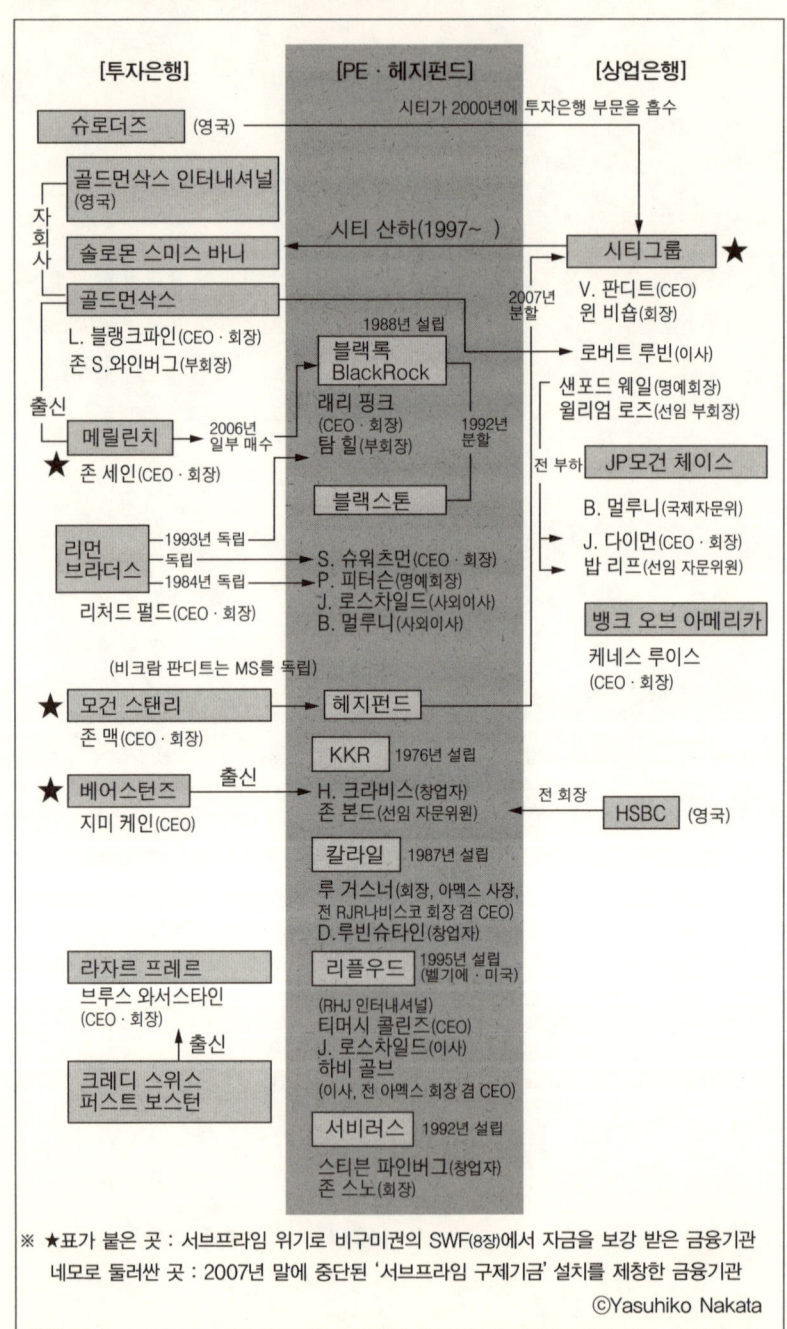

의 화살을 맞게 됐고, 그는 사법당국의 수사를 받는 처지가 됐다. 그 수사를 지휘한 뉴욕 주 검찰총장 스피처Eliot Laurence Spitzer는 그 뒤 뉴욕 주지사가 됐다(수사 전말에 대해서는 신문기자 찰스 거스패리노Charles Gasparino가 쓴 《월스트리트, 기만의 혈통Blood on the Street: The Sensational Inside Story of How Wall Street Duped A Generation of Investors》에 자세히 나와 있다).

그 사건이 '웨일제국' 종말의 시작이었을 것이다. 그는 먼저 CEO 자리를 내준 뒤 결국 회장 자리에서도 물러났다. 지금은 선임고문(명예회장)이라는 직책으로 시티에 남아 있다. 웨일의 뒤를 이어 회장 겸 CEO가 된 사람이 척 프린스Chuck Prince인데, 그도 2007년 11월 서브프라임 문제의 책임을 지고 사임했다. 그는 시티그룹 탄생의 법률적 실무를 담당했던 법률고문으로, 커머셜 크레디트 시대부터 웨일의 부하였다. 프린스는 차례차례 사라져간 웨일의 측근 중에서 시티에 남아 있던 최후의 한 사람이었다.

2007년 12월 말 시티는 그 탄생 때의 상업은행 모습을 떠올려서는 상상도 할 수 없을 정도로 변모했다. 그해 12월 결정된 새 CEO는 인도인 비크람 판디트Vikram Pandit였고, 새 회장직에는 2000년에 시티가 매수한 영국 투자은행 슈로더Schroders Plc 출신의 전 시티그룹 유럽회장 윈 비숍Winfried Bischoff 경이 임명됐다. 이 두 사람에다 경영집행위원회 회장 로버트 루빈이 가세해 이들 세 명이 회사를 꾸려가게 될 모양이다.

그러나 이들 중에는 시티의 핵심 업무였던 상업은행 업무(개인예금자를 상대하는 소매retail 부문) 경험자가 전혀 남아 있지 않다. 판디트는 모건 스탠리 출신 은행가이고 비숍 또한 투자은행 출신, 그리고 루빈은 경험은 다채롭지만 원래 GS 트레이더였다. 현재 핵심 경영진 중에서는 1957년에 입사해 그룹 선임부회장을 역임하고 상업은행 부문인 시티뱅크 회장을 맡고 있는 윌리엄 로즈William Rhoades(1935~)만이 시티코프 출신이다.

여기까지가 시어슨 리먼의 재편과 병행해서 등장한 월스트리트 희대의 금융가 샌포드 웨일의 활약과 조락의 드라마다. 합병으로 거대화를 달성한 현대판 피라미드의 정점인 시티에는 다시 분할하는 게 낫지 않느냐는 소리도 흘러나오고 있다.[18] 샌포드 웨일은 이를 필사적으로 저지하려 하고 있다. 이들을 포함한 현재 월스트리트의 세력판도는 [그림 7-2]를 참조하길 바란다.

시티가 서브프라임 위기로 다수의 채권 평가손과 주가 하락에 휩쓸린 2007년 11월, 시티에 75억 달러를 출자하기로 결정해 시티를 과소자본의 위기에서 구해준 것은 중동 산유국 아부다비의 투자펀드였다. 다음 장에서는 아시아와 중동을 무대로 착착 출현해온 정부계 펀드SWF, Sovereign Wealth Fund(국부펀드)가 테마다. 국가의 자본력을 배경으로 활동하는 그들은 구미 재계인과 어떻게 연결되어 있을까?

---

[18] 2009년 2월 미국 정부는 씨티그룹의 보통주 지분을 36퍼센트까지 확대함으로써 사실상 국유화했다_편집자

7장 _ 참고문헌

- 《글로벌 자본주의와 거대기업의 합병グロ―バル資本主義と巨大企業合併》(奧村晧一 지음, 日本経済評論社)
- 《더 매스터 뱅커ザ・マスター・バンカー》(폴 팰리스 지음, 東力 옮김, 다이아몬드사)
- 《야만의 방문자―RJR 나비스코의 함락野蛮な来訪者―RJRナビスコの陥落》(상·하) (브라이언 바로·존 핼리어 지음, 鈴田敦之·三和總研海外戦略部 옮김, 일본방송출판협회)
- 《월스트리트, 기만의 혈통ウォール街 欺瞞の血筋》(찰스 거스패리노 지음, 田村勝省 옮김, 東洋経済新報社)
- 《모건 가モルガン家》(상) (론 챠노 지음, 靑木栄一 옮김, 닛케이 비즈니스 人文庫)
- 《세계 금융경제의 '지배자'―그 7개의 수수께끼世界金融経済の「支配者」―その七つの謎》(東谷暁 지음, 祥伝社新書)
- 《최신 미국 정치지도―지정학과 인맥으로 읽는 국제관계最新·アメリカの政治地図》(園田義明 지음, 講談社現代新書)
- 《M&A―20세기의 연금술M&A―20世紀の錬金術》(松井和夫 지음, 講談社現代新書)
- 《마이 라이프―클린턴의 회상マイ・ライフ―クリントンの回想》(상)(빌 클린턴 지음, 楡井浩一 옮김, 朝日新聞社)
- 《The Greed Merchants: How the investment banks played the free market game》(Philip Auger, Penguin books, 2006)
- 《Our Crowd: The Great Jewish Families of New York》(Stephen Birmingham, Syracuse University Press, 1967/1996)
- 《Investor Capitalism: How Money Managers are Changing the Face of Corporate America》(Michael Useem, Harper Collins, 1996)
- 《Who Really Runs the World?》(Thom Burnett & Alex Games, Collins & Brown, 2005)

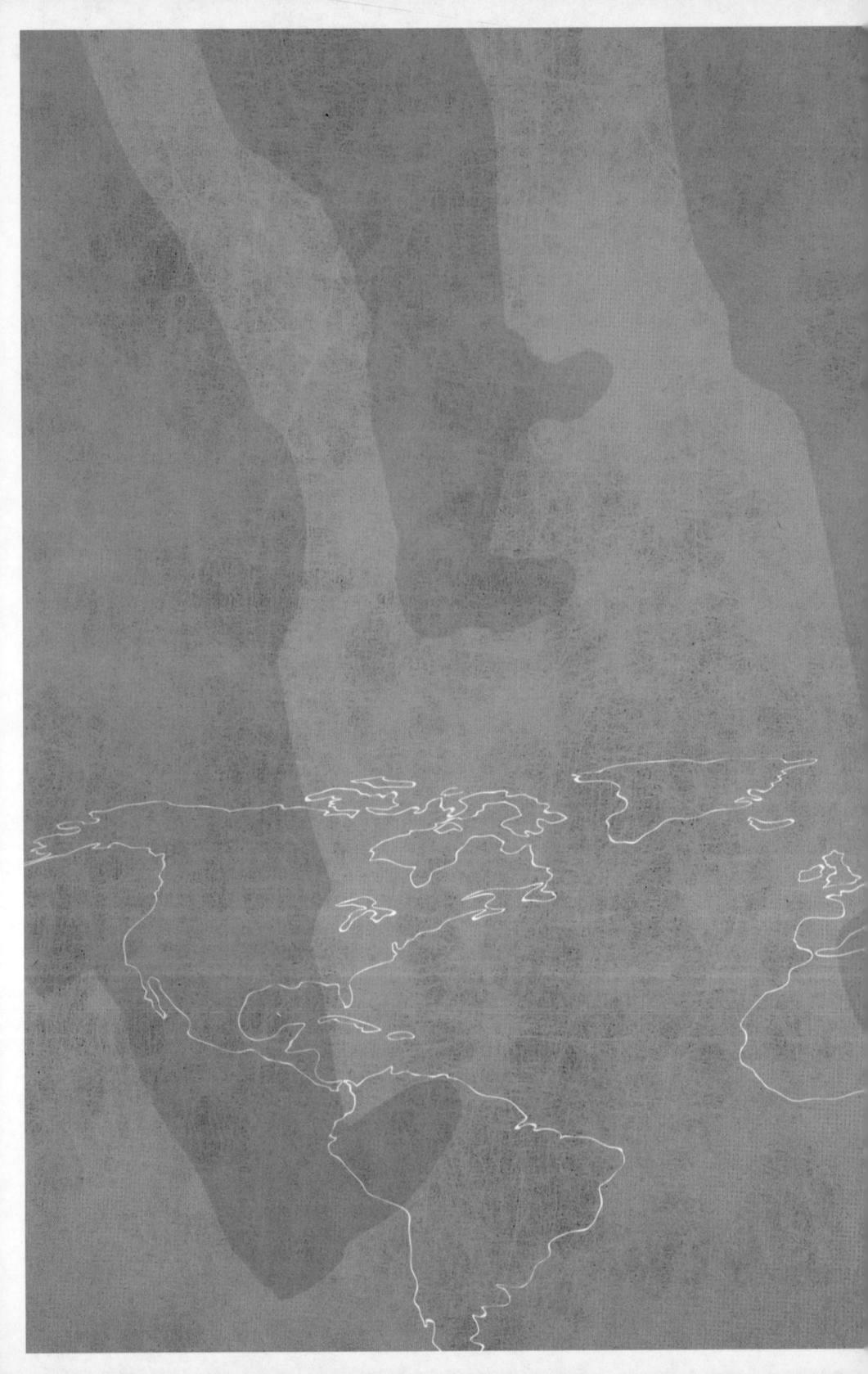

8장

글로벌리제이션에 참여하는 아시아·중동 자본가들과 구미자본

글로벌리제이션에 참여하는
아시아·중동 자본가들과 구미자본

미국 단독패권의 동요

　지금까지는 구미의 권력자, 금융 재계인들이 엮어내고 있는 스몰 월드 네트워크의 현재 모습을 살펴봤다. 그들은 빌더버그회의, 3자위원회나 다보스회의를 핵으로 하여 다국적기업의 중역 겸임 네트워크, 싱크탱크, 재단이사회 인맥의 중추에 그물망처럼 존재하면서 강력한 정보 네트워크를 형성하고 있는데, 그것이 '사실상의 권력'이 되어 있다고 설명했다.
　이 네트워크의 구조나 명칭은 변할지라도 인재 교체를 거듭하면서 앞으로도 그대로 존속해 갈 것이다. 이 구조는 이미 중세 이탈리아에서 활약한 베네치아의 상업자본가, 중세 기독교 십자군이나 동인도회사를 그 발단으로 하고 있으니, 근대에 들어 시작된 것은 아니다. 구미 재계인이 적어도 비즈니스 면에서 세계를 재패할 수 있었던 것은 그들이 그런 네트워크를 구축하고 이데올로기와 종교의 차이를 뛰어넘어 폐쇄적 이익공동체를 형성했기 때문이다.

그러나 21세기 초에, 닉슨쇼크 이후 단독 세계패권국이었던 미국의 '달러패권 동요'가 표출됐다. 이란이나 베네수엘라의 대통령 등은 "달러는 무가치한 종잇조각"이라며 강성 발언을 하고 있다. 구미 금융자본의 독점적 지배체제에서 서서히 '평평한 사회'가 생겨나고 있는 것처럼 보이기까지 한다. 예를 들면 그것은 러시아의 부활, 아시아(중국, 인도)의 대두, 중동 산유국의 독자적인 투자회사가 세계시장에서 벌이는 매수 공세 등이 보여주는 세계의 다극화다.

현재의 글로벌리제이션 현상은 무엇보다 중국, 인도의 대두와 2001년 9월 11일 이후 중동에서 생겨난 '독자적 경제권'으로 특징지을 수 있다. 그것을 상징하는 것이 2007년 중반부터 일본 언론에서도 갑자기 주목하게 된 소버린 웰스 펀드SWF라는 존재다. SWF는 '국가펀드' '정부계펀드'라고도 불리며[19] 이름 그대로 국영의 투자펀드다. IMF에 따르면 자산 규모는 약 2조 9000억 달러라고 한다.

중국에 이어 세계 2위의 외환보유고를 자랑하는 일본에서도 다무라 게이타로田村耕太郎 참의원 의원(자민당, 전 금융장관 정무관) 등을 중심으로 일본판 SWF 설립을 지향하는 '일본판 정부투자회사 설립을 위한 의원연맹'이 결성됐다. 이 조직에는 일본 기업들을 야금야금 팔아넘긴 외국자본의 상투적 수법을 알고 있는 외국자본계 금융맨 출신자들도 모여 있다고 한다. 약 150조 엔이라는 막대한 적립금이 쌓여 있는 공적연금자산 운용의 다양화를 꾀할 모양이다.

이 SWF는 뉴욕 월스트리트, 런던 시티, 스위스 등을 거점으로 확보하고 있는 구미 금융자본에 대한 주요 대항세력이 될 것이다. 이 장에서는 SWF

---

19 우리나라에서는 국부펀드로 불린다_편집자

가 주목받기까지의 구미와 아시아 자본가들의 인적 네트워크, 그리고 현재의 SWF 동향을 간략하게 설명해보겠다.

붉은 자본가의 선구자, 룽이런 부자父子

미국과 중국의 관계는 2001년의 하이난섬 사건(남중국해의 공해 상공에서 중국군 전투기가 미군 정찰기와 부딪쳐 추락한 사건) 이후 대만문제를 비롯해 '미국-중국 신냉전'의 가능성을 우려해야 할 정도로 한때 냉각됐지만 9.11 사태를 계기로 다시 밀월기를 맞고 있다. 이것은 부시 정권의 재무장관이 된 헨리 폴슨(앞 장 참조)이나 국무부 부장관인 로버트 졸릭(전 GS 부회장, 현 세계은행 총재)을 중심으로 한 미국 재계의 중국중시정책 덕택이다.

폴슨도 소속되어 있던 GS는 2004년 말 중국 증권회사 베이징고화北京高華증권 창설과 함께 베이징에 있는 이 회사와 합작해서 고성고화高盛高華증권Goldman Sachs Gao Hua Securities Company Limited을 설립했다. 이 증권회사를 도맡아 운영해온 사람이 팡펑레이方風雷다. 그는 홍위병 출신으로 허난성河南省에 있는 국유기업을 경영한 '붉은 자본가'(러시아의 올리가르히와 같은 존재) 중 한 사람이다. 1995년 미국 투자은행 모건 스탠리와 합작해서 증권회사를 세웠다. 또 중국전신China Telecom과 중국석유가공SINOPEC 등의 중국기업 주식상장을 실현시켰다. 팡펑레이는 현재 독립해서 PE펀드를 설립했는데, 여기에는 싱가포르 SWF인 테마섹 홀딩스Temasek Holdings가 출자한다고 한다.

이같은 '붉은 자본가'의 선구자는 중국중신집단공사中國中信集團公司,

CITIC, China International Trust and Investment Company를 창업한 룽이런榮毅仁(1916 ~2005)이다. CITIC는 지금도 금융, 부동산 등 다각적 경영을 계속하고 있다. 룽이런은 정식 공산당원은 아니었다고 하지만 중국공산당 밑에서 경제발전에 노력했다.

공산 중국에 자산을 상납해서 경제건설에 협력해온 그가 비즈니스맨으로서의 본령을 발휘한 것은 중국이 문화대혁명을 끝내고 개혁개방 노선으로 방향을 튼 1978년 이후다. 그는 최고실력자 덩샤오핑鄧小平에게 경제발전의 중요성과 외국자본과 기술 도입을 역설해 내각직속의 국영기업 CITIC를 창설케 한 것으로 알려져 있다. 나중에는 국가 부주석까지 됐다. 따라서 그가 비밀 공산당원이었다는 설도 있다.

룽은 덩이 1979년 미국을 방문한 그다음 해 CITIC의 회장 자격으로 미국에 가서 체이스 맨해튼 은행을 찾아가 록펠러와 회담했다. 그때 수백 명의 재계인들을 만나 중국에 대한 미국의 기술지원에 관해 논의한 것으로 보인다(저널리스트 마이클 초스도프스키Michael Chossudovsky의 《Towards Capitalist Restoration?》에서 인용).[20]

그가 세운 CITIC는 정부가 100퍼센트 지분을 보유하는 국영기업이다. 산하에 홍콩에 본부를 둔 CITIC홍콩이 있는데, 이 회사가 30퍼센트 출자하고 있는 자회사가 CITIC퍼시픽CITICP이다. 이 회사의 회장(주석)이 룽이런의 아들 룽지젠榮智健(1942~)이다. 이 회사는 홍콩의 항공회사인 캐세이 퍼시픽Cathay Pacific과 드래곤 에어라인Dragon Airline의 주주였으나 2006년에 이

---

20 중국과 록펠러의 관계에서 핵심적 역할을 한 인물은 록펠러 퍼시픽과 록베스트의 이사 니콜라스Nicholas 록펠러다. 그는 '환태평양문화재단'의 이사이며, 미국 랜드연구소RAND Corporation 자문위원이자 CFR 회원이기도 하다. 니콜라스는 글로벌 아고라(홍콩)와 함께 중국에서 무선통신 비즈니스 실험도 진행하고 있다.

를 매각하는 등 최근 사업의 중심을 홍콩에서 중국 본토로 옮겨가고 있다고 한다. 2007년 4월에는 중국에서 일곱 번째 규모로 알려진 산하의 중신中信은행도 홍콩만이 아니라 상하이에서 주식을 상장했다. 그리고 CITIC 그룹 기업인 중신신탁中信信託이 2006년 말 시티그룹과 IBM이 출자한 광둥발전廣東發展은행에도 출자하고 있다.

룽지젠은 《포브스》의 중국부호 리스트에서 3위에 올라 있으며, 세계 순위는 432위(22억 달러)다. 그리고 CITICP에는 이 책 2장에 등장한 캐나다의 부호인 데스마레 가문의 앙드레가 사외이사로 참가하고 있다.

영국과 관계 깊었던 홍콩의 지배자들

아시아의 부호로 역시 알아둘 필요가 있는 사람들은, 구미 재계인들도 일찍부터 진출한 홍콩이나 마카오, 동남아시아와 같은 옛 식민지를 거점으로 활약하고 있는 화교華僑와 화인華人 자본가들이다. 홍콩, 대만, 마카오를 범주로 한 《포브스》의 '대중화권 부호 리스트'는 리자청李嘉誠(리카싱, 1위, 220억 달러), 리자오지李兆基(2위), 궈빙샹郭炳湘(3위), 이라크 유대계의 피를 이어받은 마이클 카두리Michael Kadoorie(4위), 마카오의 카지노왕인 스탠리 호何鴻燊(6위), 대만계 제프리 쿠Jeffrey Koo 1세, 그리고 홍콩의 리처드 리Richard Lee 등 실로 다채로운 면면을 보여주고 있다.

이 가운데서 일본인에게도 잘 알려져 있는 사람은 1위 리자청과 32위 리처드 리일 것이다. 이 두 사람은 부자지간인데, 부친인 리자청은 당대(1대)에 인터넷·통신, 의료, 부동산, 항만, 호텔, 에너지 등을 망라하는 복합 화교기업 청쿵실업長江實業, Cheung Kong Holdings을 쌓아올린 인물이다. 청

청쿵실업은 산하에 50퍼센트를 출자하는 허치슨 왐포아Hutchison Whampoa Limited가 있고 또 그 산하에 다수의 계열기업들이 늘어서 있다. 리자청이 이들 두 회사의 회장이다.

그는 플라스틱 공장에서 생산한 조화造花 판매를 시작으로 부동산에 진출한 뒤 일대 비즈니스 제국을 건설했으며, 홍콩 최대의 금융기관이었던 홍콩상하이은행HSBC(지금의 HSBC그룹 전신) 부회장도 지냈다. 그의 그룹기업 중에는 캐나다에서 오일샌드 채굴에 착수한 허스키 에너지Husky Energy가 있는데, 이 회사는 영국 BP와 합작사업을 벌일 예정이다. 지금은 패밀리 재단 등의 자선활동이나 교육지원 등 사회활동에도 손을 뻗치고 있다. 마치 홍콩의 록펠러나 로스차일드와 같다.

평론가 미야자키 마사히로宮崎正弘에 따르면 청쿵실업은 '항치지산恒置地産(헨더슨랜드)'에 버금가는 홍콩 4대 부동산회사 가운데 하나다(헨더슨을 창업한 사람이 2위인 리자오시다). 4위인 카두리도 청쿵실업의 사외이사다. 카두리 가문은 홍콩에서 유명한 페닌슐라호텔을 산하에 두고 있는 '홍콩·상하이 호텔'의 경영자다.

청쿵실업 부회장은 리자청의 장남 빅터 리다. 그는 부호를 노린 범죄집단에 유괴당해 주목받은 적도 있다. 그리고 빅터의 동생이 현재 홍콩 유수의 휴대통신회사 퍼시픽 센추리 사이버웍스PCCW, Pacific Century Cyberworks의 회장인 리처드다. 그는 모회사인 퍼시픽 센추리의 회장이기도 하다. 퍼시픽 센추리는 이 회사가 도쿄역 앞 한편에 세운 거대한 임대빌딩 때문에 그 이름을 알고 있는 사람도 많을 것이다. 이들 몇 명이 홍콩 재계인 네트워크의 핵이다.

머독과 중국공산당

리처드 리는 리 가문의 계열기업 허치슨이 설립한 홍콩의 위성텔레비전회사 스타TV Star TV의 경영에 관여해왔는데, 이것을 1993년에 매수한 사람이 미디어왕 루퍼트 머독 Rupert Murdoch(1931~)이다.

1996년에는 중국 대륙을 겨냥해 피닉스텔레비전 Phoenix TV(봉황위성 텔레비전)도 개국한 머독은 원래 오스트레일리아 대륙의 미디어왕에 지나지 않았으나 거대 미디어기업 뉴스 코퍼레이션 News Corporation을 지배하기에 이르렀다. 그는 영국의 《타임스 The Times》《선 The SUN》과 복합미디어 폭스그룹 Fox Group도 산하에 두고 있다. 미국에서 전쟁을 찬미하는 친정부 보도를 해온 보수계의 폭스뉴스 Fox News나 《위클리 스탠더드 Weekly Standard》 등도 뉴스 코퍼레이션의 산하기업이다. 그리고 2007년에는 마침내 미국을 대표하는 신문 《월스트리트 저널 WSJ》을 발행하는 다우존스 Dowjones를 50억 달러라는 거액으로 매수함으로써 미국 경제뉴스 채널과 인터넷, 종이매체 미디어 등에 복합적으로 진출하는 일보를 내디뎠다.

그의 아들 제임스 머독 James Murdoch은 원래 뉴스 코퍼레이션의 자회사였던 위성방송 BSkyB의 CEO였을 뿐이지만 이 매수를 계기로 단행된 조직 재편으로 뉴스 코퍼레이션 이사회에 참가하게 됐다. 지금은 이 회사의 회장이 됐으며, 동시에 뉴스 코퍼레이션의 유럽·아시아 지구 회장 겸 CEO로 승진했다. 루퍼트 머독의 후계자로 권력을 위양받았다는 관측이 유력하다. 루퍼트 머독에게는 제임스 외에 러클랜 Lachlan이라는 장남이 있는데, 그는 오스트레일리아 미디어계에 영향력이 있다.

루퍼트 머독이 보스턴 명가인 대주주 밴크로프트 Bancroft 가문에게서 다우존스를 매수하자 '머독은 중국에 유화적이니까 중국의 인권문제 보도에서 편집 쪽에 압력을 가하지나 않을까' 하는 우려가 제기됐다. 그의 중국시장 중시는 지금의 부인 웬디 덩 머독Wende Deng Murdoch(본명은 덩웬디鄧文迪)이 중국계라는 점으로도 엿볼 수 있다. 웬디는 장쑤성江蘇省 태생으로 미국 예일대학에서 MBA를 땄다. 머독과는 1997년 스타TV에서 근무할 때 만나 2년 뒤 결혼했다. 이 결혼이 중국의 이른바 '허니 트랩Honeytrap'(미인계)이라는 지적도 있다.

스타TV는 천안문 사건 등 중국의 인권 억압을 보도해온 영국 BBC 프로의 재배신을 중단했으며, 뉴스 코퍼레이션 산하의 출판사 하퍼콜린스Harpercollins Publishers가 덩샤오핑의 딸이 쓴 덩샤오핑 평전의 영어판을 출판한 일도 있어 중국 중시 자세가 확실히 좀 노골적이다(《인터내셔널 헤럴드 트리뷴》 2007년 6월 27일). 이 《인터내셔널 헤럴드 트리뷴》의 기사는 머독이 덩샤오핑의 장남 덩푸팡鄧朴方과 커넥션을 만들었고, 중국중앙전시대中國中央電視台(중국중앙텔레비전방송CCTV)의 웹사이트를 디자인할 때 폭스 사 스텝들을 제공했으며, 《인민일보》 온라인판 사이트 구축에 손을 댔다는 사실도 지적하고 있다. 그는 전 국가주석 장쩌민江澤民, 주룽지朱鎔基와도 네트워크를 형성하고 있다.

장쩌민의 아들 장미엔항江綿恒도 통신회사 중국망락통신中國網絡通信의 경영자다. 이 회사에는 뉴스 코퍼레이션과 GS, 델컴퓨터Dell Computer 등이 자본참여를 하고 있다. 휴대전화 차이나 모바일China Mobile과 뉴스 코퍼레이션도 제휴관계를 맺었다고 한다.

이처럼 중국에 대한 파이프를 구축한 머독이 《월스트리트 저널》 등 머독 소속사들로부터 중국에 유화적이라는 비판을 받고 있는 것은 이해할 만한 일이다.

머독이 다우존스를 매수할 때는 그 매수정보를 둘러싸고 인사이더 거래(내부자 거래)가 이뤄졌다는 보도로 항간에 홍콩의 저명한 재계인의 이름이 떠돌았다. 그는 다우존스의 사외이사 리궈바오李國寶다. 그는 그밖에도 특별행정구 입법회 의원과 화상은행공회華商銀行公會 주석이자, 지금의 홍콩 행정장관인 쩡인콴曾蔭權(도널드 창Donald Tsang)의 선거캠페인 책임자였던 것으로도 알려져 있다.

리궈바오 가문도 홍콩의 명가인데, 가문 창시자 리관춘李冠春은 1차 세계대전 뒤 동아은행Bank of East Asia을 설립했다. 가문은 당시 위세를 떨치던 '영국계 쟈딘 마세슨Jardine Matheson 상회의 케즈윅 가문Keswick Family 및 해운을 지배한 스와이어 가문Swire Family과 대항하는 민족계 자본'이었다고 한다(Joe Studwell, 《Asian Godfathers》, 2007년).

민주국가 인도의 재계인들

중국보다 한발 늦게 경제발전이 진행되고 있는 곳이 인도다. 지금 인도의 인구는 중국을 능가하지만 극빈층과 IT기술 등을 익힌 중산층 간의 생활격차가 심하고, 인프라가 뒤떨어져 경제발전이 진행 중인 뭄바이(옛 봄베이) 등에서도 하루에 몇 번씩이나 정전이 된다고 한다.

영국의 식민지였던 인도는 1947년에 독립한 뒤 '제3세계'의 비동맹·중립노선을 표방해왔으나 미국 및 러시아와의 관계를 조율하면서 새로운 경제대국으로의 길을 걸어가고 있다. 2007년에 합의한 '미국-인도 원자력평화이용협력협정'에는 러시아에서 처리한 핵무기 추출 우라늄을 인도 원자력발전소에서 활용하게 하겠다는 미국 재계의 의도가 감춰져 있다. 미국의회는 인도의 핵실험에 대한 벌칙 규정이 충분하지 않다며 반대했으나, 미국과 러시아 쪽의 원자력 로비 압력이 작용한 듯하다.

앨 고어Albert Gore[21]와 함께 2007년 노벨평화상을 받은 유엔 기후변동 정부간 패널IPCC, Intergovernmental Panel on Climate Change의 인도인 라젠드라 파차우리Rajendra Pachauri 의장(타타에너지Tata Energy 연구소장)도 실은 "원자력은 탄소원炭素原 단위를 크게 줄일 가능성을 갖고 있는 방법으로 향후 탄소세 등이 도입되면 차차 우위에 서게 될 것"이라고 얘기할 정도로 열렬한 원자력 추진파다.

원자력 발전업체 벡텔Bechtel의 대리인인 조지 슐츠, 헨리 키신저 두 전직 미국 국무장관은 종종 러시아를 방문해 푸틴과 우라늄 상담을 하고 있다. 이 두 사람은 《WSJ》에 〈핵무기 없는 평화로운 세계를 위하여〉라는 논문을 발표했다. 그들에게는, 핵무기를 기존 5개국이 계속 보유하는 체제를 유지하면서 더 이상의 확산을 막는 한편 원자력발전을 신흥국을 대상으로 한 일대 비즈니스로 삼으려는 저의가 있는 듯하다.

이런 미국과의 원자력 제휴가 시작된 인도에서 가장 저명한 부호는 아르셀로 미탈의 회장으로 세계 5위의 부호인 라크슈미 미탈(1950~)일 것이다. 그는 영국의 고급주택가에서 살고 있다. 또 영국·룩셈부르크 기업인 코러스제철Corus을 매수한 타타재벌의 총수 라탄 타타Ratan Tata(1937~)는 2004년 《포브스》의 '아시아 우수 비즈니스맨'에 뽑혔다(2008년 1월에는 그룹기업인 타타 모터스Tata Motors가 대량생산차로서는 세계에서 가장 싼 10만 루피(약 264만 원)짜리 차 '나노'를 발표했다).

---

21 앨 고어가 지구온난화 문제를 이용해 비즈니스 활동을 하고 있는 사실은 의외로 알려져 있지 않다. 그는 제너레이션 인베스트먼트Generation Investment라는 투자회사 대표다. 이 회사는 전 GS의 은행가 세 명이 중심이 되어 운영하고 있다.

또 릴라이언스그룹Reliance Group을 경영하는 무케슈Mukesh와 아닐 암바니Anil Ambani 형제도 각각 세계 14위, 18위의 부호다. 이 회사만으로도 인도 GDP의 3.5퍼센트를 차지한다는 얘기도 있다. 이처럼 인도는 아직 개발도상국이라고는 하지만 원래 미국 실리콘밸리와도 관계가 깊고 시티그룹의 CEO가 인도계이기도 하기 때문에 주목할 필요가 있다.

시티그룹을 구한 아랍의 왕자

홍콩에서 인도를 경유해 중동으로 눈을 돌리면 EU 가입을 목표로 삼고 있는 소아시아의 터키, 그리고 페르시아 만 국가들이 있다. 터키 재계의 사반지 재벌Sabanci Group과 코치 재벌Koc Group은 예전부터 빌더버그회의 멤버였다. 또 최근 각광을 받고 있는 것이 걸프지역 아랍제국협력회의GCC, Cooperation Council for the Arab States of the Gulf 구성국들인 바레인, 쿠웨이트, 오만, 카타르, 사우디아라비아, UAE(아랍에미리트연합) 등 6개국이다. 이 지역은 2010년을 목표로 통화를 통합하려 하고 있다. EU와 중국권, 북미, 러시아와 겨룰 제5의 극으로 성장해온 것이다.

UAE는 두바이나 아부다비 등 최근 SWF의 투자로 화제를 모으고 있는 지역에서 구성된 연합국이다. 구미와의 관계에서는 사우디아라비아나 1979년까지의 이란처럼 친영·친미적이며, 석유기업과의 관계가 깊었다.

사우디아라비아는 지금도 세계 최대의 산유국이다. 1932년에 구미제국의 지원으로 건국한 사우디아라비아를 이끌어온 것이 사우드 가문이다. 현 국왕 압둘라는 6대에 해당하는데, 1000명에 이르는 왕위 계승자들이 있다고 한다. 이 가운데 반다르 왕자Prince Bandar bin Saud bin Khalid Al Saud(1949~)와

투르키 왕자Prince Turki bin Mohammad bin Abdullah Al Saud(1945~)는 주미대사를 역임해 미국과도 접촉이 많은 왕족 멤버다. 반다르는 특히 부시 가문과 관계가 깊어 '반다르 부시'라는 야유도 받고 있다.

그러나 왕족이지만 왕위 계승권을 갖고 있지 않으며 왕족 가운데 비주류파에 속하는 킹덤 홀딩스Kingdom Holdings의 회장 알왈리드 빈 탈랄 알 사우드 왕자Prince Alwaleed bin Talal Al Saud(1955~)(국왕 조카의 한 사람)야말로 세계적으로 가장 많이 알려진 재계인일 것이다. 그는 《포브스》 리스트의 세계 13위의 부호로, 9.11 직후 미국을 방문해 자신의 재산 1000만 달러를 뉴욕시에 기부했다. 그러나 그때 팔레스타인 문제에 대한 미국의 자세를 정면으로 비판한 것 때문에 당시 줄리아니Rudolph Giuliani 시장이 격분하기도 했다. 그의 투자전략은 장기적으로 성장 가능성이 있는 기업을 중심으로 매수해가는, 미국 투자가 워렌 버핏의 '밸류value(가치) 투자'와 같은 것이어서 그를 '아라비아의 버핏'이라 부르는 사람도 많다. 중국 후진타오 주석도 사우디아라비아를 방문했을 때 정부와는 무관한 일개 재계인인 알왈리드 왕자를 찾아갔다고 한다.

사우디아라비아에서는 거액의 석유수입 중 절반은 국가 예산으로 돌리고, 나머지 절반은 국왕과 황태자에게 각각 15퍼센트씩, 그리고 20퍼센트는 수만 명이나 되는 다른 왕족에게 분배하는데, 투자회사를 운영하는 알왈리드 왕자로서는 그 수입보다도 자신의 비즈니스로 벌어들이는 자산이 중요할 것이다. 킹덤은 2007년 사우디증권거래소에 막 상장을 끝낸 상태였으나 IPO에는 공모가격을 164퍼센트 상회하는 85억 3000만 사우디리야드(약 22억 8000만 달러)의 응모가 있었다. 하지만 IPO로 공모된 것은 발행된 주식 중 겨우 5퍼센트로, 지금도 알왈리드 왕자가 이 회사의 대주주다.

그의 경력에서 가장 유명한 것은 1991년 당시 곤경에 처해 있던 시티코프에 대한 출자일 것이다. 파산 직전이라고 했던 시티에 왕자가 자금을 투입한 것이 시티 구제로 이어졌다는 전설이 생겨났을 정도다. 킹덤은 2007년 11월 시점에도 시티의 두 번째 대주주(첫 번째 대주주는 아부다비 투자청)이며, 뉴스코퍼레이션, 애플Apple, 유로 디즈니Euro Disney, 영국 금융가인 커내리 워프Canary Wharf 운영회사에도 투자하고 있다. 세계 제일의 부호 마이크로소프트의 빌 게이츠 회장과는 공동으로 호텔 체인 포시즌Fourseasons을 매수했다.

구미 금융기관에 출자한 사우디아라비아 재계인으로는 그밖에 마안 알 사네아Maan Al Sanea(쿠웨이트 출신, 세계 97위)가 있는데, 그의 사아드그룹SAAD Group이 2007년 영국의 거대은행 HSBC의 주식 30퍼센트를 취득했다. 이 일로 HSBC는 '하우스 오브 사우드 뱅킹 코퍼레이션House of Saud Banking Corporation'이 아니냐는 구미언론의 조롱을 받았다.

이슬람 금융을 '발견'한 구미은행

이슬람권과 구미의 금융재계는 코란이 인정하고 있다는 '이슬람 금융'이라 불리는 투자 비즈니스를 통해 연결되어 있다. 코란에서는 불로소득이나 이자소득, 도박 관련 투자 등을 금하고 있으나 금융 비즈니스를 전혀 인정하지 않는 것은 아니다. 다만 이슬람 법학자가 인정한 투자수법이라는 요건을 충족시켜야 한다. 이슬람 금융은 오래전부터 존재했으나 9.11 이후 아랍의 석유자금이 미국에서 중동 여러 나라의 국내 투자로 방향을 틀면서 구미 금융기관에서도 주목하게 됐다. 특히 당시 영국의 재무장관(지금은 총리) 브라운Gordon Brown은 영국의 런던 시티가 이슬람머니의 게이트웨이gateway가 되겠다고 선언했다.

HSBC나 도이체방크와 같은 유럽 금융기관은 이슬람 금융 연구를 거듭한 끝에 이슬람 법학자를 충족시키고 이슬람법(샤리아Sharia)에 부합하는 '샤리아 적합' 금융상품을 개발하게 됐다. 이들 법학자에게는 은행 쪽이 수수료를 지불하는데, 이것 자체가 하나의 비즈니스가 되어 있다고 한다. 이슬람 법학자 한 사람은 "의사에게 진찰료를 지불하는 것"이라고 《파이낸셜 타임스》에 이야기했는데, 당연히 엄격한 보수파로부터는 구미금융한테 먹히는 게 아니냐는 우려도 제기됐다.

구미의 주요은행에서는 이미 펀드상품(헤지펀드의 실적을 추적할 수 있는 샤리아 상품) 등도 개발하고 있어 이슬람금융의 라인업은 구미금융에 비해 손색이 없어지고 있다. 이슬람 금융상품 개발은 이슬람권만이 아니라 구미 금융자본도 열심히 하고 있다. 이슬람 채권은 '수쿠크Sukuk'로 불리는데, 중동에서 발행되는 채권(270억 달러에서 500억 달러 규모)의 70퍼센트에서 80퍼센트를 구미 투자자들이 사들이고 있다고 한다. 이런 최첨단 금융상품은 런던 시티에서 태어나 성장하고 있다. 아니 그렇다기보다는 앵글로 아메리칸이나 유대계 금융 시스템이 이슬람시장에 줄을 대기 위해 '이슬람 금융'을 '발견'했다고 하는 편이 정확할 것이다.

구미에 진출하는 SWF

앞에서 얘기했듯이 구미권에는 석유자금으로 가득 채운 외화준비금을 배경으로 이슬람 제국 국영투자회사인 SWF가 활발하게 투자하고 있다. [표 8-1]에서 이들 정부계 펀드와 그 대표자, 운용자산액을 정리해둔다.

2006년 UAE의 정부계 기업인 두바이 포츠 월드DPW, Dubai Ports World가 영국의 해운항만회사 P&OPeninsular and Oriental Steam Navigation Company를 매수했을 때도 이 이슬람채로 자금을 조달했다. 그런데 이슬람계 DPW가 미국에서 항만사업을 운영하는 것은 '테러대책' 관점에서 미국 의회가 승인하지 않기 때문에 미국 자산만은 매수할 수 없었다는 것이 큰 화젯거리가 됐다.

이 DPW를 산하에 둔 지주회사가 두바이 월드Dubai World인데, 회장은 재계인 술탄 아흐메드 빈 슐레이엠Sultan Ahmed Bin Sulayem이다. 2007년 11월에 50억 달러라는, 중동에서는 이 해 최대의 주식 공개로 화제를 모았다. [표 8-1]에서 18위인 이스티스마르Istithmar도 이 회사 계열의 펀드다. 이 펀드는 영국 스탠더드 차터드Standard Chartered 은행에 출자하고 있는 것 말고도 최근에는 미국의 고급 어패럴(의류)기업인 바니즈 뉴욕Barney's New York의 매수를 둘러싸고 일본의 유니클로UNIQLO와 경쟁을 벌인 끝에 이겼다.

두바이의 지금 수장은 셰이크 무함마드 빈 라시드 알 막툼Shake Muhammad bin Rashid Al Maktum이다. UAE 총리이기도 한 그는 2015년까지 연평균 11퍼센트의 경제성장을 유지한다는 장대한 국가전략을 발표해 세계를 놀라게 했다. 산유국들은 석유 의존에서 벗어나기 위해 금융이나 인프라산업을 육성한다는 장기전략을 세우고 있다.

두바이는 현재 일본 사이타마 현 정도의 면적을 가진 나라에 전 세계 건설 크레인의 3퍼센트가 집결해 있다는 보도로도 뒷받침되듯이 건설 러시로 들끓고 있다. 야자열매 인공섬과 인상적인 잎사귀 모양의 호텔이 관광객들에게 강한 인상을 주고 있는 이 나라는 일본에서도 국영항공회사 에미레이트항공이 나고야의 추부中部국제공항발 두바이행 직행편을 운항하고 있다.[22]

[표 8-1] 유명한 정부계 펀드SWF 일람

순위	국적	펀드명	발족연도	자산 규모 (10억 달러)	2006년 GDP대비
1	UAE(아부다비)	아부다비 투자청(ADIA)	1976	625.0	520.70%
2	노르웨이	정부연금기금(글로벌)	1990	322.0	102.60%
3	싱가포르	GIC	1981	215.0	169.00%
4	쿠웨이트	쿠웨이트 투자청	1953	213.0	268.70%
5	중국	중국투자유한책임공사(CIC)	2007	200.0	8.00%
6	러시아	국가안정기금	2004	127.5	14.20%
7	싱가포르	테마섹 홀딩스	1974	108.0	84.90%
8	카타르	카타르 투자청	2005	60.0	185.30%
9	미국	퍼머넌트 리저브 펀드	1976	40.2	0.30%
10	브루나이	브루나이 투자청	1983	30.0	309.40%
11	한국	KIC	2005	20.0	2.20%
12	말레이시아	하자나 나시오날 BHD	1993	17.9	12.30%
13	베네수엘라	국가개발기금	2005	17.2	10.50%
14	캐나다	앨버타 헤리티지 세이빙 트러스트	1976	16.4	1.30%
15	대만	국가안정기금	2001	15.2	4.00%
16	카자흐스탄	내셔널펀드	2000	14.9	15.60%
17	칠레	경제사회안정기금	2006	9.7	7.60%
18	UAE(두바이)	이스티스마르	2003	8.0	6.70%
19	UAE(두바이)	DIC	2004	6.0	4.00%
20	오만	스테이트 제너럴 RF	1980	6.0	16.00%
합계				2072.0	

※ 자료 : Standard Chartered Bank, 2007년 10월 15일 자료 참고

이런 두바이의 상징은 두바이 국제금융센터DIFC에 있다. 정부계 투자회사들이 이곳에 본부를 두고 있는데, [표 8-1]의 19위 두바이 인터내셔널 캐피털DIC, Dubai International Capital, 두바이 인터내셔널 파이낸셜 센터, DPW, 두바이 에어로스페이스 등이 입주해 있다. DIC는 2007년 가을에 소니Sony에도 출자했고, 소니 전 회장으로 퀀텀리프Quantum Leap 대표인 이데이 노부유키出井伸之를 자문위원회로 불러들였다. 이 회사는 영국의 은행 HSBC에도 10억 달러를 출자했으며, 그밖에 마담 닷소 밀랍인형관을 운영하는 닷소그룹도 매수했다. 또 에어버스의 모회사인 유럽 군수기업 EADS의 주주(약 3퍼센트)이기도 하다.

또 SWF는 유럽증권거래소에도 적극적으로 출자하고 있다. 국영 두바이증권Borse Dubai이 북유럽 발트제국 기업들이 만든 증권거래소 OMX Helsinki Stock Exchange 매수 제안을 내놓고 나스닥과 매수전쟁을 전개함으로써 마침내 구미금융과 이슬람금융의 융합이 구체화됐다. 또 두바이증권은 런던증권거래소LSE에도 출자해서 카타르 투자청과 함께 48퍼센트 주주가 됐다고 2007년 9월 보도됐다.

OMX는 스웨덴 스톡홀름에 본부를 둔 세계적으로 이름난 현물 및 디리버티브(금융파생상품) 통합형 거래소 운영회사이며, 전 세계의 증권거래시장에 금융 테크놀로지를 제공하고 있다. OMX 주주로는 북유럽 재벌 발렌베리 가문도 이름을 올려놓고 있다. 제이콥 발렌베리Jacob Wallenberg(1956~)는 빌더버그와 CFR 국제위원회의 주요 멤버이기도 하며, 앞 장에서 나온

---

22 아랍에미리트연합을 구성하는 7개 토후국 가운데 하나인 두바이는 알막툼 수장의 신자유주의 개발전략에 따라 대형 부동산건설과 관광, 금융, 중계무역항 개발로 급속한 발전을 이루었으나 2008년 미국발 금융위기 이후 막대한 외자를 끌어들인 개발전략 자체가 흔들리면서 경제적 곤경에 직면했다_옮긴이

구미재벌들과도 관계가 깊다. 그는 스웨덴의 주요 투자회사 잉베스터Investor 그룹의 회장이며 잉베스터는 에릭슨Ericson, SEB은행과 트럭생산업체 스카니아Scania를 산하에 두고 있다. 또 노벨상 수상자를 결정하는 노벨재단 이사회 멤버이기도 하다.

OMX 매수극은 2007년 9월 말 두바이증권이 나스닥과 전략적 제휴를 맺고 공동으로 매수함으로써 나스닥이 새 회사 OMX나스닥이 되는 형태로 마감됐다. 두바이 정부는 이 회사의 주식을 19퍼센트 남짓 보유하는 것으로 낙착됐지만 의결권은 5퍼센트로 제한되어 있다(9월 말 시점에서 카타르가 LSE주(20퍼센트)와 OMX주(9.98퍼센트)를 손에 넣었고, 두바이가 나스닥이 보유하던 LSE주(31퍼센트)를 손에 넣어 나스닥과 합병한 새 회사의 19.9퍼센트를 보유하고 있다. 즉 이런 보유비율은 항상 유동적이다).

이런 예에서도 알 수 있듯이 예전에는 변방이었던 이슬람 금융과 구미 금융자본의 융합이 시작됐으며, 기업매수도 중동이라는 거대한 자금을 지닌 플레이어의 존재를 빼고는 이야기할 수 없게 됐다.

중국의 국부펀드는 아직 준비단계?

다음 초대국의 지위를 노리고 있는 중국도 [표 8-1]에서 5위인 중국투자유한책임공사CIC, China Investment Corporation를 설립해 1조 5000억 달러에 가까운 외환보유고를 바탕으로 2000억 달러의 SWF를 만들었다.[23] 첫 투자에 30억 달러를, 앞 장에서 언급한 '검은 돌 집단黑石集團, BSG, Blackstone'에 투

---

23 중국의 외환보유고는 2008년 3월 말 현재 1조 9537억 달러다_옮긴이

자해 주주(단, 무의결권의 보통주주)가 됨으로써 화제가 됐다. 하지만 그 뒤 미국의 주가하락 영향으로 10억 달러 정도의 손실을 낸 모양이다.

2007년 말 현재 단계에서는 그 이야기를 빼고 나면 CIC에 대해선 제한된 투자실적 소식밖에 들려오지 않고 있다. 현재 CIC는 운용책임자, M&A 업무 전문가, 학생 인턴 등 전문지식을 지닌 모든 직종을 모집하는 리크루트 사이트를 만들고 신문광고를 내는 등 SWF를 운용하는 실전부대를 육성하는 데 힘을 쏟고 있다. 따라서 BSG에 대한 출자도 투자 노하우를 흡수하기 위한 관계 만들기를 겨냥해 손실을 감수하고 감행한 '장기투자'였을지도 모른다.

CIC 회장 루지웨이樓繼偉(1950~)는 해군, 수도강철 등에서 근무한 뒤 고생 끝에 서른두 살에 칭화대학 계산기학과를 졸업했으며, 그 뒤 사회과학원을 시작으로 해서 국무원 부비서장까지 정상으로의 행진을 계속한 인물이다. 루지웨이는 CIC의 방침으로 "서브프라임론 문제로 타격을 받은 금융기관에 출자한 해외의 정부계 펀드처럼 시장안정화에 공헌하겠다"고 말했다고 한다. 다만 해외 대형투자에는 적어도 1년 정도의 준비기간이 필요하다는 발언도 해서 차기 대통령의 자세를 봐가면서 미국에 대한 투자 입장을 분명히 하겠다는 것으로 읽힌다(http://www.cic-recruit.cn/).

출자받은 회사 BSG도 중국에 진출해 전 홍콩 금융당국자로 시티은행과 체이스은행에서 국제금융 경력을 쌓은 량진송梁錦松, Antony Leung Kamchung을 책임자로 앉혔다. BSG는 미국에서 손실을 낸 부분을 인도나 중국 등 아시아에서의 M&A업무나 그 자문업무 등으로 보전하면서 생존을 꾀할 모양이다.

중국투자공사는 아시아 금융센터가 된 싱가포르 국영투자회사 테마섹 홀딩스(표 8-1에서는 7위)를 모델로 했다는 얘기도 들린다. 이 테마섹은 자국에서만이 아니라 인도의 휴대전화회사에도 투자하고 있다. 현 CEO는 리센룽李顯龍 총리의 처 호칭何晶이다. 리센룽 총리의 부친이 리콴유李光耀 전 총리다. 리 부자는 다른 싱가포르 정부계 투자회사 GIC의 회장과 부회장을 맡고 있다. 리콴유는 CFR이나 JP모건 체이스의 국제자문위원회에도 이름을 올려놓고 있다.

이처럼 구미금융은 의결권을 제한하는 등 신중한 자세를 보이면서도 아시아나 중동 쪽의 출자를 받아들여 세계의 단일시장화(그야말로 원 월드)를 향해 움직이기 시작했다. 그것을 상징하는 듯한 움직임이 이 장에서 소개한, 2007년 가을부터 연말까지 아시아와 중동의 SWF가 구미 금융기관에 잇따라 거액을 출자한 일이다. 이른바 '서브프라임 관련 증권'에 투자한 구미은행들은 거액의 평가손을 계상할 수밖에 없는 상황에서 '과소자본' 가능성이 있다는 평가를 받고 있다.

시티그룹이 아부다비 투자청에서 75억 달러를 출자받기로 결정한(게다가 2008년에는 알 왈리드 왕자도 출자한다는 보도가 나왔다) 것은 이미 이야기한 대로지만, 그밖에도 '서브프라임 문제'의 여파로 주택론 채권의 '공매'로 손실분을 메우는 지혜를 지닌 GS를 빼면, 모건 스탠리, UBS, 메릴린치 등 대형 금융기관들이 모두 SWF를 경유한 출자를 받아들이고 있는 모양새다. 모건 스탠리는 중국 CIC, UBS는 싱가포르 GIC, 메릴린치는 테마섹의 출자를 받아들인다는 뉴스가 연이어 보도됐다(블랙스톤 투자 때와는 달리 시티, 모건 스탠리에 대한 SWF의 출자는 보통주가 아니라 가치 하락 리스크가 적은 출자증권 방식으로 이뤄졌다).

이런 자본주입 배후를 추적해가면 은행가 사이의 네트워크가 드러난다. 모건 스탠리에 대한 CIC의 자본참여는 2007년 여름께부터 준비된 것으로 보이는데, 이것은 존 맥 회장의 측근인 중국계 여성은행가 웨이 크리스찬슨Wei Christianson이 CIC사이드의 카운터파트와 교섭해서 결정한 듯하다(《파이낸셜 타임스》, 2007년 12월 20일).

GIC의 출자를 받은 UBS는 Union Bank of Switzerland의 약칭인데, 싱가포르로부터 출자를 받았으니 결국 Union Bank of Singapore가 돼버린 게 아니냐는 우스갯소리도 나오고 있다. 하지만 대세는 어쩔 수 없는 상황인 듯하다. 이 '위기'를 계기로 해서 세계는 더욱 상호연계가 강화될 것이다.

그러면 이렇게 스몰 월드로 '이어져 있는' 세계는 앞으로 어떤 방향으로 나아갈 것인가? 다음 장에서는 낙관적 시나리오와 비관적 시나리오 두 가지를 검증해보도록 하자.

8장 _ 참고문헌

- 《중국재벌의 정체中国財閥の正体》(宮崎正弘 지음, 扶桑社)
- 《명가의 혈맥栄家の血脈》(王曙光 지음, 東洋経済新報社)
- 《Asian Godfathers: Money and Power in Hong Kong and Southeast Asia》(Joe Studwell, Profile Books Ltd, 2007)
- 기타 신문과 잡지기사 참조.

● 에필로그

스몰 월드는 어디로?

구미로의 융합? 아니면 도전?

미국의 저널리스트 토머스 프리드먼Thomas Friedman은 글로벌화 예찬을 계속해온 대표적 논객이다. 그는 매주 집필하는 《뉴욕타임스》 칼럼에서 세계 각국을 여행하며 '견문'해온 글로벌화 현상을 소개하고 있다. 그가 2005년에 간행한 《평평한 세계The World is Flat》는 일본에서도 화제를 불렀다. 이 책에는 미국 기업이 시차를 이용해 다음날 회의에서 사용할 자료의 작성을 인도의 IT기업에 의뢰하는, 그런 글로벌화에 의해 세계는 평평해졌다는 사례들이 가득 소개되고 있다. 프리드먼의 주장에 따르면 지금의 글로벌리제이션은 종래 구미의 식민지 지배로 생겨난 19세기형 글로벌화(제국주의)가 아니라 쌍방향 글로벌화다. 하지만 한편으로 미국에서는 거꾸로 저임금 노동의 '아웃소싱'으로 미국인 중류계급의 생활이 어려워지고 있다는 비판도 나오고 있다.

이 '평평한 세계'를 더욱 발전시킨 사고 모델이 IBM의 CEO로 엑슨 모빌 사외이사이기도 한 새뮤얼 팰미사노Samuel Palmisano가 2006년에 발표한 '글로벌리 인터그레이티드 엔터프라이즈GIE, Globally Integrated Enterprise'라는 사고방식이다. 이에 따르면, 대공황시대에 태어난 경제보호주의 Protectionism를 버린 세계경제는 1970년 이후 질적인 변화를 이룩했고, 지금 다국적기업의 관심사는 세계 시장에서 경영자원을 어떻게 배분할 것인지로 옮겨갔다고 한다. 이런 생각은 이른바 고전파 경제학에서 말하는 '국제 분업' 사고방식이나 국제관계론 학자인 코헤인Robert Keohane과 조지프 나이Joseph Nye가 얘기하는 '상호의존'(6장에 나온 '록펠러 국제주의'와 같은 의미)을 발전시킨 것인데, 미국 내에서도 찬반양론이 있다.

이와 비슷한 논의를 전개하는 독일증권의 스트레티지스트strategist 무샤 료지武者陵司는 지금의 글로벌 경제상황을 '지구제국'이라 표현하고 있다. 글로벌기업은 노동의 아웃소싱을 통해 '차액지대差額地代, rent'를 얻고 있다는 것이 무샤 료지의 주장이다. 지금의 글로벌 경제가 지구제국을 낳았고 그 주요한 행위자는 금융자본과 다국적기업이라는 게 '지구제국론'의 골자로서 이것은 명백히 레닌이나 홉슨John Hobson, 힐퍼딩Rudolf Hilferding과 같은 마르크스계의 '제국주의론'에서 영향을 받은 모델이다.

그러나 이 책에서 얘기해온 취지에 따라 다시 살펴보면, 이 지구제국이나 GIE의 출현 배경에는 자본이동의 자유화와 '세계의 공장으로서의 중국' '사령탑인 월스트리트와 시티의 금융자본'의 국제적인 역할 분담을 통한, 말하자면 데이비드 록펠러가 이야기하는 '원 월드'의 성립이라는 상황이 깔려 있다. 이 '원 월드'라는 개념은 이른바 '세계통일정부World Government'를 의미하기도 하지만 이 책의 취지로 보면 글로벌화가 지구 규모의 상호의존경제로 진전된 상황을 가리킨다. 실제의 '원 월드'나 '지구제국'이 지구통일정부로서 존재할 수는 없을 것이다. 그것은 록펠러 본인

이 인정하고 있는 바다.

19세기 이후 존재해온 '근대 국민국가Nation State'는 앞으로도 중요한 행위자로 계속 존재하겠지만 그 위를 뒤덮듯 비국가적 주체인 유엔, 글로벌 기업 경영자들의 '스몰 월드', NGO가 그물망처럼 네트워크를 만들어갈 것이다. 스몰 월드에 의한 네트워크가 세계경제를 묶어주는 예는 근대 이전부터 존재했으며, 국경을 의식하지 않고 이익을 중심으로 뭉친 집단이 경제를 움직이는 것은 드문 예가 아니다.

글로벌기업의 싱크탱크 중 하나인 CFR의 회장 리처드 하스Richard Haass는 '국가주권national sovereignty의 제한'을 호소하는 취지의 논문도 썼다. CFR은 미국의 싱크탱크임에도 회장인 하스는 신문 인터뷰에서 공공연하게 "미국의 세계독점은 끝난다"고 말한다. 이것은 중대한 세계질서의 변동이 일어날 전조다. 근대 국민국가의 틀이 붕괴한다는 논의는 다나카 아키히코田中明彦 도쿄대 교수(3자위원회 멤버)도 '새로운 중세'라는 개념을 구사하며 제기했다. 어쨌든 구미 다국적기업의 네트워크가 지배하는, 지금의 지구라는 단일시장이 존재한다는 무샤 료지나 팰미사노의 논의는 충분히 유의할 필요가 있다.

여기에서 중요한 것은 러시아나 중국, 아랍 등의 지역대국regional hegemony이 구미와 협조할 것인가, 대결할 것인가 하는 점이다. 그들은 독자적 행동으로 글로벌 경제의 참여자가 되어 있는 듯이 보일 때도 있다. 푸틴 왕조 성립 기운(4장)이 그 예다. 지금의 런던과 모스크바 사이에 '유사냉전疑似冷戰' 같은 관계가 조성되고 있다는 우려도 떨쳐버릴 수 없다.

그밖의 행위자로서 앞 장에서 다룬 중국과 중동의 발흥도 중요해지고 있다. 미국이 오일쇼크를 떠들면서 온난화 대책이란 명목 아래 석유에 의존하지 않는 비즈니스 모델을 만들려 하고 있는 것은, 주요 산유국인 중동

제국이 정치적 불안정 요인을 안고 있어 결국 석유를 자기들 손에 넣기 어려워질 것이라고 시뮬레이트했기 때문이다.

새로 발흥하는 이들 지역은 구미가 주도하는 경제패권에 공공연하게 도전하는 행동을 취하고 있지는 않지만 우선 외환보유고에서 달러의 비중을 낮추거나 유로화를 석유자원 결제통화로 사용하고 있다. 2007년 4월부터 여름에 걸쳐 중국이 CIC 설립자금 염출을 위해 미국 국채를 수십억 달러 규모로 매각했는데, 이는 단순한 투자행동이 아니라 중국 강경파가 미국에 대해 중국이 지니고 있는 경제적 억지력(뉴클리어 옵션nuclear option)을 과시한 것이라고 지적하는 보도도 나왔다('Is China quietly dumping US Treasuries?', 《Daily Telegraph》, 2007년 9월 6일).

낙관주의, 이대로 좋은가

그러면 현재의 글로벌화 상황은 어떤 미래를 시사하고 있을까? 하나는, 글로벌화가 진전됨에 따라 새로운 지구 규모의 스몰 월드가 출현하고 그 네트워크가 '지구 경영'을 해나간다는 사고방식이다. 그 세계에서는 영국의 고전경제학자 리카도David Ricardo가 말한 대로 세계 규모의 임금평준화 현상이 일어날 것이다. 있는 자들의 네트워크에 소속되는 이는 '세계 지배자층'이라고도 할 수 있는 자격을 획득해갈 것이다.

이 상태에서는, 어떤 의미에서는 경제적인 '상호의존주의' 관계가 침투하고 있기 때문에 국제적인 위기를 미연에 방지하는 효과가 있다. 그렇게 생각하는 것이 프리드먼과 같은 낙관파 저널리스트들이다. 하지만 마찬가지로 글로벌화가 고도로 진전되어 세계 규모의 경제적 상호의존주의가 침투해 있던 20세기 전반기의 상황은 그렇게 흘러가지 않았다. 사라예보 사건이라는 하나의 테러 사건을 계기로 1차 세계대전이 일어났다.

그런 '낙관주의'는 자본주의의 침투에 따른 '세계평화의 진전'을 확신한 영국 평론가 노먼 에인절Norman Angell 경의 이름을 따서 붙인 '노먼 에인절주의'라는 냉소주의적 용어로 불렸다. 그는 1913년에 출간한 《거대한 환상The Great Illusion》이라는 책에서 "다국적 상호의존관계가 고도로 진전된 20세기 초 상황에서는 대국들끼리의 전쟁은 리스크가 너무 커서 선택될 수 없다"고 주장했다. 하지만 1년 뒤 세계대전이 발발했고 에인절 경은 머리를 감싸 쥐고 말았다. 그는 1933년에 노벨평화상을 받았다. 그 뒤 1938년에 다시 그 책의 증보판을 출간했으나 그다음 해에 2차 세계대전이 일어났다. 평화를 향한 그의 소망은 두 번이나 배반당하고 말았다.

따라서 미국의 세계패권이 흔들리고 러시아와 중국, 중동이 경제적으로 발흥해 힘을 키워가는 것이 '새로운 세계대전'의 싹을 틔우지 않을 것이라고 장담할 수도 없다. 혁명가 레닌은 '자본주의가 고도로 발전한 단계'를 제국주의라 불렀다. 시각을 바꾸면 SWF나 PE펀드가 자금을 세계 규모로 움직이면서 광산회사나 제조업을 매수하고 있는 현재의 세계 상황은 19세기 후반부터 20세기 초에 걸친 시기의 세계와 유사한 면도 많다.

빌더버그회의에 참가해온 마틴 울프Martin Wolf(《파이낸셜 타임스》 논설위원장)에 따르면, 유럽 쪽 참가자는 2006년 회의에서 "이미 미국의 일극지배 시대는 끝났다"고 말했다고 한다. 아마 글로벌 경제는 2020년쯤까지는 그 향방이 드러나게 될 것이다. 혼란의 21세기 중반을 맞이할 것인지, 글로벌한 '세계 단일시장'의 진전을 보게 될 것인지, 그 어느 쪽으로 가든 열쇠를 쥐고 있는 것은 이 책에서 소개한 키퍼슨들이라는 건 분명하다.

에필로그 _ 참고문헌

- 《평평한 세계 フラット化する世界》(토머스 프리드먼 지음, 伏見威蕃 옮김, 日本経済新聞社)
- 《신제국주의론 新帝国主義論》(武者陵司 지음, 東洋経済新報社)
- 《The Globally Integrated Enterprise》(Samuel J. Palmisano, Foreign Affairs, May/June 2006)
- 기타 잡지와 신문기사 참조.

맺음말

2008년 1월 현재, 드디어 대공황 조짐을 보이고 있는, 또는 기울기 시작한 패권국 미국에서는 차기 대통령을 뽑기 위한 각 당의 예비선거가 진행되고 있다. 이 책의 주제에 입각해 각 후보자와 엘리트 네트워크(특히 정책자문단)의 관계를 정리해본다. 최종적인 결과야 어찌됐든 이 정보는 일과성에 그치지 않고 앞으로도 자료적 가치가 있을 것이다.[24]

민주당은 힐러리 클린턴Hillary Clinton(매들린 올브라이트Madeleine Albright, 리처드 홀브루크Richard Holbrooke, 윌리엄 페리William Perry, 스트로브 탤벗Strobe Talbott, 로버트 루빈, 로렌스 서머스)과 버락 오바마(앤서니 레이크Anthony Lake, 즈비그뉴 브레진스키, R. 클라크, D. 탈로)의 일 대 일 대결 양상이다.

클린턴 쪽에는 남편인 빌 클린턴 정권 때의 각 부 장관급이나 유명한 빌

---

[24] 이 책이 번역 출간되는 2009년 8월 현재, 미국의 대통령 선거는 버락 오바마 민주당 후보의 당선으로 결정이 났다. 그러나 저자도 언급했듯이 각 당의 후보자와 엘리트 네트워크와의 관계에 대한 정보는 최종 결정이 된 지금도 자료로서 유효할 것이다. 그뿐 아니라 이 책 전반에 걸친 인맥 네트워크는 시간 경과와는 상관없이 독자들이 세계의 정·재계 흐름을 파악하는 데 많은 도움이 될 것이다_편집자

더버거(프롤로그와 이 책 끝의 자료 참조)들이 다수 포진하고 있는데 비해 오바마 쪽에는 레이크와 카터 정권 탄생에 일역을 담당한 브레진스키가 있지만 '진용의 두께'로 보면 로스차일드 부인(3장 참조)까지 지지자로 가담한 클린턴 쪽에는 미치지 못한다. 만일 오바마가 32년 전의 카터 당선 때와 같은 형태로 '역전 당선'을 할 경우 그를 키운 3자위원회(6장)와 같은 보이지 않는 선거대책위원회가 존재한다고 봐야 한다.

공화당 후보를 보면 이 책에 등장하는 엘리트 인맥(헨리 키신저, 피터 피터슨, 조지 슐츠)이 매케인John McCaine 후보를 지지하고 있고, 허커비 후보는 리처드 하스(CFR 회장)의 조언을 받고 있다.

헌금 데이터opensecret.org를 보면 월스트리트의 주요 금융기관은 민주당 후보에 월등히 많은 헌금을 하고 있는데 골드먼삭스는 두 후보에게 거의 같은 액수(35만 달러 전후)를 헌금했다.

다만 현재의 세계정세는 미국만 주목해서는 이해하기 어렵다. 당초 미국, 영국, 유럽의 금융가들에 한정해서 쓸 예정이었던 이 책도 2007년 여름 '서브프라임 문제'가 발생한 이후 SWF의 출현 등 새로운 사태 전개 때문에 중국 등 신흥국과 구미 재계인과의 네트워크를 재조사해서 가필할 수밖에 없었다. 이 책은 약 3년 정도에 걸쳐 영국 《파이낸셜 타임스》 등의 정보를 중심으로 하여 독자적인 해외조사를 보태 구성했다. 물론 모든 네트워크, 인물을 망라할 순 없었지만 격동하는 현대 세계에서 활약하고 있는 재계인 네트워크에 대해서는 충분히 썼다고 자부한다.

이 책을 출판하는 데는 많은 분들이 매우 유익한 정보들을 제공해주었다. 그리고 믹시(SNS 사이트)를 통해 알게 된 여러분들은 원고를 몇 번이나 읽고 미세한 오류나 서술방식에 대해 조언해주었다. 또 출판기획 단계에서는 후쿠시마 다카히코 선생께 전작에 이어 신세를 졌다. 그리고 현대신서의 다나카 히로시 씨는 연말연시의 바쁜 시기에 인명색인과 도표 작성 등을 하느라 큰 고생을 했다. '글로벌 재계인 네트워크'에 대한 연구서인 이 책은 내 주변 네트워크의 여러분들로부터 관대한 협력을 얻지 못했다면 완성할 수 없었을 것이다. 이상의 모든 분들에게 감사를 드린다. 이후의 정세에 대해서는 필자의 홈페이지(http://amesei.exblog.jp/)에서 계속 보완할 것이다.

2008년 1월 나카타 야스히코 中田安彦

옮긴이의 글

서브프라임 모기지 부실화가 촉발한 미국발 금융공황이 세계경제를 짓누르고 있다. 언제나 그랬듯이 이번에도 취약계층, 사회적 약자일수록 더 큰 고통을 겪고 있다. 한 국가 차원에서도 그렇고 전 세계 차원에서도 그렇다. 10여 년 전에도 우리는 '외환위기'라는 이름의 유사상황과 마주쳤고 서민들은 그야말로 거의 속수무책이었다. 또 그 10여 년 전인 1980년대 후반에도 세계는 불경기에 시달렸지만 한국인들의 뇌리에 잊을 수 없는 심각한 위기의식을 박아 넣은 또 한 차례의 공황은 다시 그보다 더 10여 년 전의 '오일쇼크'라는 이름의 불경기였다. 그럴 때마다 그 까닭을 파헤치는 그럴듯한 언설들이 수없이 등장했다. 그래서 우리는 왜 그런 사태가 발생했는지 충분히 납득할 수 있었던가.

OPEC 의장과 사우디아라비아 석유장관을 지낸 아흐메드 자키 야마니가 1974년 당시 이란의 팔레비 국왕에게 석유 가격이 왜 폭등했는지 이유를 물었더니, 팔레비는 "그건 워싱턴에 가서 키신저에게 물어보라"고 했단다. 그 전해에 몰아닥친 '1차 오일쇼크'로 당시 세계는 전례 없는 위기에 직면해 있었다. 헨리 키신저가 석유 가격을 올렸나. 당시 리처드 닉슨 대통령 안보담당 특별보좌관(곧 국무장관도 겸임)이던 키신저는 아랍 산유국들이 석유를 값싸게 안정적으로 공급하도록 하는 방안 때문에 골머리를 앓고 있었던 게 아닌가.

그 1년 전인 1973년 10월 아랍과 이스라엘 간에 욤키푸르전쟁(4차 중동전쟁)이 일어났고 아랍 산유국들의 석유감산·금수조처로 국제 석유 가격은 무려 네 배로 뛰었다. 석유 가격 폭등으로 어떤 일이 벌어졌던가. 막대한 돈(오일머니)이 산유국으로 흘러들어갔다. 석유거래 대금은 달러로 결제됐으므로 석유구입 자금을 확보하기 위한 수입국들의 몸부림으로 달러 수요가 폭증하면서 달러가치도 올라갔다. 대다수 석유 수입국들은 유가 폭등과 달러가치 및 수요 급등으로 이중삼중고를 겪었다. 더 많은 달러를 빌려서 훨씬 더 비싼 가격으로 석유를 수입해야 했기 때문이다. 나중에 위기로 발전한 가난한 '제3세계'의 외채문제 악화의 주요원인도 거기에서 비롯됐다. 나중에 미국은 인플레를 막는다며 금리마저 올려 채무국들의 고통은 가중됐다. 1980년대에 만연한 '제3세계' 외채위기의 뿌리 중 한 갈래가 거기에 있었다.

우리는 오일쇼크를 위기, 참화로만 기억하지만 그 때문에 엄청 재미를 본 쪽도 있었다. 산유국만이 아니었다. 세월이 흐른 뒤 드러났지만 산유국은 결코 최종 수혜자가 아니었다. 가장 큰 호황을 누린 쪽은 미국·영국 중심의 서방 7대 석유기업들(세븐 시스터즈)이었고, 그들과 일체화한 뉴욕 월스트리트와 런던 시티의 석유·금융 카르텔이었다. 개발비가 높아 수지가 맞지 않았던 영국 북해유전은 고유가 덕에 살아났고, 앵글로색슨 금융자본은 뉴욕과 런던 시티의 금융가로 쏟아져 들어온 달러로 대부사업을 벌이면서 막대한 돈을 벌었다. 무너져가던 달러와 미국경제는 일단 한숨을

돌렸으며, 잘나가던 독일과 일본경제가 혼들리고 개도국 경제는 박살났다. 나중에 가난한 나라들한테 구조개혁을 닦달하며 채무를 환수하는 일은 미국·영국이 지배하고 있는 IMF 등이 떠맡았다.

그 바로 전까지 미국은 과도한 달러 남발과 베트남전 개입 등에 따른 거대 재정적자, 인프라 투자 부실과 제조업 경쟁력 약화와 기업의 해외이전, 무역적자, 독일·일본 등 경쟁국의 성장 등으로 2차 세계대전 이후 계속된 '고원경기'가 끝나고 새로운 위기에 직면하고 있었다. 1971년 그때까지의 달러-금 태환정지를 선언한 이른바 '닉슨쇼크'는 그 대중요법이었으나 투기까지 불러 달러의 과잉유동성 문제와 달러가치 하락을 심화시켰다. 이 문제를 풀려면 어떻게든 달러가치를 다시 높이고 흘러넘치는 달러를 통제하고 미국에 환류시켜 눈덩이 적자를 메워야 했다.

욤키푸르전쟁이 터지기 5개월 전인 1973년 5월 스웨덴 재벌 발렌베리 가문의 휴양섬 살트셰바덴에 세계 금융계와 정계를 주무르는 유력자 84명이 비공개회의를 열었다. 거기서 산유대국 사우디아라비아와 넘쳐나는 오일머니를 뉴욕과 런던 시티의 앵글로색슨계 금융기관에 예치하도록 하는 비밀협정이 맺어졌다. 그 협정을 주도한 사람이 바로 키신저였다. 왜 팔레비가 석유 가격이 그토록 폭등했느냐고 묻는 야마니에게 "키신저한테 물어보라"고 했겠는가.

이런 분야에 밝은 윌리엄 엥달에 따르면, 1973년 석유위기는 이처럼 키신저가 대표하는 앵글로색슨 이스터블리시먼트가 사전기획한 작품이었다. 그들이 오일머니를 그 작전에 끌어들이기 위해 산유국을 불러들여 모의한 정례 비밀모임이 '빌더버그회의'다. 《빌더버그 클럽》(대니얼 에스툴린)이라는 책도 있지만, 이런 얘기들은 어쩐지 '음모론'적 냄새가 짙게 풍긴다. 그렇다고 음모론적 시각이 모두 믿을 수 없다는 얘기는 결코 아니다.

우리가 꿈에도 생각하지 못한 수수께끼의 정답을, 그걸 터무니없다고 생각할 수밖에 없는 우리의 지식과 상상력 부족 때문에 우리는 종종 회의하고 의심한다.

실은 EU 탄생에도 빌더버그회의가 깊숙이 관여했다. 1954년에 탄생한 빌더버그회의 1957년 연차총회 개최지는 미국 조지아 주의 휴양지 시몬즈 섬이었고, 아이젠하워와 케네디 정부 국무차관을 지낸 조지 맥기, 냉전의 설계자인 국무부 정책기획위원장 조지 케넌, 윌리엄 풀브라이트 상원의원, 케네디 대통령 안보담당 보좌관 맥조지 번디, 그리고 거부 데이비드 록펠러 등 100여 명이 참석했다. 그해에 유럽공동시장 현실화의 바탕이 된 로마조약이 발표됐는데, 그 원안을 바로 빌더버그회의 멤버들이 논의했다.

나카다 야스히코의 《세계를 움직이는 인맥》은 일반인들은 잘 알 수 없지만 중요한 세상일의 밑그림을 그리는 이런 신자유주의적 비밀모임들이 빌더버그 말고도 여럿 있다는 사실을 꼼꼼한 취재를 통해 구체적으로 보여준다. 하지만 한때 신문사에서 근무한 뒤 일본 소에지마副島 국가전략연구소SNSI에서 미국정치 분석, 경제·금융 관점에서 본 구미 근현대사와 기업 연구에 몰두해온 나카다가 정리해주는 비밀모임들은 이 책 내용 가운데 극히 일부일 뿐이다. 영미 쪽 신문이나 잡지, 전문서적 등을 광범위하게 섭렵해온 나카다의 작업은 음모론적 시각이 끼어들 여지가 별로 없다. 그는 지금까지 기존 미디어들이 묘사해온 것과는 다른 시점의 세계상을 그려보려 한다. "우리는 이 '세계의 지배자'들의 실상을 너무 모른다. 그들이 어떤 경력을 갖고 있는지 모르는 게 아니라 그들끼리 어떻게 연결돼 있는지도 모른다."

그가 이 책의 주제, 곧 '세계를 움직이는 인맥'의 첫 번째 요소로 드는 것은 단연 돈(자산)이다. 빌더버그든 다보스회의(세계경제포럼)든 3자위원회

든 바젤클럽이든 중심멤버들은 《포브스》의 세계 억만장자 명단에 오를 정도의 부호들이다. 물론 돈만 많다고 되는 건 아니다. 예컨대 세계 몇십 위 안에 드는 수십억 달러 소유의 부호일지라도 선대로부터 재산을 물려받은 상속자일 뿐 사회적 영향력은 별 볼일 없는 경우도 많다. 그런 사람들이 세상을 움직일 순 없다.

세계를 움직이는 인맥의 두 번째 요소는 네트워크 능력이다. "'세계를 움직인다'고 할 때 필요한 조건은 다음과 같은 것이다. 즉 현재의 글로벌 자본주의경제 시대에서는 다국적자본의 기업활동을 리드할 수 있고 때로는 정치가나 국가 지도자와도 연락을 취할 수 있으며, 의사결정을 완전히 좌우하는 것은 아니라 하더라도 영향을 끼칠 수 있는 인물"이라는 것이다. 이런 인물은 부호이거나 정치·사회적 권력을 쥐고 있거나 그런 사람들을 움직일 수 있는 문화적 능력을 지닌 사람들이다. 대개 이런 사람들은 거대 투자회사 골드먼삭스 경영자 출신이었던 부시 정권 때의 재무장관 헨리 폴슨이나 클린턴 정권 때의 재무장관 로버트 루빈처럼 '회전문 인사'를 통해 정계와 재계 등 복수의 영역들을 넘나든다. 그들이 바로 키퍼슨들이다. 그러나 중요한 것은 그들의 능력이 아무리 뛰어나더라도 개인의 능력만으로는 세계를 움직일 수 없다는 점이다. 키퍼슨끼리 소통하고 묶어줄 수 있는 네트워크력(인맥력)이 있어야 한다.

"요컨대 '클럽' '동창회' '이사회 네트워크' '국제자문위원회' '비밀클럽'과 같은 인맥 네트워크가 짜올리는 그물망이 거기에 소속돼 있는 자와 소속돼 있지 않은 자의 '정보격차'를 낳는 것이다. 이런 종류의 네트워크로 공유되는 정보야말로 진짜 인텔리전스(가치 있는 정보)라고 불리는 것이다. 이것이 권력의 원천이다." 네트워크에는 허브hub가 되는 유력자가 있게 마련이다. 이 유력자를 통하지 않고는 네트워크도 인맥도 만들어지지 않는다. 허브가 되려면 돈과 함께 주요 클럽이나 명문 동창회 등이 부여하는 지위status가 필요하다.

이 유력자를 중심으로 엮이는 '스몰 월드' 네트워크, 죽은 과거의 인물이 아니라 살아있는 지금의 유력자들이 엮어가는 네트워크를 유럽에서부터 북미, 그리고 아랍과 중국 지역까지 하나하나 훑어가면서 상호 관련된 맥락까지 짚어가는 것이《세계를 움직이는 인맥》이다. 따라서 이 책은 "세계 최고의 인맥술을 깊이 체득한 사람들의 카탈로그"이기도 하다.

원래 이 책은 미국과 영국(앵글로색슨)의 금융·에너지 분야를 중심으로 한 재계 엘리트들로 범위를 좁혀 쓸 작정으로 약 3년간 작업을 해왔으나 2007년 여름부터 현실감을 띠기 시작한 서브프라임론 부실화 등 새로운 사태 전개를 감안해 중국 등 신흥국과 구미 재계인과의 네트워크까지 다시 조사해서 가필했단다. 엘리트들의 이름과 그들의 인맥을 그냥 나열해 놓은 죽은 인명록이 아니라 기업이나 조직, 단체 등 실재하는 구체적인 국내조직, 그리고 다국적 조직, 국가를 넘나들며 부침하는 살아있는 그들의 움직임까지 포착하려 애쓴다.

월스트리트식 신자유주의를 바라보는 나카다의 시각은 탐탁치않다. 그는 파생상품이 난무하는 월스트리트의 투기적 증권화 수법을 러시안룰렛에 비유한다. 운 나쁜 자가 다 뒤집어쓰는 게임인 '바바누키'에도 비유했다. 나스닥 증권거래소 위원장이라는 사람이 다단계 피라미드식 수법으로 거금을 굴린 사기 사건까지 일어난 실정 아닌가. 나카다는 일본 경제를 신자유주의 글로벌 경제에 편입시키기 위해 일본 고유의 제도나 시스템을 연구해서 미국 정치가나 재계인들한테 갖다 바치는 일본 대리인들에 대해 조사한《재팬 핸들러즈》라는 책을 쓰기도 했는데, 우리도 민영화니 규제완화니 금융 빅뱅 따위를 부르짖으면서 미국 글로벌기업들의 세계진출 전략에 복무하는 한국 대리인들을 조사한 《코리아 핸들러즈》 같은 책이 나와야 하는 게 아닐까.

2008년 2월에 초판이 나온 이 책은 2007년 12월까지 수집한 정보를 토대로 씌어졌다. 따라서 책 속에서 '현재'라고 할 경우 그것은 2007년 말을 가리킨다. 그런데 알다시피 그 이후 1년 반이 지난 지금, 상황이 많이 바뀌었다. 책 앞부분에 나오는 미국 대통령과 부통령은 2008년 11월 대선에서 승리한 민주당의 오바마 대통령과 바이든 부통령으로 바뀌었고, 러시아 대통령도 푸틴에서 메드베데프로 바뀌었다. 책을 쓰던 당시 석유, 가스, 알루미늄 등 천연자원 가격의 고공행진 덕에 잘나가던 러시아 경제는 그 뒤 상황이 급변하여 어려움에 처했으며, 따라서 《포브스》 부자 리스트 상위 그룹에 다수 이름을 올렸던 러시아 올리가르히 갑부들의 순위도 크게 바뀌었고 바뀌고 있을 것이다. 어디 러시아만 그렇겠는가. 잘나가던 월스트리트의 리먼 브라더스는 서브프라임 모기지 부실화 때문에 파산해 미국발 금융위기의 본격적 시작을 알린 신세가 됐다. AIG까지 거액의 공적자금을 투입하고 GM마저 부도위기에 몰린 최근 상황을 반영하지 못한 것은 아쉽다. 정도의 차이는 있지만 유럽 쪽 사정도 크게 다르지 않을 것이다. 그런 변동들 가운데 주요한 것들은 각주를 달아 보충설명을 하는 형태로 보완했다.

하지만 원문 그대로 보더라도 최근 변동들이 책의 가치에 손상을 주진 않으리라고 본다. 어차피 자잘한 팩트들은 시시각각 변해가는 것이고, 지은이가 그리고자 했던 것은 그런 세세한 팩트들의 추이를 쫓아가는 것은 아니었을 것이다. 세상을 움직이는 글로벌 엘리트들과 그들이 만들어가고 있는 스몰 월드 네트워크는 그 구성인자 일부나 주변환경이 다소 바뀐다고 해도 성격이나 구조 자체가 쉬 변하진 않는다. 그런 맥락에서 본다면 세계경제 위기를 비롯한 최근 변화들은 오히려 이 책의 메시지를 더욱 선명하게 드러내주는 좋은 재료들일 수 있다.

일본어로 표기된 유럽 각국 고유명사, 그리고 러시아, 중국, 아랍의 고유명사까지 다시 한글로 옮기는 일은 능력이 미치지 못해 힘겨웠다. 이리 찾고 저리 뒤져 가능한 한 원문표기를 덧붙이고, 우리말 표기원칙에 맞춰 옮기려고 애썼으나 오류가 적지 않을 것 같아 걱정이다.

한승동

2000~07년
빌더버그회의 주요 참가자들

※ 공식 보도자료에 따라 작성했다. 직책은 2007년 6월 현재의 것. 일반적으로 '현재'로 지칭되는 시기는 책을 마무리 한 2007년 말을 가리킨다.

【2000년부터 2007년까지의 개최지】

- 2000년 6월 1~4일 : 벨기에 브뤼셀 Chateau Du Lac Hotel
- 2001년 5월 24~27일 : 스웨덴 Hotel Stenungsbaden
- 2002년 5월 30일~6월 2일 : 미국 버지니아 Westfields Marriott
- 2003년 5월 15~18일 : 프랑스 베르사유 Trianon Palace Hotel
- 2004년 6월 3~6일 : 이탈리아 수트레자 Grand Hotel des Iles Borromees
- 2005년 5월 5~8일 : 독일 Dorint Sofitel Seehotel Uberfahrt
- 2006년 6월 8~11일 : 캐나다 오타와 Brookstreet Hotel
- 2007년 5월 31일~6월 3일 : 터키 이스탄불 Ritz-Carlton Hotel

【대기업 이사】

■ 금융업계

최근 5년간 빌더버그의 특징. 골드먼삭스 관계자가 많다.

골드먼삭스 관계자

- 로이드 블랭크파인(2007) 골드먼삭스GS(미국) 회장 겸 CEO(금융)
- 피터 서덜랜드(2000~07) 골드먼삭스 인터내셔널(영국 GSI) 회장, BP 회장, RBS 사외이사, 전 WTO 사무총장(금융·석유)
- 마틴 테일러(2000~07) 신젠터(스위스) 회장, 전 GSI 부회장, 전 바클레이즈 은행 CEO(바이오·금융)
- 페터 와인버그(2005) 영국 GSI 전 CEO(금융)
- 마리오 드러기(2004) 미국 GS 부회장, 현 이탈리아 중앙은행 총재(금융)
- 존 손튼(2004) 전 미국 GS 사장, 브루킹스연구소 소장, 칭화대학 교수(금융)
- 로버트 졸릭(2003) 전 영국 GSI 부회장, 2007년 이후 세계은행 총재(금융)
- 존 코자인(2004) 전 뉴저지 주 선출 상원의원, 미국 GS 회장 겸 CEO, 현 뉴저지 주지사

기타 금융 관계자

- 티머시 콜린즈(2000~07) 리플우드 홀딩스(미국·벨기에, RHJ) CEO(금융)
- 데이머트 그렉슨(2003~07) AIB그룹(아일랜드) 회장(금융), AIB는 서덜랜드 BP 회장의 출신 은행

- 리처드 홀브룩(2004~07) 투자회사 페르세우스(미국) 부회장, 전 미국 유엔 대사, 전 브루킹스연구소 소장(금융)
- 제임스 존슨(2004년을 제외한 2000~07) 페르세우스 부회장, 전 패니메이(미국) 총재(금융)
- 버넌 조던(2000~07) 라자르 프레르(미국) 수석 매니징 디렉터(금융)
- 케네스 제이콥(2007) 라자르 프레르(미국) 부회장(금융)
- 헨리 클라비스&마리 클라비스 부부(2000~07) 남편은 투자펀드 KKR(미국) 창업 파트너(금융)
- 제이콥 발렌베리(2000~07) 인베스트 그룹 회장, 전 SEB은행(모두 스웨덴) 회장(금융)
- 클라에스 달벡(2003) 잉베스터 회장, 전 SEB은행(모두 스웨덴) 회장(금융)
- 프랑코 버나비(2000~07) 로스차일드 유럽 부회장, 페트로차이나(중국) 이사(금융·석유)
- 모리스 리펜스(2006~07) 포르티스(벨기에) 회장(금융)
- 프랭크 맥케너(2004~06) 토론토 도미니언뱅크 파이낸셜 그룹(캐나다) 부회장(금융)
- 프랑수아 앙리 피노(2006) 아르테미스(프랑스) 사장, PPR그룹 회장 겸 CEO(패션)
- 스티븐 래트너(2006) 쿼드랭글 그룹(미국), 매니징 프린시플(금융)
- 데이비드 록펠러(2000~06) 전 JP모건 체이스(미국) 국제자문위원회, 전 체이스 맨해튼 은행 회장(금융)
- 마티아스 로드리게스(2000~07) 산탄데르(스페인) 은행 부회장(금융)
- 장 피게베아르(2005) KBC그룹(벨기에) 회장(금융)

- 미셸 틸먼트(2005) ING그룹(네덜란드) 회장, 전 브뤼셀 랑베르(벨기에) 은행 CEO(금융)
- 루돌포 드 베니디티(2003~04) CIR그룹(이탈리아) CEO, 유럽 매수왕, 카를로 드 베네디티의 아들(금융)
- 가브리엘 가라테리(2004) 메디오방카(이탈리아) 회장(금융), 지금은 퇴임
- 코라드 파세라(2003~04) 방카 인테사(이탈리아) CEO(금융)
- 앙드레 레비 랑(2003) 파리바 은행(프랑스) 전 회장(금융)

■ 자원·전력업계

유럽 재계인에는 BP와 수에즈 관계자가 많다.

- 에티엔 다비뇽(2000~07) SGB 전 회장, 수에즈 트랙테벨(모두 벨기에) 부회장(금융·에너지)
- 존 커(2004~07) 로열 더치 셸(영국·네덜란드) 부회장(석유)
- 에이길 마이클바스트(2003, 2007) 노르스크 하이드로(노르웨이) 회장(석유), 현 스타트오일 하이드로
- 요르마 오리아(2000~07) 로열 더치 셸 회장, 전 노키아(스웨덴) 회장(석유·IT)
- 제로엔 반 데아 베어(2003~05, 2007) 로열 더치 셸(영국·네덜란드) CEO(석유)
- 존 브라운 경(2000~06) BP(영국) CEO, GSI(영국) 이사(석유·금융)
- 장 피에르 한센(2004, 2006) 수에즈 트랙터벨 CEO(에너지)
- 안 로베르종(2006) 알레부아(프랑스) 회장, 수에즈(프랑스·벨기에) 이사

(원자력)
- 폴 데스마레 주니어(2006) 파워 코퍼레이션(캐나다) CEO(금융)
- 파올로 스카로니(2005) 에넬(이탈리아) CEO(에너지)
- 필립 비린(2003) 리먼 브라더스 유럽 부회장(금융)

■ 그밖의 기업

미국계 군수산업 쪽의 참여가 적은 것은 이해관계의 대립이 심하다는 것을 암시한다.

- 무스타파 코치(2006~07) 코치 재벌(터키) 회장(종합)
- 존 엘칸(2005~07) 피아트(이탈리아) 부회장(자동차)
- 위르겐 슈렘프(2002~07) 전 다임러 크라이슬러(독일) 회장(자동차)
- 윌리엄 포드 주니어(2005) 포드 자동차(미국) 회장 겸 CEO(자동차)
- 크레이그 먼데이(2003~07) 마이크로소프트(미국) 칩 리서치 겸 전략 오피서(IT)
- 에릭 슈미트(2007) 구글 회장 겸(미국) CEO(IT)
- 클라우스 클라인펠드(2007) 지멘스(독일) 회장 겸 CEO(IT), 지금은 알코아 COO
- 콘래드 블랙(2003) 텔레그래프(영국) 회장, 전 홀링거(캐나다) 회장(미디어·투자), 2003년 체포당한 이후 결석
- 헤저 레이스먼(2002~07) 인디고 북스&뮤직(캐나다) 회장 겸 CEO(미디어)
- 에크하르트 슐츠(2005~06) 티센그룹(독일) 회장(중공업)
- 베르트랑 콜롱(2000~06) 라파주 시멘트(프랑스) 회장(건설), 라파주는

아소 시멘트와 제휴관계

- 다니엘 바세라(2004, 2007) 노바르티스(스위스) 회장 겸 CEO(의약)
- 클라우스 춤빈켈(2006) 도이치포스트(독일) 회장(우편)
- 필립 캄스(2003~06) EADS(프랑스·독일·스페인) CEO(군사)
- 데니스 랑케(2003) 탈레스 에어로스페이스(프랑스) 회장 겸 CEO(군사)
- 인디아 누리(2004) 펩시콜라(미국) 사장 겸 CEO(식품)
- 프랑크 리브(2003) 다농(프랑스) 회장 겸 CEO(식품)
- 앤서니 루이스(2003) 하이네켄(네덜란드) 회장(식품)
- 마르코 트롱케티 프로벨라(2004) 필레리(이탈리아) 회장 겸 CEO(타이어)
- 한스 비얼스(2004) 아크조 노벨(영국·네덜란드) 회장(화학)

■ 정치가, 관료, 군인

- 베아트릭스 네덜란드 여왕(2002년을 제외한 2000~07) 창시자 베른하르트의 딸(국가원수)
- 벨기에 황태자 필립(2003~07)
- 칼 빌트(2006~07) 스웨덴 외무장관(정치가)
- 케네스 클라크(2006~07) 영국 보수당 정치가(정치가)
- 케말 데이비스(2007) UNDP 운영자(유엔)
- 티머시 가이트너(2004~07) 뉴욕 연방은행 총재(중앙은행 총재), 그린스펀 전 FRB 의장은 2002년에 출석
- 윌리엄 맥도너(2000, 2002, 2004) 전 뉴욕 연방은행 총재(금융)
- 장 클로드 트리슈(2000~07) 유럽 중앙은행 총재, 전 프랑스 중앙은행 총재(중앙은행 총재)
- 헨리 키신저(2000~07) 전 미국 국무장관, 키신저 어소시에이츠KA(미국)

대표(정치가)

- 스타펄턴 로이(2006) KA, 매니징디렉터(금융)
- 닐 쿠르스(2005~07) 유럽위원회 경쟁정책담당 커미셔너(관료)
- 크리스 패팅(2007) 영국 상원의원, 전 홍콩총독(정치가)
- 로드리고 라트(2005, 2007) IMF 총재(국제기관), 현 라자르 프레르
- 조제트 실런(2007) 유엔 세계식량계획 이그제큐티브 디렉터executive director(유엔)
- 제임스 울펀슨(2000~07) 전 세계은행 총재(국제기관)
- 폴 월포위츠(2000~07) 전 세계은행 총재, 전 미국 국방부 부장관(국제기관)
- 미셸 바르니에(2006) 전 프랑스 외무장관(정치가)
- 아흐메드 찰라비(2006) 전 이라크 부총리(정치가)
- 피에르 골드슈미트(2006) 전 IAEA 부사무총장, 카네기 국제평화재단 객원연구원(국제기관)
- 앨런 하버드(2006) 대통령 경제보좌관(관료)
- 에드 크로넨부르크(2006) NATO 본부, 디렉터 오브 프라이비트 오피스(국제기관)
- 조지 오즈본(2006) 영국 보수당 그림자내각 재무장관(정치가)
- 토마소 파도아 스키오파(2005~06) 이탈리아 재무장관(정치가)
- 조지 파타키(2006) 미국 뉴욕 주지사(정치가)
- 프리트베르크 휴거(2006) 독일 국방장관(정치가)
- 오토 실리(2003~06) 독일 국방장관(정치가)
- 알리 바비칸(2004~05, 2007) 터키 경제담당 장관(정치가)
- 야프 G. 드 호프 스케펠(2005) NATO 사무총장(국제기관)

- 제임스 존스(2005) 미국 군인, 유럽 SHAPE 연합국 최고사령관(군인)
- 존 키인(2005) 전 미국 군인, GSL 사장(군인)
- 베르나르 쿠쉬넬(2005) NGO '국경 없는 의사회' 설립자, 전 유엔 고위직원(정치가), 사르코지 정권 외무장관
- 파스칼 라미(2003, 2005) 전 유럽위원회 커미셔너, WTO 사무국장, 전 크레디 리요네 이사(정치가)
- 앙겔라 메르켈(2005) 독일 · CDU(기독교민주연합=기민당)/CSU(기독교사회당연합=기사당) 당수, 현 독일 총리(정치가)
- 마리오 몬티(2001, 2003~07) 보코니대학 학장, 전 유럽위원회 경쟁정책 담당 커미셔너(관료)
- 나탄 샤란스키(2005) 전 이스라엘 각료(샤론 정권, 네오콘계, 정치가)
- 마크 워너(2005) 미국 버지니아 주지사(정치가), 대통령선거 출마설이 돌았으나 포기
- 존 에드워즈(2004) 미국 상원의원(정치가), 회의 참석 뒤 2004년 미 대선 민주당 부통령후보가 됨
- 더글러스 페이스(2004) 미국 국방차관(네오콘, 관료)
- 윌리엄 루티(2004~07) 미국 국방차관(네오콘, 관료)
- 호세 소크라테스(2004) 포르투갈 의원, 현 포르투갈 총리(정치가)
- 그리고리 야블린스키(2004) 러시아 야당 야블로코 당수(정치가)
- 호세 마리아 바로소(2003) 포르투갈 총리(정치가), 현 유럽위원회 위원장
- 존 볼턴(2003) 전 미국 국무부 차관(네오콘, 관료)
- 발레리 지스카르 데스탱(2003) 전 프랑스 대통령, 유럽 미래회의 회장, 유럽 헌법회의 의장(정치가)
- 안데르스 라문센(2003) 덴마크 총리(정치가)

■ 싱크탱크, 지식인

- 빅터 핼버슈타트(2000~07) 네덜란드 라이덴대학 교수, 전 빌더버그 명예 사무총장, RHJ 이사(지식인)
- 필립 제리코(2006~07) 버지니아대학 교수, 전 미국 국무부 고문(지식인) 9.11독립조사위원회 멤버
- 클라우스 슈바브(2003, 2007) 세계경제포럼(다보스회의) 회장
- 게일 룬데스타드(2005) 노르웨이 노벨위원회(평화상) 사무국장(재단)
- 주디스 로딘(2005) 미국 록펠러재단 총재(재단)
- 멜린다 게이츠(2004) 빌 게이츠 부인, 게이츠재단 공동설립자(재단)
- 이안 브레머(2007) 유라시아 그룹 회장(싱크탱크)
- 리처드 하스(2004~05, 2007) 외교문제평의회(CFR) 회장(싱크탱크)
- 마틴 펠드슈타인(2001~07) NBER(미국경제연구소) 소장, 하버드대학 교수(싱크탱크)
- 리처드 펄(2001~07) AEI(미국기업연구소) 레지던트 펠로(네오콘파, 싱크탱크)
- 로런스 서머스(2007) 전 하버드대학 총장, 전 재무장관(싱크탱크)
- 포워드 아자미(2006) 존스홉킨스대학 SAIS 교수(싱크탱크)
- 제시카 마슈즈(2000~07) 카네기 국제평화재단 총재(싱크탱크)
- 티에리 드 몽베리알(2000~06) 프랑스 국제문제연구소 총재(싱크탱크), 주요 연구원에 도미니크 모이지
- 데니스 로스(2006) 워싱턴 근동정책연구소 이사(싱크탱크)
- 마흐무드 사리올가람(2006) 이란 국립대학 조교수(국제관계론, 싱크탱크)
- 마이클 레딘(2005) 미국 AEI 연구원(네오콘, 싱크탱크)
- 막스 부트(2004) CFR 연구원(네오콘), 《월스트리트 저널》 편집위원(싱크

탱크)
- 월터 아이잭슨(2004) 미국 칼럼니스트, 아스펜연구소 회장 겸 CEO(싱크탱크)
- 로버트 케이건(2004) 미국 칼럼니스트, 카네기 국제평화재단 연구원 (네오콘, 싱크탱크)
- 룽융투(2004) 중국 보아오 국제포럼 사무총장, 전 중국 대외무역경제협력부 차관(싱크탱크)
- Zhnang Yi(2006) 중국전략여관리연구회(CSSM) 부사무총장(잡지《전략과 관리戰略と管理》발행, 싱크탱크)
- 대니얼 야긴(2004) 캠브리지 에너지 리서치 어소시에이츠 회장(싱크탱크)

【매스컴】

피어슨(린 포레스터 로스차일드가 이사)이 출판하는 《이코노미스트》《파이낸셜 타임스》의 칼럼니스트가 매년 참가하고 있다.

■ 영국
- 존 마이클스웨이트(2000~07) 영국《이코노미스트》편집장
- 기드온 라흐만(2003~04) 영국《이코노미스트》브뤼셀 특파원, 현《파이낸셜 타임스》칼럼니스트
- 에이드리언 울리지(2000~07) 영국《파이낸셜 타임스》논설위원장

■ 미국
- 폴 지고트(2006~07)《월스트리트 저널》편집위원

- 파리드 자카리아(2003, 2005) 미국 《뉴스위크 인터내셔널》 편집위원
- 노먼 펄스타인(2005~06) 미국 《타임》 편집장
- 존 비노클(2006) 프랑스 《인터내셔널 헤럴드 트리뷴》 칼럼니스트
- 도널드 그레이엄(2005) 미국 《워싱턴포스트》 사주

■ 기타 유럽
- 오스카 브론너(2007) 오스트리아 《데어 스탄다드》 편집위원
- 마티아스 돕푸나(2006~07) 독일 악셀 슈프링겔 회장 겸 CEO
- 마티아스 나스(2005~07) 독일 《디 차이트》 부편집장
- 요세프 요페(2006) 독일 《디 차이트》 편집위원
- 아나톨 케레츠키(2006) 영국 《타임스》 편집위원
- 토가 세이덴파덴(2003, 2006) 덴마크 신문 《폴리티켄》 편집주간, 이슬람 풍자만화 게재
- 니콜라스 베이트(2003~04) 프랑스 경제지 《레 제코》 편집주간
- 이브 드 켈드렐(2006) 프랑스 《피가로》 편집위원
- 알렉산드레 아들러(2003) 프랑스 《피가로》 편집위원
- 하산 케말(2004) 터키 《밀레트》 수석 칼럼니스트

찾아보기

인명

가

가브리엘 호지Gabriel Hauge 67
게르하르트 슈뢰더
　Gerhard Fritz Kurt Schröder 79
게리 카스파로프Garry Kasparov 89
게이츠 맥개러Gates McGarrah 18
고든 무어Gordon Moore 66
고바야시 요타로小林陽太郎 17, 157
구스타보 시스네로스
　Gustavo Cisneros 53
궈빙샹郭炳湘 200
그레그 팰러스트Greg Palast 55
기 드 로스차일드Guy de Rothschild ... 114

나

나세르Nasser 161
나오미 로스차일드
　Naomi Rothschild 119
나타니엘 로스차일드
　Nathaniel Philip Rothschild 55
나탈리 포트먼 130
네오콘 리처드 펄Richard Perle 57

넬슨 록펠러Nelson Rockefeller 52
넬슨 올드리치Nelson Aldrich 147
넬슨Nelson 144
노먼 라몬트Norman Lamont 19
니콜라 사르코지Nicolas Sarkozy ... 12, 33
닐리 크루스Neelie Kroes 78

다

다무라 게이타로田村耕太郎 197
다케나카 헤이조竹中平蔵 24
대니얼 모이니헌Daniel Moynihan ... 123
더글러스 홈Douglas-Home 23
던컨 워츠Duncan Watts 23
덩샤오핑鄧小平 199
덩푸팡鄧朴方 203
데스마레Desmarais 44
데이비드 록펠러
　David Rochkefeller 17, 138
데이비드 루빈슈타인
　David Rubinstein 157
데이비드 르네 제임스 로스차일드
　David Rene James Rothschild 111
데이비드 메이어 드 로스차일드
　David Mayer de Rothschild 111

데이비드 앤드 사이먼 루벤
　David&Simon Ruben 형제 ············ 101
데이비드 캐머런David Cameron ······ 130
데이비드 톰슨 일가David Thompsons ······ 9
도널드 그레이엄Donald Graham ····· 157
도널드 럼스펠드Donald Rumsfeld ······ 66
도널드 트럼프Donald Trump ············ 172
도요타 쇼이치로豊田章一郎 ·················· 7
드미트리 메드베데프
　Dmitry Medvedev ························ 84
드빌팽Dominique de Villepin ············· 34
드웨인 안드레아스Dwane Andreas ··· 52
딕 체니 ··· 7
딘 러스크Dean Rusk ························ 74

라

라이크만 그로닝크
　Rijkman Groenink ····················· 126
라젠드라 파차우리
　Rajendra Pachauri ······················· 205
라크슈미 미탈Lakshmi Niwas Mittal ····· 9
라탄 타타Ratan Tata ······················ 205
라테나우Walther Rathenau ················ 21
람잔 카디로프Ramzan Kadyrov ········ 95
래리 엘리슨Lawrence Joseph Ellison ··· 9
량진송梁錦松 ··································· 214
러셀 래핑웰Russell Leffingwell ··· 72, 150
레오나드 로더Leonard Lauder ········· 172
레오폴드Leopold 1세 ······················ 64
레이건Ronald Reagan ·················· 161
레이먼드 스미스Raymond Smith ······ 125

레이먼드 포스딕Raymond Fosdick ··· 143
레프 챠노이 ································· 101
로렌스 서머스Lawrence Summers ··· 189
로렌스 스펠먼Lawrence Spellaman ··· 144
로만 아브라모비치
　Roman Abramovich ················ 9, 88
로버트 루빈Robert Edward Rubin 11, 17
로버트 리먼Robert Lehman ············ 179
로버트 워세스터Robert Worcester ······ 18
로베르 슈망Robert Schuman ············ 68
로스 존슨Ross Johnson ·················· 53
로스차일드Rothschild ······················ 38
로이드 블랭크파인Lloyd Blankfein ··· 172
록펠러 ·· 50
루 거스너Louis Gerstner ················ 187
루 글럭스먼Lewis Glucksman ········· 181
루지웨이樓繼偉 ····························· 214
루퍼트 머독Rupert Murdoch ······ 122, 202
룽이런榮毅仁 ································· 199
룽지젠榮智健 ································· 199
리관춘李冠春 ································· 204
리궈바오李國寶 ······························· 204
리셴룽李顯龍 ································· 215
리자오지李兆基 ······························· 200
리자청李嘉誠 ································· 200
리처드 리Richard Lee ···················· 200
리처드 하스Richard Haas ················ 17
리카싱李嘉誠 ····································· 9
리콴유李光耀 ································· 215
린 포레스터 로스차일드
　Lynn Forester Rothschild ··············· 111
릴리안 베탕쿠르Liliane Betencourt ······ 9

마

마거릿 대처Margaret Hilda Thatcher ... 77
마르탱 부이그Martin Bouygues 33
마오쩌둥毛澤東 161
마이클 밀켄Michael Milken 42
마이클 카두리Michael Kadoorie 200
마커스 애기어스Marcus Agius 131
마크 리치Marc Rich 102
마티아스 로드리게스
   Mathias Rodriges 128
마틴 울프Martin Wolf 123
마틴 테일러Martin Taylor 76
막스 베버Max Weber 30
매케인John McCaine 225
맥조지 번디McGeorge Bundy 67
메이어 암셸 바우어
   Mayer Amschel Bauer 110
모리스 리펜스Maurice Lippens ... 64, 128
모리스 스트롱Maurice Strong 50
모사데그Mohammad Mossadegh 160
모하메드 레자 샤 팔레비
   Mohammad Reza Sha Pahlevi 160
무케슈 암바니Mukesh Ambani 9, 206
미셸 데이비드 웨일
   Michael David-Weill 35
미셸 프랑수아-퐁세
   Michel François-Poncet 52
미야자와 기이치宮澤喜一 17, 158
미야자키 마사히로宮崎正弘 201
미하일 표토로브스키 96
미하일 프로호로프
   Mikhail Prokhorov 103
미하일 호도르코프스키
   Mikhail Khodorkovsky 92

바

바기트 알렉페로프Vagit Alekperov 85
반다르 왕자Prince Bandar bin Saud bin Khalid Al Saud 206
방자맹Benjamin 126
뱅상 볼로르Vincent Bollore 33
버넌 조던Vernon Jordan 57
버락 오바마Barack Obama 158
베르그만 부르크하르트 85
베르나르 아르노Bernard Arnault ... 9, 31
베르너 좀바르트Werner Sombart 30
베른하르트 공
   Prince Bernhard of the Netherlands .. 15
베를루스코니Silvio Berlusconi 35
베아트릭스Beatrix Wilhelmina Armgard van Oranje-Nassau 15
보리스 베레조프스키
   Boris Berezovsky 88
브라운Gordon Brown 208
브라이언 멀루니Brian Mulroney 52
브론프먼Bronfman 50
브루스 와서스타인
   Bruce Wasserstein 35
블라디미르 구신스키
   Vladimi Gusinsky 94
블라디미르 포타닌Vladimir Potanin ... 103
블라디미르 푸틴Vladimir Putin 84

비크람 판디트Vikram Pandit ············ 191
빅터 벡셀베르크Viktor Vekselverg ··· 102
빅토르 이바노프Viktor Ivanov ········· 105
빅토르 흐리스텐코Victor Khristenko ··· 85
빌 게이츠William Henry Gates ······ 7, 9
빌 도널드슨William Donaldson ········ 182
빌 클린턴Bill Clinton ························ 11
빌렘 1세 ······································ 64

사

사다트Muhammad Anwar el Sadat ··· 161
사담 후세인Saddam Hussein ······ 54, 161
새뮤얼 팰미사노Samuel Palmisano ··· 219
샌포드(샌디) 웨일Sanford Weill ······· 186
샤를 드골Charles De Gaulle ············ 115
세르게이 체메조프Sergei Chemezov 105
셰런 퍼시Sharon Percy ··················· 145
셰이크 무함마드 빈 라시드 알 막툼Shake Muhammad bin Rashid Al Maktum ··· 210
셸던 아델슨Sheldon G. Adelson ········· 9
솔베이Solvay ································· 64
술탄 아흐메드 빈 슐레이엠Sultan Ahmed Bin Sulayem ······························· 210
슈워제네거Arnold Shwarzenegger ··· 122
스가와라 이즈루菅原出 ····················· 70
스와이어 가문Swire Family ············ 204
스탠리 오닐Stanley O'neal ··············· 172
스탠리 호何鴻燊 ··························· 200
스테판 퍼슨Stefan Persson ················ 9
스티글리츠Joseph Stiglitz ··············· 156
스티븐 하퍼Stephen Joseph Harper ··· 48

스티븐 A. 슈워츠먼
　Stephen Allen Schwarzman ······ 13, 173
시어도어 루스벨트
　Theodore Roosebelt ······················ 140
시코르스키Wladystaw Sikorski ········· 70
쓰쓰미 요시아키堤義明 ························ 8

아

아나톨 추바이스Anatoly Chubais ······ 91
아녜리Agnelli 가문 ······················· 122
아닐 암바니Anil Ambani ············ 9, 206
아르노 라가르데르Arnaud Lagardere ··· 33
아드난 카쇼기Adnan Khashoggi ······ 57
아만시오 오르테가Amancio Ortega ····· 9
아서 마르티네스Arthur Martinez ······ 126
아흐메드 자키 야마니
　Ahmed Jaki Yamani ······················ 155
안느 로베르종Anne Lauvergeon ······· 63
알렉산데르 리트비넨코
　Alexander Litvinenko ······················ 89
알렉산데르 스몰렌스키
　Aexander Smolensky ······················· 94
알베르 프레르Albert Frere ············ 36
알베르트 폰 튜른 탁시스
　Albert von Thurn Taxis ··················· 10
알왈리드 빈 탈랄 왕자
　Alwaleed Bin Talal Alsaud ········ 9, 207
앙겔라 메르켈
　Angela Dorothea Merkel ··················· 20
앙드레 마이어Andre Meyer ············ 68
앙드레Andre ································· 51

앙투안 베른하임Antoine Bernheim 34
앙트완느 피네Antoine Pinay 19
애비 올드리치Abby Aldrich 144
앤드류 나이트Andrew Knight 122
앤서니 귀스타브Anthony Gustav 117
앤서니 뭉크Anthony Munch 55
앨 고어Albert Gore 205
앨런 그린스펀Alan Greenspan 189
앨런 덜레스Alan Dulles 69
앨프리드 슬론Alfred Sloan 72
얀센Jansen 가문 128
얀센Jansenius 64
에드몽Edmond 126
에드워드 만델 하우스
   Edward Mandel House 150
에드윈 블랙Edwin Balck 70
에른스트 반 데어 보이겔
   Ernst van der Beugel 75
에릭 롤 경Sir Eric Roll 154
에릭Eric 116
에밀리오 보틴Emilio Botin 129
에티엔 다비뇽
   Etienne Davignon 17, 18, 66
엠마 로스차일드Emma Rothschild 111
예고르 가이다르Yegor Gaidar 91
옐친Boris Yeltsin 88
올레그 데리파스카Oleg Deripaska 99
요한 페터 록펠러
   Johann Peter Rockefeller 139
우고 차베스Hugo Chavez 53
우드로 윌슨Woodrow Wilson 143
움베르토 아넬리Umberto Agnelli 18

워렌 버핏Warren Edward Buffett 9
월터 리스턴Walter Wriston 155
월터 베델 스미스Walther Bedell Smith 74
월터 쉴Walter Scheel 23
월턴 가문 7
웨이 크리스챤슨Wei Christianson 215
웬디 덩 머독
   Wende Deng Murdoch 203
윈 비숍Winfried Bischoff 191
윈스로프 올드리치Winthrop Aldrich ... 147
윈스로프Winthrop 144
윈스턴 처칠 71
윌 번연Will Bunyan 143
윌리엄 굿셀William Goodsell 141
윌리엄 도노반William Donovan 73
윌리엄 돔호프William Domhoff 13
윌리엄 로즈William Rhoades 191
윌리엄 에이버럴 해리먼
   William Averell Harriman 72, 182
윌리엄 에이버리 록펠러
   Wiliam Avery Rockefeller 139
윌리엄 엥달William Engdahl 154
윌리엄 코언William Cohen 56
윌리엄 풀브라이트William Fulbright ... 67
윌리엄William 139
윌버 로스Wilber Ross 130
유제프 히에로님 레팅게르
   Jozef Hieronim Retinger 70
이데이 노부유키出井伸之 212
이블린 로버트 드 로스차일드
   Evelyn Robert de Rothschild 111
잉그바르 캄프라드Ingvar Kamprad 9

자

자카예프Ahmed Zakayev ················ 94
자크 시라크Jacques Rene Chirac ······ 33
작센 코부르크 고타
    Sachsen-Coburg Gotha ··················· 64
장 뤽 라가르데르
    Jean-Luc Lagardere ······················ 36
장 모네Jean Monnet ························ 68
장 크레티엥Jean Cretien ················· 52
장 피에르 로트Jean-Pierre Roth ········ 17
장 피에르 한센Jean Pierre Hansen ··· 130
장미엔항江綿恒 ······························ 203
장쩌민江澤民 ································ 203
저우언라이周恩來 ························· 161
제라르 메스트랄레Gerard Mestrallet ··· 78
제럴드 로젠펠드Gerald Rosenfeld ··· 125
제럴드 코리건Gerald Corrigan ········ 157
제럴드 포드Gerald Ford ·················· 152
제이미 다이먼Jamie Dimon ············· 172
제이콥 로스차일드
    Jacob Rothschild ····················· 55, 96
제이콥 발렌베리Jacob Wallenberg ··· 212
제임스 마이어 로스차일드
    James Mayer Rothschild ··············· 42
제임스 머독James Murdoch ············ 202
제임스 베이커James Baker 3세 ······ 162
제임스 스틸먼 록펠러
    James Steelman Rockefeller ··· 141, 142
제임스 울펜슨James Wolfensohn ······ 122
제임스 퍼킨스James Perkins ·········· 149
제임스 A. 존슨James A. Johnson ······ 183

제프리 쿠Jeffrey Koo 1세 ··············· 200
조르주 퐁피두Georges Pompidou ··· 115
조지 F. 케난George F. Kennan ········· 67
조지 마셜George Marshall ··············· 72
조지 맥기George McGhee ··············· 67
조지 볼George Ball ······················· 154
조지 소로스George Soros ················ 97
조지 오즈본George Osborne ··········· 130
조지 워커 부시George Walker Bush ··· 188
조지 프랫 슐츠George Pratt Shultz ··· 66
조지 피버디George Peabody ··········· 142
조지 허버트 워커 부시
    George Herbert Walker Bush ··· 55, 188
조지 허버트 워커
    George Herbert Walker 4세 ··········· 188
조지 W. 부시 ························· 7, 182
조지프 매카시
    Joseph Raymond McCarthy ············ 75
조지프 존슨Joseph Johnson ············· 74
조지프 퍼렐러Joseph Perella ·········· 174
존 데이비드슨 록펠러 1세
    John Davidson Rockefeller Sr. ········ 139
존 리드John Reed ························ 189
존 세인John Thain ······················· 172
존 에드워즈 ································· 20
존 엘칸John Elkann ······················ 122
존 케리John Kerry ······················· 182
존 코자인Jon Corzine ···················· 179
존 D. 2세
    John Davidson Rockefeller Jr. ········· 141
존 D. 3세 ································· 144
존 D. 4세 ································· 145

찾아보기   251

존 F. 덜레스John Foster Dulles 69
존 J. 맥클로이John J. McCloy 150
존 S. 콜먼John Coleman 74
주룽지朱鎔基 203
줄리아니Rudolph Giuliani 207
즈비그뉴 브레진스키
   Zbigniew Brzezinski 158
지리노프스키Vladimir Zhirinovsky 89
지미 카터Jimmy Carter 159
지미 케인James Cayne 172
지스카르 데스탱
   Valery Giscard d'Estaing 34
짐 로빈슨James Robinson 186
쩡인콴曾蔭權 204

칼 오토 푈Karl Otto Pohl 57
칼라 힐스Carla A. Hills 17, 66
캐서린 로스차일드
   Katherin Rothschild 114
케즈윅 가문Keswick Family 204
콘라트 아데나워Conrad Adenauer 19
콘래드 블랙Conrad Black 50
쿠덴호프 칼레르기
   Coudenhove Kalergi 69
크리스토퍼 플라워즈
   Christopher Flowers 129
크리스토퍼 혼Christopher Hohn 126
클라우스 M. 슈왑
   Klaus M. Schwab 17, 19
클로드 베베아르Claude Bebear 36

차

찰스 더글러스 잭슨
   Charles Douglas Jackson 67, 71
찰스 브론프먼Charles Bronfman 53
찰스 태프트Charles Taft 74
찰스 파월Charles Powell 57
찰스 퍼시Charles Percy 145
척 프린스Chuck Prince 191

타

테오 알브레히트Theo Albrecht 9
토머스 폴리Thomas Foley 17, 157
톰슨Thompson 50
투르키 왕자Prince Turki bin Mohammad bin Abdullah Al Saud 207
티모시 콜린스Timothy Collins 22, 129

파

팔레비Pahlevi 155
팡펑레이方風雷 198
퍼시Percy 141
페르 질렌함마Pher Gyllenhammar 18
페르디난트 립스Ferdinand Lips 55

카

카네기Carnegie 가문 142
카를로 드 베네디티Carlo de Benneditti ... 65
카를로스 슬림 헬루Carlos Slim Helú ... 9
카스트로Fidel Castro 161
칼 알브레히트Karl Abrecht 9

252

폴 데스마레 시니어Paul Desmarais Sr. 50
폴 데스마레 주니어Paul Desmarais Jr. 48
폴 마틴Paul Martin 51
폴 볼커Paul Volcker 52, 156
폴 앙리 스파크Paul Henri Spaak 73
폴 앨런Paul Allen 9
폴 페리스Paul Ferris 177
프랑수아 미테랑François Mitterand ... 115
프랑수아 앙리 피노
    François Henri Pinault 31, 32
프랑크 매키넌Frank Mckinnon 57
프레드 버그스텐Fred Bergsten 180
프레스콧 셸던 부시
    Prescott Shelden Bush 188
플라톤 레베데프Platon Lebedev 93
피에르 트뤼도Pierre Trudeau 52
피오렐로 라가르디아
    Piorello LaGardia 151
피터 뭉크Peter Munch 55
피터 서덜랜드Peter Sutherland ... 17, 128
피터 오거Peter Auger 177
피터 캐링턴Peter Carrington 159
피터 G. 피터슨
    Peter George Peterson 151, 179
필립 랑베르Philip Lambert 122

하

하워드 베이커Howard Baker 55
하인즈Heinz 2세 75
한나 아렌트Hannah Arendt 19
해피 록펠러 52

헨리 스팀슨Henry Stimson 150
헨리 키신저Henry Kissinger 77
헨리 폴슨Henry Merrit Paulson ... 11, 179
헬무트 슈미트Helmut Schmid 52
호메이니
    Ayatollah Ruhollah Khomeini 160
홀리 스클러Holly Sklar 20
홉슨John Hobson 219
후진타오 7
흐루시쵸프
    Nikita Sergeevich Khrushchyov 161
힐러리 클린턴Hillary Clinton 224
힐퍼딩Rudoff Hilferding 219
C. W. 밀즈Charles Wright Mills 8
G. K. 체스터턴Gilbert Keith Chesterton ... 67
J. P. 모건 주니어J. P. Morgan 148
J. P. 모건John Pierpont Morgan 142
J. S. 모건Junius Spencer Morgan 142

기업, 단체, 언론사

가

가스프롬Gazprom 62, 80
개런티 트러스트Guaranty Trust 118
걸프지역 아랍제국협력회의
GCC, Cooperation Council for the Arab States of the Gulf 206
게이단렌經團連 14
고성고화高盛高華증권ᅟ..................... 198
고쿠도國土 8

골드먼삭스 인터내셔널
    Goldman Sachs International ············ 76
골드먼삭스 NYSE 유로넥스트 ········ 172
골드먼삭스GS, Goldman Sachs ··· 11, 172
광동발전廣東發展은행 ····················· 200
국제 필그림협회 ························· 18
국제결제은행BIS ··························· 38
국제경제연구소IIE, Institute of International Economics ································· 152
국제에너지기구IEA ······················· 77
국제자문위원회
    International Advisory Council ········ 52
글렌코어 인터내셔널
    Glencore International ················· 102
기네스Guiness ······························ 128
길리어드 사이언시즈
    Gilead Sciences ························ 66
까르푸Carrefour ···························· 32

다임러 크라이슬러 ························· 16
대니얼스 미들랜드
    ADM, Archer Daniels Midland ········· 52
더 칠드런 인베스트먼트 펀드
    TCI, The Children Investment Fund ··· 126
데그레몽Degremont ······················· 63
델컴퓨터Dell Computer ················· 203
도요타 자동차 ································· 7
동아은행Bank of East Asia ············ 204
두바이 월드Dubai World ················ 210
두바이 포츠 월드
    DPW, Dubai Ports World ·············· 210
두바이증권Borse Dubai ·················· 212
드 비어스De Beers ······················· 122
드래곤 에어라인Dragon Airline ········ 199
드렉셀 번햄 램버트
    Drexel Burnham Lambert ·············· 42
딜런 리드Dillon Read ····················· 177

나

내셔널 시티뱅크NCBN, National City Bank of NewYork ·························· 141, 177
노르Nord ···································· 115
노릴리스크 니켈Norilisk Nickel ········ 104
뉴마운트New Mount ······················ 55
뉴스 코퍼레이션News Corporation ··· 202

다

다보스회의 ··································· 19
다우존스Dowjones ························ 202

라

라가르데르 ··································· 36
라이온스클럽 ································· 12
라자르 프레르Lazard Freres ············ 34
라자르은행 ··································· 35
라 트리뷴 ····································· 32
라파쥬 ··· 41
랑베르은행
    Banque Bruxeller-Lambert ············ 42
레노바Renova ······························ 102
레 제코 ······································· 32
로스네프티Rosnefti ······················· 86

로스방크Rosbank ······················· 104
로스오보론 엑스포르트
　　Rosoboron export ······················ 105
로스차일드 컨티뉴에이션 홀딩스AGRCH,
　　Rothschild Continuation Holdings ······ 124
로스차일드형제은행
　　Rothschild Freres ······················ 115
로열 더치 셸Royal Dutch Shell ·········· 74
로열 뱅크 오브 스코틀랜드
　　RBS, Royal Bank of Scotland ·········· 127
로터리클럽 ································· 12
로터링겐클럽Lothringen Club ············ 78
로테르담Rotterdam은행 ················ 128
록펠러형제재단 ························· 147
루살Rusal ································· 99
루크오일LUKoil ··························· 85
르 몽드Le Monde ························· 33
르 서클Le Cercle ························· 19
리먼 브라더스 쿤 로브
　　Lehman Brothers Khun Loeb ··· 181, 186
리먼 브라더스Lehman Brothers ······ 154
리오 틴토Rio Tinto ······················ 102
리요네즈 데조Lyonnaise des Eaux ····· 63
리플우드 홀딩스
　　Ripplewood Holdings ······················ 22
릴라이언스그룹Reliance Group ······ 206

마

마안 알 사네아Maan Al Sanea ········· 208
마이크로소프트 ···························· 7
만국수에즈운하회사 ······················ 64

매그너 인터내셔널
　　Magna International ······················ 99
맥키언 에릭슨McKean Ericsson ······ 180
맨해튼은행Bank of Manhattan ········ 149
메나테프Menatep은행 ···················· 93
메디오방카Mediobanca ··················· 35
메릴린치Merrill Lynch ······················ 172
모건 스탠리Morgan Stanley ······ 120, 148
모건Morgan ································· 140
모에 헤네시 ································· 32
미르하우스Mirhouse ······················ 99
미쓰이三井물산 ·························· 87
밀뱅크Milbank ·························· 150

바

바니즈 뉴욕Barney's New York ······ 210
바젤 클럽(국제결제은행) ················ 18
바클레이즈Barclays은행 ··············· 117
바티 엔터프라이즈Bharti Enterprise ··· 124
배릭 골드Barrick Gold ···················· 54
뱅크 로스차일드Banque Rothschild ··· 115
베어스턴스Bear Stearns ················ 172
베이직 엘리먼트Basic Element ········· 99
베이징고화北京高華증권 ·············· 198
베텔스만Bertelsmann ···················· 41
벡텔Bechtel ·························· 66, 205
벨 앤 하월Bell&Howell ················ 180
보헤미안 클럽 ····························· 18
봄바르디아Bombardia ···················· 49
부사크Boussac ··························· 34
부이그 ···································· 33

북방기차공단공사North Loric 49
브라운 브라더스 해리먼BBH, Brown Brothers Harriman 142, 188
브루킹스연구소
    Brookings Institution 133
브룩필드 어셋매니지먼트 57
브뤼셀 랑베르 은행 42
브리티시 뉴펀들랜드 디벨롭먼트 코퍼레이션British Newfoundland Development Corporation 118
블랙스톤그룹
    BSG, Blackstone Group 131, 173
비즈니스 라운드테이블 14
빌더버그회의
    The Bilderberg Conference 15, 17

사

사반지 재벌Sabanci Group 206
사아드그룹SAAD Group 208
산탄데르은행Banco Santander 127
상원 정보위원회
    Intelligence Committee 145
상하이협력기구SCO 105
샤토 슈발 블랑
    Chateau Cheval Balnc 37
선진국 정상회의summit 20
선The SUN 202
세계경제포럼(다보스회의) 17
세계자연(야생)보호기금
    World Wildlife Fund 15
세베르스탈Seberstal 89

세이부西武그룹 8
세인트 제임스 플레이스 캐피털
    St. James's Place Capital 97
셀리그먼Seligman 176
셰브론 텍사코Chevron Texaco ... 94, 157
셰브론Chevron 141
소니Sony 212
소시에테 제네랄 드 벨지크
    SGB, Societe Generale de Belgique ... 64
소시에테 제네랄Societe Generale 65
솔로몬 스미스 바니
    SSB, Solomon Smith Barney 187
솔베이Solvay 128
수알Sual 102
수에즈Suez 20, 36
슈로더Schroders Plc 191
스미스 바니Smith Barney 187
스카니아Scania 213
스컬 앤드 본즈Skull and Bones 12
스타TVStar TV 202
스탠더드 69
스탠포드석유Stanford Oil 144
시그램Seagram 50
시브네프티Sibnefti 88
시어슨 로브 로즈
    Shearson Loeb Rhoades 186
시어슨 리먼 브라더스
    Shearson Lehman Brothers 186
시어슨 아멕스Shearson Amex 186
시어슨 하이든 스톤
    Shearson Hayden Stone 186
시어슨Shearson 186

시티그룹Citigroup 138
시티뱅크City Bank 149
시티코프Citicorp 188
신젠타Syngenta 76
실로비키Siloviki 87

아

아그로스Agros 104
아레바Areva 63
아르셀로 미탈Arcelor-Mittal 130
아르테미스 32
아메리칸 익스프레스
    American Express 186
아시아 소사이어티Asia Society 145
아에로플로트
    Aeroflot Russian Airlines 100
아코Accor 66
악사AXA 35
알마스 안테이Almas Antei 105
암로은행ABN AMRO 65, 127
암스테르담Amsterdam은행 128
애플Apple 208
앵글로 골드AngloGold 55
앵글로 아메리칸 PLC 123
앵도수에즈은행Banque Indosuez 65
야블로코Yabloko 93
에넬Enel 36
에릭슨Ericson 213
에스티 로더Estee Lauder 124
에온E.ON 78
엑스트라타Xstrata 102

엑슨 모빌Exxon Mobile 94
엔데사Endesa 78
엔론Enron 189
엘도라도Eldorado 48
연방준비제도 141
열린러시아재단
    Open Russia Foundation 96
열린사회Open Society 97
영국 스탠더드 차터드
    Standard Chartered 210
영국 왕립국제문제연구소 71
예일대학 12
오넥스 코퍼레이션Onex Corporation ... 55
오픈 인베스트먼트
    Open Investment 104
온데오Ondeo 63
올리베티Olivetti 65
외교문제평의회CFR 17, 53
월드 와일드니스 콩그레스
    WWC, World Wilderness Congress ... 119
월드컴World Com 189
월마트 7
월스트리트 저널WSJ 202
위클리 스탠더드Weekly Standard ... 202
유니클로UNIQLO 210
유럽산업 라운드테이블ERT ... 14, 18, 77
유럽석탄철강공동체ECSC 68
유럽연합EU 14
유럽중앙은행ECB 57
유럽평의회Council of Europe 73
유로 디즈니Euro Disney 208
유코스Yukos 93

이메리스 ·············· 41
이스티스마르Istithmar ············ 210
이즈베스차 ················ 86
이케아IKEA ················ 10
인터내셔널 헤럴드 트리뷴 ········· 33
인터로스 그룹Interros Group ······ 104
일렉트라벨Electrabel ············ 63
잉베스터Investor 그룹 ··········· 213

자

재팬 소사이어티Japan Society ······ 145
쟈딘 마세슨Jardine Matheson 상회 ··· 204
전쟁과 평화 연구그룹 ············· 72
제네랄리Generali ················ 35
제네랄은행Generale Bank ········· 65
주르날 뒤 디망슈
　Journal du Dimanche ·········· 33
중국망락통신中國網絡通信 ········· 203
중국석유가공SINOPEC ············ 198
중국전신China Telecom ·········· 198
중국중신집단공사中國中信集團公司 ··· 198
중국중앙전시대中國中央電視台 ······ 203
중국투자유한책임공사CIC,
　China Investment Corporation ······ 213
중법수무中法水務 ················ 63
중신신탁中信信託 ··············· 200
중신中信은행 ··················· 200
지중해 클럽Club Mediterrenee ······ 66

차

차이나 모바일China Mobile ········ 203
채텀 하우스Chatham House ········ 71
체이스 내셔널 은행
　Chase National Bank ·········· 147
체이스 맨해튼 은행
　Chase Manhanttan Bank ····· 68, 138
첼시Chelsea FC ················· 99

카

카리용Carillon금융그룹 ············ 65
카메코Cameco ·················· 48
칼라일Carlyle ················ 57, 157
캐세이 퍼시픽Cathay Pacific ······· 199
커내리 워프Canary Wharf ········· 208
커머셜 크레디트Commercial Credit ··· 187
코건, 벌린드, 웨일 앤 레비트
　Cogan, Berlind, Weill&Levitt ····· 186
코러스제철Corus ················ 205
코치 재벌Koc Group ············ 206
코카콜라Coca Cola ·············· 159
콩코르디아AG ················· 124
콩코르디아 BVConcordia BV ······ 124
콩파니에 피난시에레
　Companie Financiere ·········· 116
쿤 로브Kuhn Loeb ··············· 72
퀀텀 헤지펀드Quantum Fund ········ 97
퀀텀리프Quantum Leap ··········· 212
크레디 아그리콜Credit Agricole(프랑스 농업
금융은행) ····················· 65

키신저 어소시에이트 ····················· 158
킹덤 홀딩스Kingdom Holdings ········· 207

타

타임스The Times ···························· 202
테마섹 홀딩스Temasek Holdings ······ 198
템플기사단 ································· 12
토론토 도미니옹 은행
　Toronto Dominion Bank ················· 57
토탈 ··· 51
토탈 피나 엘프Total Fina Elf ············ 53
통일유럽에 관한 미국위원회ACUE ··· 73
트라이젝Tryzec ····························· 58
트래블러즈그룹Travelers Group ······ 187
트랜스 월드Trans World ················· 101
트랜스네프티Transnefti ················· 85
트위드Tweed ······························ 150
티센크룹Thyssenkrupp ····················· 16

파

파게사 ······································ 49
파리 오를레앙 회사
　POG, Paris-Orleans Gestion ·········· 116
파워 코퍼레이션 오브 캐나다
　Power Corporation of Canada ········· 49
파워 코퍼레이션Power Corporation ··· 39
파워 파이낸셜 코퍼레이션
　PFC, Power Financial Corporation ··· 51
파이 베타 카파 소사이어티
　The Phi Beta Kappa Society ······ 13, 142

파퓰레이션 카운슬
　Population Coucil(인구조사연구소) ······ 145
팰프스 닷지Phelps Dodge ················ 130
퍼스트 내셔널 뱅크 오브 보스턴
　First National Bank of Boston ·········· 177
퍼스트 내셔널 뱅크FNBN, First National
Bank of NewYork ···························· 141
퍼스트 보스턴First Boston ······ 174, 177
퍼스트마크 커뮤니케이션즈 유럽
　FistMark Communications Europe ··· 123
퍼시픽 센추리 사이버웍스PCCW, Pacific
Century Cyberworks ······················· 201
퍼트냄 인베스트먼츠
　Putnam Investments ······················ 51
페르세우스Perseus Fund ················ 183
펜실베이니아석유회사 ················ 140
포르티스Fortis ······················ 65, 127
포브스Forbes ························· 8, 31
포시즌Fourseasons ······················· 208
폭스그룹Fox Group ······················ 202
폭스뉴스Fox News ······················· 202
폴리우스 골드Polius Gold ················ 104
프라우다 ···································· 86
프라이메리카Primerica ················ 187
프라이비트 에퀴티
　PE, Private Equity Fund ··············· 122
프랑스가스공사GDF ················· 20, 62
프랑스전력공사EDF ······················· 62
프레르 브르주아Freres-Bourgeois ······ 39
프리메이슨 ································· 12
프리포트 맥머런
　Freeport McMoRan ······················ 130

플레이서 돔Placer Dome 55
피닉스텔레비전Phoenix TV 202
피아트Fiat 66
피어슨Pearson 36, 122
필랜스로피 10

하

하우스 오브 사우드 뱅킹 코퍼레이션
House of Saud Banking
Corporation 208
하퍼콜린스Harpercollins Publishers ... 203
항치지산恒置地産(헨더슨랜드) 201
허스키 에너지Husky Energy 201
허치슨 왐포아
Hutchison Whampoa Limited 201
헤지펀드 애티커스 캐피털
Atticus Capital 129
홀린저 아거스Hollinger Argus 50
홍콩상하이은행HSBC 201
화상은행공회華商銀行公會 204
3자위원회TC,
The Trilateral Commission ... 17, 20, 153

기타

ABN암로은행 114
ABNAlgemeine Bank Netherland 127
ADM 52
AIBAllied Irish Bank 128
BHP빌리턴BHP Billiton 102
BNP파리바BNP Paribas 52

BP 87
BSkyB 202
CBWL 하이든 스톤Hayden Stone 186
CFR 72
CIA(미국 중앙정보국) 71
CITIC퍼시픽CITICP 199
CITIC홍콩 199
CNP 39
CTL 43
EADSEuropean Aeronautic Defence and
Space Company 33, 87
EC(유럽공동체) 77
EU 34
FNBN 148
FSB(연방보안국) 89
GATT 128
GAZ 99
GBL 37, 39
GDF수에즈 62
IMF(국제통화기금) 153
JP모건 72
JP모건 상회 142
JP모건 체이스JP Morgan Chase 151
KGB 87
KLM항공 74
LVMH 31
NATO(북대서양조약기구) 16, 72
NM로스차일드 97
NM로스차일드은행
NM Rothschild & Sons 114
NTV 86
OPEC 155

P&O Peninsular and Oriental Steam Navigation Company ········· 210
PPR ··· 32
RBS ·· 128
RIT캐피털 파트너스 ······················· 121
SEB은행 ·· 213
SG워버그 ······································· 154
TF1 ··· 33
TNK-BP ·· 102
VSMPO-아비스마 ··························· 105
WTO ·· 128

그밖에

가

가스미가세키霞ヶ關 ·························· 7
결사society ···································· 12
경영자문위원회superadvisory board ··· 14
고도 자본주의 ································ 30
구찌 ·· 32
국민국가nation state ························ 25
국제자문위원회
　international advisory council ········· 14
글래스-스티걸법Glass-Steagal Act ··· 148
글로벌 엘리트global elite ············ 8, 30
글로벌리즘 ····································· 15
금융 빅뱅 ······································· 22

나

네트워크력 ····································· 11
뉴 머니New Money ························· 24
닉슨쇼크 ······································· 154

다

다국적 기업 이사회 네트워크 ········· 13
더 시티The City ····························· 116

라

런던 시티 ······································· 69
로건법Logan Act ···························· 21
록펠러 리퍼블리컨
　Rockefeller Republican ·············· 152
록히드Lockheed (뇌물)사건 ············ 15
루이뷔통 ·· 31
리미티드 파트너십
　limited partnership ······················ 173
릴레이션십 뱅킹
　Relationship Banking ·················· 177

마

마셜 플랜Marshall Plan ···················· 72
매카시즘McCarthyism ····················· 75
믹시mixi ··· 23

찾아보기   261

바

범유럽운동
  THE PAN-EUROPA MOVEMENT 69
베네룩스 관세동맹 71
브링코 118
빌더버거Bilderberger 16
빌더버그회의 48

사

서브프라임론Subprime Loan 138
세계 시스템론 25
세계무역센터World Trade Center 151
세계통일정부World Government 219
소버린 웰스 펀드SWF 197
소셜 네트워크social network 23
슈망 플랜Schuman Plan 68
스몰 월드Small World 23, 35
스테이터스status(지위) 24
실로바르히 105

아

아이비리그 12
오일달러 155
오일쇼크 77, 154
올드 머니Old Money 24
올드 보이즈 네트워크
  old boys network 13
올리가르히 88
우정郵政(우편업무) 민영화 22

워싱턴 컨센서스
  Washington Consensus 156
원 월드One World 26
월스트리트Wall Street 30
유로시장Euromarket 154
이사회 의장chairman of board 13
인맥력人脈力 11
인터내셔널리즘 15

자

정보격차 15
중심인물keyman 11

차

채텀 하우스 룰Chatham House Rule ... 16
체이스 맨해튼 플라자
  Chase Manhattan Plaza 151

카

카친 숲 사건Katyn Forest Massacre ... 70
카터 독트린 160
크리스챤 디올 32
클럽 12
키퍼슨keyperson(주요인물) 11

타

타미플루Tamiflu 66
태그호이어 32

트라이래터럴리즘
　Trilateralism(3자주의) ············· 154

파

파리마치Paris-Match ············ 34
파워 엘리트power elite ············ 8
패밀리 오피스Family Office ··········· 174
포춘 500Fortune 500 ············ 7
프라이비트 에퀴티 펀드
　Private Equity Fund ············ 173
플라자합의
　Plaza Agreement, Plaza Accord ······ 180

하

합리적 인간 ················ 26
행위자actor ················ 26
회전문revolving door 인사 ·········· 11

기타

3각 합병 ················· 22
NAFTA(북미자유무역협정) ········ 145, 161
WASP ·················· 24

독자를 먼저 생각하는 정직한 출판

시대의창이 **'좋은 원고'** 와 **'참신한 기획'** 을 찾습니다

쓰는 사람도 무엇을 쓰는지 모르고 쓰는,
그런 '차원 높은(?)' 원고 말고
여기저기서 한 줌씩 뜯어다가 오려 붙인,
그런 '누더기' 말고

마음의 창을 열고 읽으면
낡은 생각이 오래 묵은 껍질을 벗고 새롭게 열리는,
너와 나, 마침내 우리를 더불어 기쁘게 하는

땀으로 촉촉히 젖은 그런 정직한 원고,
그리고 그런 기획을 찾습니다.

시대의창은 모든 '정직한' 것들을 받들어 모십니다.

시대의창 WINDOW OF TIMES
분야 경제·경영 / 역사·문화 / 정치·사회
서울시 마포구 동교동 113-81 (4층) (우)121-816
Tel: 335-6125 Fax: 325-5607 블로그 : sidaebooks.net